江苏高校哲社研究重大项目“《新时代中国特色社会主义理论与实践》教学改革创新”（2021SJZDA068）；中央高校基本科研业务费专项资助重大项目“习近平总书记关于高校思想政治工作重要论述研究”（JUSRP1902ZD）的成果

·马克思主义研究文库·

Marxist

权力运行制约和监督论

侯 勇 徐海楠 | 著

光明日报出版社

图书在版编目（CIP）数据

权力运行制约和监督论 / 侯勇，徐海楠著. -- 北京：光明日报出版社，2021.12

ISBN 978-7-5194-6432-5

Ⅰ.①权… Ⅱ.①侯… ②徐… Ⅲ.①廉政建设—研究 Ⅳ.①D035.4

中国版本图书馆 CIP 数据核字（2021）第 274078 号

权力运行制约和监督论

QUANLI YUNXING ZHIYUE HE JIANDU LUN

著　　者：侯　勇　徐海楠

责任编辑：李壬杰　　　　责任校对：陈永娟

封面设计：中联华文　　　　责任印制：曹　诤

出版发行：光明日报出版社

地　　址：北京市西城区永安路 106 号，100050

电　　话：010-63169890（咨询），010-63131930（邮购）

传　　真：010-63131930

网　　址：http://book.gmw.cn

E - mail：gmrbcbs@gmw.cn

法律顾问：北京市兰台律师事务所龚柳方律师

印　　刷：三河市华东印刷有限公司

装　　订：三河市华东印刷有限公司

本书如有破损、缺页、装订错误，请与本社联系调换，电话：010-63131930

开　　本：170mm×240mm

字　　数：240 千字　　　　印　　张：15.5

版　　次：2022 年 7 月第 1 版　　　　印　　次：2022 年 7 月第 1 次印刷

书　　号：ISBN 978-7-5194-6432-5

定　　价：95.00 元

目录
CONTENTS

第一章

导　论

第一节　研究缘起

权力腐败既是一个历时性问题，又是一个“跨制度”问题，还是一个共时性问题，是全球国家治理和政治现代化面临的严峻挑战。“腐败现象存在于所有政体、政府的各个层面，甚至存在于所有稀缺公共产品和服务的交付之中。权力腐败在不同地区因根源、发生概率、重要性、主权国家、政治文化、经济和行政安排的不同而各有差异。”① 欧洲中世纪教会权力凌驾于法律之上，宗教制度对特权腐败存在保护现象，而且君权腐败、皇室腐败、宦官腐败、吏治腐败等给普通百姓带来了深远影响。当代美国政府腐败丑闻频出，腐败这一“政治之癌”在欧洲、拉美北非地区徘徊蔓延。权力腐败这一权力异化和蜕变的顽症，既是社会问题，又是道德问题，堪称人类社会的一大痼疾。“如果腐败不被约束，就会散播开来。它会污染它所接触到的每样事物。它从一个机构发展成为另一个机构，从商业到公共管理，到志愿者协会工会，直到所有的交易都受到怀疑，所有的性能都受到影响，所有的信念

① ［美］杰拉尔德·E. 凯登，［加］O·P. 德威维迪，［美］约瑟夫·捷波朗. 腐败：权利与制约［M］. 王云燕，译. 北京：人民日报出版社，2017：3.

都被妥协，并且每个人都被迫前行，每个人都闭嘴噤声，直到一切都如此。”① 中国封建社会“内圣外王”的“圣贤理想”“君子人格”，推崇仁义道德的孔孟之道，未能完成对权力持有者的“教化改选”；欧洲中世纪虔诚的宗教信仰、无所不在的宗教布道，也没有完成对权力持有者的“心灵拯救”；当代西方社会的“议会民主”，同样未能杜绝权力腐败现象。健全中国特色的权力运行制约和监督体系建设，加强反腐倡廉建设，关系社会的公平与和谐稳定、关系党和国家的生死存亡。我国正处于经济社会转型的关键时期，世情、国情、党情的深刻变化使得反腐倡廉工作更为艰巨复杂，更为重要和紧迫。

从世情来看可以说“复杂诡异”。世界多极化、经济全球化、文化多样化、社会信息化深入发展的同时，面临的不稳定性不确定性日益突出，特别是世界经济深度衰退增长乏力、国际金融市场动荡、国际贸易和投资大幅萎缩、经济全球化遭遇逆流、世界文化的交流与碰撞、国家主权的捍卫与冲突等各种摩擦交锋此起彼伏。贸易保护主义、孤立主义、单边主义和民粹主义等思潮不断抬头，必须在一个更加不稳定不确定的世界中谋求新的发展格局，推动高质量发展，必须把党建设得更加坚强有力。从腐败形势来看，全球腐败晴雨表基于全球 107 个国家和地区发放的 114000 份调查问卷显示，“从全世界范围来看，按机构性质的不同，政治党派被认为是最腐败的机构，而非政府组织则被认为是最清廉的机构。看到这些数据后，尤其令人感到忧心的是：被视为最腐败的机构（涉及政治党派、警察、公务员、国会议员、立法机构成员和法院工作人员群体）却肩负着立法和执法的责任。”②

从国情来看适逢“世所罕见”。随着我国改革开放日益深入和扩大，社

---

① 注：“那些徇私枉法者只顾个人利益，而不考虑公共利益。所谓的竞标或投标只不过是闹剧。人之常情的赠送礼物演变成不该接受的贿赂……所有人都是腐败的战利品和牺牲品，偏见、无能、低效、迟钝，问责制的缺失以及遮遮掩掩。他们自己腐败，令整个社会也混沌不清。”引自［美］杰拉尔德·E. 凯登，［加］O·P. 德威维迪，［美］约瑟夫·捷波朗. 腐败：权利与制约［M］. 王云燕，译. 北京：人民日报出版社，2017：232-234.

② ［美］苏珊·罗丝-阿克曼，［美］邦妮·J. 帕利夫卡. 腐败与政府［M］. 郑澜，译. 北京：中信出版社，2018：22.

会变迁日益剧烈，各种思想相互激荡，各种文化观念相互碰撞，人们思想的多样性、差异性、选择性日益突出，以致党在推进改革开放和社会主义现代化建设中所肩负任务的艰巨性和繁重性世所罕见，在推进国家治理体系和治理能力现代化建设中所面临问题的多样性和复杂性世所罕见，在改革发展稳定中所面对的挑战风险的聚集性和压迫性也世所罕见。腐败问题扩散损害党和政府的权威，损害党和政府的合法性认同基础，影响社会道德水平。权力腐败导致公共利益受损、社会财富流失，造成社会道德滑坡，污染社会环境，动摇政府合法性基础，危机政权的巩固，是损害经济、政治、文化、社会建设的“毒瘤”。权力运行制度和监督体制机制不健全容易导致市场经济发展中的寻租和设租现象。要坚持全面从严治党、依规治党与依法治国相结合，不断加强党的领导和党的建设，深入推进党风廉政建设和反腐败斗争，一体推进不敢腐、不能腐、不想腐的体制机制，营造“干部清正、政府清廉、政治清明”的政治生态。

从党情来看面临“挑战重重”。面对世界百年未有之大变局和中华民族伟大复兴战略全局，要深刻认识党面临的执政考验、改革开放考验、市场经济考验、外部环境考验的长期性和复杂性，深刻认识党面临的精神懈怠危险、能力不足危险、脱离群众危险、消极腐败危险的尖锐性和严峻性。这就要求我们必须把党建设得更加坚强有力，不断增强党自我净化、自我完善、自我革新、自我提高的能力。第一，中央高度重视、百姓高度关注、贪官高度紧张。党的十八大以来，以习近平同志为核心的党中央不断深化权力运行制约和监督体系建设，对新时代反腐败斗争进行战略谋划和顶层设计。根据当前腐败的特点，以作风建设为切入口，刹歪风。反腐倡廉呈现出了中央高度重视、百姓高度关注、贪官高度紧张的“三高”鲜明特点。第二，反腐已经常态化、全民化、制度化。党的十八大以来，党和政府更加重视反腐败的民主公开，调动公民监督、舆论监督力量，推进反腐败斗争常态化、制度化、社会化建设态势。第三，增量腐败得到有效遏制，存量腐败正在全力清理。党的十八大以来，中央落实八项规定①，持续反对“四风”，厉行勤俭节约，反对铺张浪费，这些都是抑制增量腐败的重大举措。一些位高权重、隐藏很深的腐败分子也被挖了出来：即使退休、退居二线，也要一查到底，决不能让腐败分子“安全着陆”；即使逃到国外，也要追惩归案，决不让腐败分子逍遥法外；对犯罪嫌疑人依法追缴其违法所得及其他涉案财产，决不让腐败分子在经济上捞到好处。然而，管党治党现状上，“党内存在的思想不纯、组织不纯、作风不纯等突出问题尚未得到根本解决”②，有些党员党性衰竭化：入党动机功利化，理想信念虚无化，模范作用无为化；有些党的干部官僚化：脱离群众、脱离实际，不讲原则、不负责任，言行不一、弄虚作假，铺张浪费、奢靡享乐，个人主义突出，形式主义③严重；有些党的组织机能退化：基层党组织战斗堡垒作用不强、软弱涣散，对中央决策部署执行不认真甚至“上有政策、下有对策”；一些地方和部门存在“跑官要官”等问题屡禁不止；等等。如果任由这些问题蔓延泛滥，将会严重损害党同人民群众的血肉联系，严重影响党的长期执政地位。因此，要推动权力运行制约和监督体系建设，加强对权力运行事前、事中、事后的制约和监督，建设风

---

① 注：2012年12月4日，习近平总书记主持召开中共中央政治局会议，审议通过了《十八届中央政治局关于改进工作作风、密切联系群众的八项规定》，为党员干部行为划定界限分明的标尺。无论是“轻车简从”，严格控制出行随访人员，还是“首先从中央政治局做起”，都致力于“实、真、勤、廉”，下决心“减、简、戒、控”，为端正党风政风率先垂范。八项规定的令行禁止，带动了整个社会风气转变，党风政风焕然一新，党心民心为之一振。

② 钟纪轩．加强政治监督坚决维护党中央权威和集中统一领导［J］．求是，2019（11）：35-41.

③ 注：中组部《党建研究》刊文指出“装”的问题值得警惕：一是“装积极”。有的对上级会议或者领导要求，秒传达、秒表态、秒汇报，仿佛越极端，就越积极。二是“装学”。有的在理论学习上滥竽充数，看书看皮、看报看题，不懂装懂，热衷于在学习上做样子、装门面。三是“装干”。有的接到上级布置的工作任务，事情还没有做，就先有一份厚厚的报告。有的看见上级督导组或者检查组下来，捧出一大摞表格，有任务、有情况、有进度、有考核，看起来像模像样，其实都是画在纸上、填在表里、念在口中，就是不落实到行动上。四是“装改”。有的抓整改，避实就虚、避重就轻，只找别人问题不找自己的问题，只找下级问题不找自身问题，只找业务上的问题不找思想上的问题，只找表面问题不找深刻问题。引自王德．“装”的问题值得警惕［J］．党建研究，2020（6）．

清气正的政治生态。

世情、国情、党情的深刻变化使党面临的“四大考验”更加严峻，“四大危险”更加凸显，“四大腐蚀”① 更加肆虐，只有不断增强党的“四自能力”②，不断增强“四个意识”，坚定“四个自信”，深入推进党风廉政建设和反腐败斗争，才能赢得人民的认可和拥护，才能不断实现党和国家的长治久安。“腐败影响政治决定，导致资源利用效率低下，助长肆意妄为，摒弃奉公守法。腐败意味着道德沦丧，政府运行效率的降低，集团犯罪的滋生，警察野蛮执法的鼓动，纳税人负担的加剧，以及对贫者的直接影响。”③ “腐败直接打击市场经济的核心，扭曲经济决策，还助长那些腐败的和操纵市场的经济，而不是有效率和生产性的经济活动。”④ 反腐败斗争必然是一场“持久战”，既不能冒进，图一时之快，治标不治本；也必须有危机感和忧患意识，腐败问题解决不好，就会导致亡党亡国。因此，必须持之以恒地深入推进反腐败斗争，推动权力制约和监督体系建设。

第二节 研究价值

健全权力运行制约和监督体系研究，具有重要价值，在价值目标上具体体现在三个方面：第一，力求在权力运行制约和监督理论研究上有新突破。通过研究权力腐败与权力制约问题的基本理论、阐明权力腐败与权力制约问题的基本内涵和重要价值，进一步丰富和发展具有中国特色的权力运行制约和监督体系建设原则和创新实践。第二，力求在权力运行制约和监督体系建设上有新设计。探索防止权力腐败与实现权力制约问题的途径办法，研究构

① 注：张希贤同志在2012年提出权力的腐蚀、金钱的腐蚀、资本主义的腐蚀和中西方腐朽思想文化的腐蚀。
② 注：即自我净化、自我完善、自我革新、自我提高能力。
③ [美] 杰拉尔德·E. 凯登，[加] O·P. 德威维迪，[美] 约瑟夫·捷波朗. 腐败：权利与制约 [M]. 王云燕，译. 北京：人民日报出版社，2017：19.
④ [新西兰] 杰瑞米·波普. 制约腐败——建构国家廉政体系 [M]. 清华大学公共管理学院廉政研究室，译. 北京：中国方正出版社，2002：4-5.

建权力运行制约和监督体系建设的实践逻辑、创新架构、运行机理等，并对推进权力运行制约和监督体系建设问题进行谋划设计。第三，力求在推动权力运行制约和监督实践上有新进展。通过研究系统推进不敢腐不能腐不想腐体制机制，积极地鼓励公众的政治参与，实现公众对腐败的零容忍，进一步推进党风廉政建设，坚持把理论与实践紧密结合起来，用权力运行制约和监督体系建设的创新实践完善研究成果，发挥决策咨询和借鉴启示作用。

(一) 研究的学术价值

每个国家都有自己特定的国情，其反腐败道路必然是与该国国情相适应的。中国特色的权力运行制约和监督体系走的是一条与国情相适应的、中国特色的廉政建设与治理之道。面对反腐败斗争的新形势，中国特色的权力运行制约和监督体系如何进行丰富与完善，特别是在制度体系、体制机制、运行机理、协同力量、政治生态等方面进行与时俱进地创新与发展，这正是本书要着力研究的问题。

本研究独到价值在于：一是对权力运行制约与监督理论和实践展开整体系统的研究；二是注重在实践层面上研究解决我国权力制约与监督问题。研究有三个层次的目标：直接目标、中间目标和最终目标。直接目标是构建中国特色的权力运行制约和监督机制；中间目标是形成一体推进不敢腐、不能腐、不想腐体制机制；最终目标是打造“干部清正、政府清廉、政治清明”的政治生态。

第一，梳理权力制约和监督理论，探讨分权制衡、权力制约和监督理论等，考察权力制约的思想渊源和理论资源，考察近代西方权力制约思想和马克思主义经典作家权力运行制约思想，对权力制约理论模式作出客观评价；梳理总结中国共产党在各个历史时期制约和监督权力的实践探索，阐明构建中国特色的权力制约和监督机制的理论与实践，健全中国特色的权力制约和监督理论范式。

第二，探寻中国特色社会主义权力制约和监督理论，阐明中国特色的权力制约和监督体系结构与运行机理。本书综合运用马克思主义理论、政治学、系统工程、伦理学、社会学、管理学等多学科理论和知识，对权力运行制约和监督问题的历史形成、现实境遇、体系建设、运行机理等问题进行深入分析，构建中国特色的权力运行制约和监督理论的分析框架，拓展权力腐败治理研究视野，对于提高党风廉政建设的科学化水平、深入推进反腐斗争具有重要价值。中国特色的权力制约和监督理论，要坚持党的领导、依法治国和人民当家作主的有机统一，坚持思想建党和制度治党，强化纪法协同，落实“两个责任”、强化监督执纪问责，探索适合中国国情的制约和监督权力运行的体制、制度和机制。

第三，权力制约和监督体系的优化研究计划及对其基本构想的研究，为党风廉政建设的行政决策、真正实现权力运行的制约和监督制衡提供重要依据与参照。对权力制约和监督体系的研究，将解决权力运行制约的单一性问题，进入由单一到多元、由同体到异体、由碎片到协同的整体性阶段，并促成权力制约和监督体系的整体与优化等实质性问题得到突破。从权力、权利、制度、法律、道德等方面统筹建构权力运行制约与监督体系，开展对权力制约和监督力量统筹整合研究，是对权力腐败问题研究的重要突破。

（二）研究的实践价值

第一，系统全面剖析国外权力制约理论研究及国外权力制约和监督的经验，加强转型时期权力运行监督体系统筹优化的研究，这是防止权力变异的重要保证，是治理权力腐败的关键环节，对于权力运行的有效监督与制约以及社会政治文明的建设均有重要的借鉴意义。本书将立足于国内外经济社会发展的新形势新特点，结合中国特色社会主义现代化建设伟大实践，系统研究和探索权力运行制约与监督工作的重点、难点问题以及未来的发展趋势，建构中国特色的权力运行制约与监督体系，提出对策建议。

第二，深刻总结权力运行制约与监督体系建设实践与经验，分析权力制约和监督机制存在的问题，提出健全中国特色的权力运行制约和监督体系建设思路与路径，为解决我国当前反腐败斗争的焦点问题和紧迫问题提出有益建议和决策参考，助力“风清气正”的政治生态实现。习近平总书记强调权力制约和监督的重要性，高度重视党的作风建设，明确指出：“执政党的党风关系党的形象，关系人心向背，关系党和国家生死存亡。”① 党要赢得人民

① 中共中央文献研究室．十八大以来重要文献选编（上）［M］．北京：中央文献出版社，2014：308.

群众的拥护和支持，在形象上得到认同是基本条件，作风就代表着形象，彰显着党的价值追求、表明党的使命担当。中国共产党治国理政的根基在人民群众，要坚持以人民为中心的发展思想，坚定以人民为中心的根本政治立场，坚持“人民是阅卷人”的标准，坚持全心全意为人民服务的根本宗旨，实现权力运行制约和监督的人民性。

第三，有利于推进新时代党的建设和加强党的领导。党的建设是一个相互联系的有机整体，管党治党不能仅仅针对和解决某个局部、某个层次、某个方面的矛盾和问题，必然是整体推进的全面性、要素齐全的全面性、涵盖对象的全面性。党的十九大报告从治国理政的高度阐明了新时代党的政治建设、思想建设、组织建设、作风建设、纪律建设、制度建设等“七大问题”的总体要求和工作格局，彰显了党中央一以贯之地推进党的建设伟大工程的系统性、全面性、时代性要求，强调以整体推进与重点突破相结合。党中央强调“作风建设永远在路上”①，从八项规定到六项禁令，从反“四风”到开展群众路线教育实践活动，从“三严三实”到“不忘初心，牢记使命”主题教育，聚焦“四风”问题，抓住要害、以点带面、集中发力、持续用劲，以踏石留印、抓铁有痕的劲头抓转变作风。特别是小处着手，细节发力，从整治超标超配公车、超标办公用房、多占住房，公款送礼，到会所、培训中心，“裸官”“吃空饷”以及天价培训、企业兼职，迎来送往、铺张浪费、吃拿卡要、庸懒散拖等问题抓起，使党风、政风和社会风气为之一新。中国共产党在革命、建设和改革的实践中处于各项事业的领导核心地位，这是经过实践检验的，是历史和人民的选择。新时代在推进全面深化改革进程中，在决战脱贫攻坚、决胜全面建成小康社会之后，继续开启基本实现现代化的新征程。我们党在全面深化改革、全面从严治党等方面还有诸多任务，但办好中国的事情关键在中国共产党，管党治党是最为基本的保障，要搞好党的建设、坚持党的领导、发挥党的核心作用。

第四，有利于营造风清气正的政治生态。严肃党内政治生活，起着清除党内的不良思想和作风，使党的思想纯洁、作风纯正的重要作用。正如习近

① 习近平．习近平谈治国理政（第二卷）［M］．北京：外文出版社，2017：40.

平总书记指出："严肃认真的党内政治生活……是纯洁党风的'净化器'。"①严肃认真的党内政治生活、健康干净的党内政治生态，是党的优良传统扎根的生存土壤，是党具有生机动力的源泉与活力。如果政治生态好，那么党内就会正气充盈，风清气正；如果政治生态不好，党内就会邪气横生、贪污腐化。因此，要注重营造风清气正的政治生态，用党风政风带动民风社风，弘扬社会主义核心价值观。党的十八大以来，党内政治生态建设有了明显好转，党风政风为之一新，民风社风为之一振。但是，仍然需要引起注意的是，党内政治生活中存在的"随意化、形式化、平淡化、庸俗化"的问题仍然没有得到彻底解决。习近平总书记强调："解决党内存在的种种难题，必须营造一个良好的从政环境，也就是要有一个好的政治生态。"② 要让党员领导干部在党内政治生活中经常性、常态化地接受政治教育、提升政治素养、净化政治灵魂，增强政治免疫力，推动形成清爽的同志关系、规矩的上下级关系、亲清政商关系，让党内政治文化作用发挥"日用而不觉"的效果，潜移默化地打造风清气正的党内政治生态。

第三节 研究述评

（一）国内关于权力制约与监督研究论域

王世谊③等人的著作《权力腐败与权力制约问题研究》提出从道德、体制、法律、自律以及舆论等方面加强权力制约的基本战略。田恒国④提出构建中国特色社会主义权力制约监督体系的思路，即在坚持中国共产党的领导

---

① 中共中央文献研究室．习近平关于全面从严治党论述摘编［M］．北京：中央文献出版社，2016：48.

② 中共中央纪律检查委员会，中共中央文献研究室．习近平关于党风廉政建设和反腐败斗争论述摘编［M］．北京：中央文献出版社，2015：87.

③ 王世谊，周义程等著．权力腐败与权力制约问题研究［M］．北京：中国社会科学出版社，2011：294-342.

④ 田恒国．中国特色社会主义权力制约监督体系研究的思考［J］．中共福建省委党校学报，2010（1）：24-29.

地位和执政地位的前提条件下，将决策权、执行权、监督权既相互制约又相互协调的权力结构和运行机制引入整个党和国家领导制度之中。郑东风①提出构建中国特色权力制约监督机制的思路是科学减权，以市场替代权力；合理分权，以权力制约权力；规范用权，以法制约束权力；公开行权，以权利监督权力；伦理抑权，以道德内控权力。上述研究在一定程度上代表了权力制约与监督机制建设的新趋势。国内学者对权力运行制约与监督的研究主要集中于：

1. 权力运行的"权力"制约与监督维度分析

权力制约和监督机制研究，如，吴振钧②系统地分析了权力监督与制衡的基本原理，提出了从夯实民主法治基础入手，进一步加大对权力的监督与制衡的力度，健全权力制约机制，合理配置权力结构，以期实现权力运行制衡的价值目标。有针对性地提出了构建权力监督与制衡的社会基础、经济基础、政治基础、法治基础的基本思路，强调制度创新、机制创新、体制创新，致力于权力监督与制衡的实践探讨。张穹、张智辉③分析比较了8个国家的权力制约制度，系统地研究了我国由古至今权力制约的思想、制度和实践，立足于权力制约制度设计，以预防为重点，围绕当代中国如何建立健全权力制约机制，提出了制度设计方案，并从理论和实践两个方面进行了科学的论证。金太军④从权力和权力监督的概念、起源以及权力的结构形态入手，将权力监督研究置于人类政治文明的宏观视野中，着重研究当代中国权力结构体系与权力监督机制，权力监督机制与政治文明的互动关系，在比较借鉴古今中外权力监督方面的理论成果（特别是马克思主义权力监督思想）与实践经验（特别是社会主义国家与西方发达资本主义国家的实践经验）的基础

---

① 郑东风．构建中国特色权力制约监督机制：原则、方向与重点［J］．廉政文化建设，2011（4）：48-52.

② 吴振钧．权力制衡与民主法治关系的思考［J］．政法论坛，2007（1）：181-183.

③ 张穹，张智辉．权力制约与反腐倡廉［M］．北京：中国方正出版社，2009：97-276.

④ 金太军，张劲松等著．政治文明建设与权力监督机制研究［M］．北京：人民出版社，2010：923-961.

上，寻求改革与完善我国权力监督体系的对策。阎德民①从阐明构建中国特色权力制约和监督机制的目标、模式、原则、基本思路方面着手，分析权力制约和监督机制存在的问题，提出建设和改革、健全和完善的思路与路径。

权力制约和监督的组织机构研究。一是组织体系论，林尚立②把现行的反腐败组织结构定义为“政党为中心”的中国反腐败框架，强调构建以政党为第一主体，并以政党为主导带动国家与社会的相关体系。二是组织机构运行论，有学者研究了我国反腐败组织结构的运行机制，何增科③运用综合有效性标准和分机构类别有效性标准对于现行反腐败机构运行成效进行了分析。三是反腐败机构关系及优化论，庄锡福④认为完善人大监督，首先是建立人大监督专门委员会，提高监督实效，其次是建立监督人大工作程序制度；刘金程⑤对纪检监察系统、检察机关、审计机关、预防腐败局等专职机构的发展和改革的过程、职能定位、在反腐败中的地位、存在问题、改革举措等进行了分析；卢乐云⑥认为，为了增强检察机关的惩治和预防腐败功能，要改革和完善职务犯罪侦查机制、职务犯罪预防工作机制、改革和完善诉讼监督机制，改革和完善检察机关法律监督与其他形式监督的对接机制，要对检察权形成良好的监督制约机制。

“权力”的权力制约与监督问题，即强调以权力制约权力的核心问题，强调如何科学配置权力以及权力之间的相互制约监督问题。高山⑦强调要加强“人民代表大会制度下国家机构设置和权力制约监督”，加强“各级权力

① 阎德民．新中国的权力制约和监督：历史嬗变和经验启示［J］．中共福建省委党校学报，2011（3）：4-11.
② 林尚立．以政党为中心：中国反腐败体系的建构及其基本框架［J］．中共中央党校学报，2009（4）：21-27.
③ 何增科．建构现代国家廉政制度体系：中国的反腐败与权力监督［J］．广州大学学报（社会科学版），2011（1）：5-15.
④ 庄锡福．反腐败的机构构建［J］．科学社会主义，2004（4）：58-60.
⑤ 刘金程．中国共产党纪检监察领导体制的演化：90 年的回顾与展望［J］．河南社会科学，2011（5）：24-28.
⑥ 卢乐云．增强检察机关的惩治和预防腐败功能［J］．求是，2009（24）：50.
⑦ 高山．国家权力制约机制与强化人大监督职能［J］．社会科学论坛，1998（4）：40-44.

机关相互间的制约监督”“国家权力机关对国家行政、审判、检察机关的制约监督”等。胡启南①认为“强化权力制约的关键是实现权力的合理分工和相互制约”。黄百炼②针对“一把手”权力制约和监督问题，提出健全选拔任用机制、科学决策机制、预防警示机制和淘汰机制等具体建议。可见，以权力制约权力是对权力进行制约与监督的一种有效方式，为建立科学的权力运行制约和监督体系奠定了理论基础。

2. 权力运行的“社会”制约与监督维度分析

权力运行的“社会”制约和监督的研究是强调运用社会和公民权利对权力运行进行全过程监督。周智③强调“强化对权力运作的全过程，包括对权力行使主体、权力实施过程、权力运行后果”等实行全面管理、控制和监督。代表性观点主要有：

第一，权力运行的社会权力制约监督论。吴振钧④认为以社会成员的权利制约权力符合人民主权的观点。郭道久⑤强调要充分发挥利益群体、第三部门和大众传媒对权力的制约和监督作用。金海和⑥提出，以公民权利制约公共权力。陈宏彩⑦从政治参与的角度强调以权利制约权力的方式。

第二，权力运行的“舆论”监督与制约论。宗旭⑧提出了从“提高全民的舆论监督意识、营造良好的舆论监督环境”“建立有效的舆论监督体制”

---

① 胡启南．浅论权力运行中的权力制约［J］．求实，1999（9）：24-26.

② 黄百炼．预防“一把手”腐败的若干思考［J］．广州大学学报（社会科学版），2006（10）：4-14.

③ 周智．对权力运行的制约和监督存在的问题及对策分析［J］．社会主义研究，2006（6）：100-102.

④ 吴振钧．权力制衡与民主法治关系的思考［J］．政法论坛（中国政治大学学报）.2007（1）：181-183.

⑤ 郭道久．“以社会制约权力”：理念、内涵和定位［J］．延安大学学报（社会科学版），2011（3）：5-10

⑥ 金海和，段燕平．以公民权利制约公共权力的机制建设构想［J］．中国行政管理，2007（10）：27-29.

⑦ 陈宏彩，邓蓉敬．以权利制约权力：政治文明的新发展［J］．理论与改革，2003（6）：21-24.

⑧ 宗旭．论加强社会舆论监督与我国政治文明建设的关系［J］．云南行政学院学报，2008（6）：37-40.

等方面强化舆论监督。叶战备①提出通过“舆论监督立法、保障新闻媒体和公众的知情权、营造良好的舆论监督环境”来加强舆论对权力的监督。公共领域的转型，新媒体使信息传播权力的下放，网络意见的能量正在引导舆论走向一个全民参与的境地，公众的媒体接近权扩大，公共领域延伸至虚拟公共空间，网络新媒体已成为舆论监督的一种新途径。在新媒体语境下，信息充分、渠道多元、主体多样、开放互动的舆论监督合力模式，具有防范媒体舆论监督以及其他监督力量行为失范、目标偏离的作用，新媒体打造了不同监督者共同的信息平台，实现了舆论监督主体从媒体向公众的回归。② 李骏③认为，网络为群众监督提供了便捷平台，使民意得到真实、充分的表达，但学者们也发现了网络媒体对于加强党风廉政建设的不利因素，如网络监督存在合法性不足、呈现出无序状态、缺乏公信力和客观公正立场等问题，如何趋利避害地利用网络媒体，加强党风廉政建设工作是一个有待深入探讨的问题。

第三，探索新媒体环境下的舆论监督机制。王梅芳等④认为，网络环境下的舆论监督使政府封堵模式失效并有可能激化矛盾。针对这一问题，罗兵等⑤认为应开辟党委政府与网民经常性、制度化的网上沟通新渠道。王敏⑥主张积极探索“网络问政”机制，将网络表达及其输入、网络问责议题的形成、舆论压力的积聚、政府对舆论压力的反应以及政府政策、行动的输出等阶段有机结合起来，构筑起健全的权力监督机制。近年来，专门针对新型媒介在党风廉政建设中作用的研究逐渐增多，而且较集中于利用新媒介开展廉

① 叶战备．论完善对权力的舆论监督［J］．中国行政管理，2005（3）：66-68.
② 张淑华．媒体舆论监督失范与新媒体条件下监督合力模式构建［J］．郑州大学学报（哲学社会科学版），2009（3）：172-175.
③ 李骏．论我国新媒体舆论监督的兴起与改进措施［J］．浙江树人大学学报，2011（4）：70-75.
④ 王梅芳，赵高辉．新媒体生态下的舆论监督［J］．南京社会科学，2011（5）：91-98.
⑤ 罗兵，李学斌，梁畅．新媒体环境下开展网络舆论监督工作的思考［J］．北京化工大学学报（社会科学版），2012（2）：7-10.
⑥ 王敏．从网络问责的特征与过程看新媒体的舆论监督作用［J］．当代世界与社会主义，2012（3）：188-192.

政和信息公开研究。贺延辉[①]的调查发现，当前我国信息公开网建设存在信息公开制度不完善、信息公开深度层次不够、信息公开范围限定与不确定、信息检索系统或缺少或简单等问题。如何充分发挥新媒体在权力运行制约与监督中的积极作用，搭建网络信息公开平台，健全网络权力制约机制，增强权力运行透明度，建立网络监督和受理机制，发挥“互联网+”的网络监督作用等问题，将成为未来反腐败斗争理论研究与实践创新的重要路向。

3. 权力运行制约与监督的多学科维度分析

从经济学角度分析，吴敬琏[②]和贺卫等人[③]分析了转型过程中产生的各种租金及由此产生的腐败现象。程文浩[④]提出了公共权力（资源）、腐败动机、腐败机会“三位一体”的解释模式，并分析了此三要素的总体特点、变化规律及其互动关系。汪丁丁[⑤]运用“委托人利益—代理人利益”分析了委托人利益和代理人利益在均衡行为模式下的悖反关系。倪星、陈兆仓[⑥]从“机会—意愿—行为”的腐败滋生逻辑、“投入—过程—产出—影响”的绩效评价维度出发构建了一套评价指数体系，并运用德尔菲法进行了指标筛选和赋权。

从教育学角度分析，李永忠[⑦]强调从整体上提高廉政教育的科学化和制度水平；杨晓光[⑧]提出发挥教育在反腐倡廉中潜移默化、行为导向、拒腐防变的作用，需要处理好五种关系。

---

① 贺延辉．我国高校信息公开制度建设——基于高校网站的调查与分析［J］．现代情报，2012（4）：25-30.

② 吴敬琏．“寻租”理论与我国经济中的某些消极现象［J］．经济社会体制比较，1988（5）：1-2

③ 贺卫，王浣尘．市场经济与转型期经济中的寻租比较［J］．经济科学，1999（6）：14-20.

④ 程文浩．改革期间腐败机会的产生根源研究［J］．公共管理评论，2004（2）：87-97.

⑤ 汪丁丁．关于腐败的经济学分析［J］．战略与管理，2000（6）：112-115.

⑥ 倪星，陈兆仓．绩效驱动的治理：反腐败运动的组织学分析［J］．武汉大学学报（哲学社会科学版），2012（6）：77-84.

⑦ 李永忠．探讨建设有中国特色的廉政教育体系［J］．人民论坛，2010（4）：228-230.

⑧ 杨晓光．充分发挥教育在反腐倡廉中的基础性作用［J］．求是，2005（5）：38-39.

从政治学角度分析，林喆、王明高强调权力制约是防止权力滥用、治理腐败的根本途径，其中教育机制和伦理建设发挥软约束作用。陶静①分析领导干部思想道德方面的突出问题，表现为五“失”：失志、失诚、失正、失勤、失廉。杜钢建等人②强调要建立和完善领导与责任机制、宣传发动机制、群众参与机制、协调机制、道德保障机制、监督考评机制和奖惩激励机制。

从社会学角度分析，童星等③从社会学视角分析转型社会腐败产生的各种现实条件，包括权力主体的人性的缺陷和角色的多重性、“差序格局”的社会结构、体制转换中公共权力使用的变异和权力监督制约的低效、思想价值观念相互激荡和个人理想信念迷失等。

从心理学角度分析，苏满满结合查办腐败案件的实践和对大量腐败个案的分析，揭示了腐败行为内在的心理机制，提出了心理预防的具体对策。周玉清等分析贪官腐败心理的主要特征及其萌生、滋长、成熟的基本规律等，提出筑牢拒腐防变的心理防线。

上述研究成果，归结起来，阐明了以权力制约权力、以权利制约权力、以法制制约权力、以责任制约权力等权力运行制约和监督研究范式。这些研究成果将为进一步开展权力运行制约与监督理论和实践的研究奠定坚实基础。

（二）国外权力运行制约和监督研究现状评述

国外对权力运行制约与监督的研究主要集中在以下几个方面：

第一，对西方权力制约和监督的范式研究。西方关于权力腐败与制约理论偏重于价值层面的研究。概括起来主要有以下几种代表性观点：一是对权力制约与监督思想渊源的研究，如孟德斯鸠在《论法的精神》中对性恶论的研究；二是对以社会制约权力的研究，如托克维尔在《论美国的民主》中强调对权力构成“社会的制衡”；三是对以权力制约权力的研究，如洛克在

---

① 陶静．对基层领导干部思想道德建设的思考［J］．江西社会科学，2002（8）：171-173.

② 杜钢建，杨建华，等．社会主义思想道德体系实施的运行机制［J］．太平洋学报，2006（6）：1-16.

③ 童星，曹海林．转型社会腐败根源的社会学分析［J］．湖南师范大学社会科学学报，2002（4）：61-65.

《政府论》中提出了立法权、行政权和联盟权三权分立的观点。

第二，对权力腐败的解释性研究。Gordon Tullock①、Jagdish Bhagwati②从经济学角度研究腐败与反腐败，提出腐败就是寻租，人们为了获得稀缺资源或机会，而向政府游说并提供好处，从而产生寻租。一是“权力扭曲”说，循着传统的“权力导致腐败”的经典解释，Thomas P. Bernstein 、David M. Lampton 、Park K. Lee 等论及了中国的反腐败机构之间的职责分工和权力配置关系等制度性问题。二是“市场转型诱因”说，Scott Kennedy、Andrew Wedeman、Richard Baum 等认为权力扭曲带来的腐败问题主要是由于市场转型和经济自由化带来的后果，中国的反腐败机构设置及其运行机制不适应市场经济发展和社会转型的问题。

第三，伦理道德制约腐败的研究。从 20 世纪 30 年代开始，高斯、怀特等从角色责任和义务出发，分析从政者的道德影响力。20 世纪 70 年代后，斯克特、约翰·罗尔斯、罗赫尔、考德沃、费舍等从民主理论、官员道德责任、政治责任、德性伦理、伦理教育等方面展开研究。2000 年以来，苏珊·罗斯·艾克曼、杰瑞米·波普的《制约腐败》专著等，强调从政道德对防治腐败的重要作用，建构国家廉政法制体系制约权力腐败。特别值得一提的是新加坡国立大学东亚研究所的郑永年先生因其中国成长经历及西方生活背景，既了解中国国情，又对西方政治生活了解深入，在其一系列关于中国政治发展与社会转型的论述中曾经专门谈及中国的反腐败机构问题，他提出的中国反腐败机构内部过于多元化、互相争执推诿反而给腐败很多机会，必须要实行整合，建立反腐败的大部制等观点给人以深刻启发。可见，针对腐败治理问题，各国都在寻求与本国社会、经济、政治、文化相匹配的治理方案与模式建构，能够为健全中国特色权力运行制约和监督体制机制提供参考。

综合来看，相关研究成果为本选题研究提供了前期基础和借鉴参考作用，但同时也存在一些问题：第一，权力运行制约与监督研究“弱”在缺乏

---

① TULLOCK G. The Welfare Cost of Tariffs, Monopoly and Theft [J] . Western Economic Journal, 1967 (3): 224-232.

② Jagdish N. Bhagwati. Directly unproductive profit-seeking (DUP) activities [J] . Journal of Political Economy, 1982, 90 (5): 998-1002.

整体关注，尤其是对于我国权力制约与监督中存在的深层次问题，与权力运行制约或监督模式相关的研究较多，而与权力制约和监督体系协同相关的研究较少；第二，权力运行制约与监督研究“弱”在比较研究，多西方国家权力运行制约与监督研究，少与中国国情相结合的比较研究，如何将国内外的相关理论和历史经验与我国的传统和现实结合起来的研究较少；第三，权力运行制约与监督研究“弱”在内在整体优化关注，尤其是权力运行制约与监督体系的实质性整体优化提升研究。“统而论之”多于“分而论之”，外部关注多于内部关注，个体研究多于整体研究等问题，在以下几个方面还有进一步探讨和发展的空间：

（1）缺乏对构建中国特色的以权力制约监督权力制度的深入研究。比如，立足于我国现实国情以权力制约权力的“顶层设计”；解决权力过分集中的问题，实现权力的科学合理配置；权力运行制约与监督体系如何真正实现由单一到整体、由点到面的协同研究（权力运行监督与制约体系的实质性整体协同与整合）的跨越等。

（2）如何建构“本土化”与“国际化”相结合的具有中国特色的权力运行制约与监督模式？研究成果大体是沿着权力、权利、法律、道德、责任、社会等几个方面展开的，基本上涵盖了制约和监督权力运行的不同思路。但是，结合党的十八大以后党风廉政建设和反腐败斗争的新形式，相关研究还有两个研究点需要进一步深化：一是立足于我国政治体制的特点和现实国情，研究以“权力”来制约权力的技术设计，以廓清权力的边界，筑好篱笆，界定公共权力的边界，将权力装进制度的笼子里。二是以“权利”来制约权力的制度体系，让权力在阳光下运行。通过权力运行的公开化、透明化，使其接受社会监督。如何形成与“五位一体”总体布局和“四个全面”战略布局相匹配的权力运行制约与监督体系？

（3）如何协调党内、党外、社会多元主体之间的权力制约和监督关系，将国外廉政建设成功经验、中国传统廉政思想现代转化与中国共产党廉政教育成功经验结合起来，形成以法治、伦理、权力、权力制约和监督权力的立体式权力制约和监督体系，探索一条具有中国特色、中国气派、中国风格的权力制约和监督体系优化之路？

第四节　本书分析框架

一、相关研究概念辨析

（一）腐败的概念

由于研究角度相异和研究方法分殊，腐败的概念随着年代、区域和学科演进发生了变化，逐渐成为社会科学中歧义纷呈的一个概念，“没有哪个问题像腐败的定义这样长期争论不休”①。樊纲认为所谓腐败，就是“利用公权谋私利”②。林喆、马长生认为“凡是行为主体为其特殊利益而滥用权威或偏离公共职责的现象都可以视为权力腐败”③。有学者对腐败类型进行了分析④，如表 1-1 所示。

表 1-1　腐败类型

贿赂	为获取不法利益而进行的金钱交易、不当的馈赠或恩惠行为，包括公职人员贿赂与商业贿赂。
勒索	公职人员主动索要贿赂，以此作为履行职责的必要条件。若被勒索方表现积极，则该情形下发生的勒索行为被视为贿赂。
人情交换	以一种违法行为换取另一种违法行为。
裙带关系	雇用家庭成员或社会关系密切之人，而非雇用符合资质却无关系纽带的申请者。

① JOHNSTON M. The Searchfor Definitions: The Vitality of Politics and the Issue of Corruption [J]. International Social Science Journal, 1996 (3): 321-335.

② 樊纲. 腐败经济学［J］. 经济月刊，2000（7）：29-30.

③ 林喆，马长生. 腐败犯罪学研究［M］. 北京：北京大学出版社，2002：9.

④ ［美］苏珊·罗丝-阿克曼，［美］邦妮·J. 帕利夫卡. 腐败与政府［M］. 郑澜，译. 北京：中信出版社，2018：9.

续表

任人唯亲	开展工作相关决策时，偏好任用与自己属于同一群体的成员，如种族、宗教信仰、政治立场及社会地位相同的人。
司法欺诈	无视案件的实际情况，通过贿赂或威胁法官来促成的司法裁决。
会计欺诈	蓄意捏造销售额或利润额。
选举欺诈	通过购买选票、威胁选民、票数造假或破坏选票等途径操纵选举结果。
公职欺诈	无论是否涉及贿赂，只要是公职人员未按法定要求提供服务的行为均属于公职欺诈。
挪用公款	雇员偷窃雇主（如企业、政府部门或非政府组织）财产。
盗窃政权	最高领导层致力于最大化地攫取个人财富的专制国家。
渎职	利用个人在政府的决策权，从利益相关方获取贿赂或恩惠。
利益冲突	在他人制定的政策中牵涉自身利益。

可见，通过上述关于腐败定义和腐败类型的阐述，可以得出腐败内涵存在广义与狭义之争的基本共识，腐败是利用公权力谋取私利。从狭义上说，腐败有三个基本要素，即“公职人员”是权力腐败的主体要素，“公权力”是权力腐败的前提要素，“谋取私利”是权力腐败的动机要素，简单地说就是：人——主体要素；权——前提要素；利——动机要素。从广义上看，权力腐败就是代理人利用掌握的公权力罔顾甚至损害委托人利益，为自己或利益相关人或包括自己在内的（特定）利益团体谋取私利的行为。任建明提出准确把握腐败定义要把握两个要件：“一是腐败的主体必须是公共职位的在任者或公共权力的行使者；二是腐败行为的动机必须是谋取私利的、客观上这种行为损害或侵犯了公众利益。”①可以看出，权力腐败主体是腐败发生的主体要件，“公权力”是腐败的前提要件，“谋取私利”是腐败的动机要件，“行为后果”是权力腐败的鉴定要件。只要有“谋求私利”的动机和相应“谋私行为”的发生，不管实际结果是否获得“私利”，都属于腐败。这种广

① 任建明．给腐败下一个准确定义［J］．党政干部文摘，2003（1）：11-12.

义的理解，阐明了不仅公共管理领域的公职人员可能发生腐败，私营领域的雇员（非公职人员）也有可能产生腐败，媒体、基金会、各种社会团体、非政府组织（Non-Governmental Organization，缩写为NGO）等都有可能存在腐败行为。

可以看出，腐败概念可以理解为三种类型：一是以公共职务为中心，强调腐败是权力主体滥用公共权力，违法权力运行规则的行为；二是以市场为中心，认为腐败是权力主体利用权力谋取市场利润的行为；三是以公共利益为中心，认为腐败是权力主体为了谋取私利而损害公共利益的行为。可以总结提炼一个共同之处：腐败是权力主体滥用公共权力谋取不正当私利。权力腐败离不开三个条件：一是权力主体的思想动机、理想信念、职业道德等主体因素；二是权力运行机制缺陷等客观条件；三是权力运行谋取的不正当私利因素。即权力腐败涉及权力运行过程中的主观条件、客观条件、结果要件。这三者共同作用导致权力腐败的产生。

（二）权力运行制约与监督的内涵与外延分析

权力运行制约和监督二者之间的关系、内涵与外延研究是开展本研究需要的前提。权力制约和权力监督内涵是一样的吗？如果不相同，二者又有何异同点或是差异性？有必要对这两个概念进行区分。

从权力制约和制衡维度来看，“权力制约实质上是以某一种权力去控制另一种权力；而权力制衡是权力制约的一种模式”①。从权力制约和监督维度来看，高山认为，“权力制约指权力系统内部各种力量之间的相互牵制、制动和约束；权力监督是权力主体的外部力量对权力主体的监察、监控和督促”②。可见，权力制约是基于公共权力运行的过程性分权，将行政权力赋予不同主体行使，实现权力运行内部的分立与制约。权力监督是基于权力授予者对被授予者的监督，主要通过外部实行对权力运行的监督与追究。如何对中国特色的权力运行制约和监督的概念厘定是本研究首先需要厘清的理论难点问题之一。

从权力与制度关系来看，有学者认为，“权力既是一种能力或一种资格，

---

① 林喆．权力腐败与权力制约［M］．北京：法律出版社，1997：160.

② 高山．国家权力的制约监督［M］．石家庄：河北人民出版社，2005：24.

又表现为影响力和支配力；制度既是一种准则或一种规程，又表现为指导性和制约性”①。权力运行唯有用制度监督、规范、约束与制衡，才能保证不被滥用。陈国权等认为，权力制约与监督是一种控制关系，“制约关系是权力主体之间相互约束与牵制的互动关系，而监督关系是单向的，是监督者对被监督者权力运行的监察与督促”②，权力受到制约和监督是控权制度运行的逻辑结果。当然，权力运行制约和监督不可能是完全的分开或是机械的割裂，因为“权力主体往往处于多重权力关系之中”③，在权力运行具体场域和特定情况下，权力运行制约和监督关系往往混杂在一起，权力运行制约和监督者的身份和角色还可能发生互换。

可见，权力制约基于政治权力的过程性分权，权力监督基于政治权力的功能性分权，二者都是政治权力的专业分工与分化。在监督制度中，纵向监督关系多存在于上下级权力主体之间，表现在授权者对被授权者权力运行异化行为的事前、事中、事后的阻断与惩罚。而在制约制度中，权力被分解为不同权力主体，并在诸权力主体间形成相互约束与牵制的关系。这就产生了“外部控权”与“内部控权”两种控权模式。④

二、研究思路与研究方法

本研究从健全权力运行制约和监督的组织体系、创新权力运行制约和监督的运行体系、加强权力运行制约和监督的教育体系等方面建构中国特色的权力运行制约和监督体系。本研究对象涉及以卜儿个方面：权力制约和监督的理论概述，中国共产党权力制约和监督的历史经验，权力运行制约和监督

---

① 高委，程云．反腐新格局：十八大以来党风廉政建设和反腐败斗争新成就［M］．北京：中国方正出版社，2015：36.

② 陈国权，等．权力制约监督论［M］．杭州：浙江大学出版社，2013：27.

③ 注：一种是外部控制，通过外部对权力主体的行为监控，监督作为一种外在的力量，通过对权力运行进行监督和督促实现对权力主体的监控。另一种则是权力内部的分立并彼此约束，也就是制约，主要通过权力运行的制度化、规范化、程序化来限制和约束权力主体的行为。引自陈国权，等．权力制约监督论［M］．杭州：浙江大学出版社，2013：28.

④ 陈国权，等．权力制约监督论［M］．杭州：浙江大学出版社，2013：32-33.

体系建设的现实境遇，健全中国特色的权力制约和监督体系的战略架构、运行机理与实践机制研究等。

（一）研究内容

本书从理论逻辑分析中国特色的权力运行制约和监督体系的理论基础即理论基因、理论资源、理论基础、理论依据与理论遵循；从历史逻辑分析中国特色的权力运行制约和监督体系的历史嬗变轨迹与实践生成；从实践逻辑分析中国特色的权力运行制约和监督体系的时代境遇；从价值逻辑分析中国特色的权力运行制约和监督体系的创新架构、运行机制与实践机制等。本书总结中国特色权力运行制约和监督体系的历史生成、理论基础与现实境遇，依据权力运行制约和监督的现实境遇进行分析，为丰富及健全中国特色的权力运行制约和监督体系提供有效的理论资源和实践路径，为丰富与发展中国特色的反腐败理论与实践提供研究基础，同时，从理论与实践层面进一步深化对权力运行制约和监督理论的认识，推动形成中国特色的反腐败理论与制度建设。

1. 健全中国特色的权力运行制约和监督体系的理论基础

首先，界定中国特色的权力制约和监督体系的概念内涵，区分权力制约和监督的关系与区别。其次，总结梳理马克思主义经典作家权力制约和监督思想、中国化马克思主义权力制约和监督思想。健全中国特色的立体式权力制约和监督体系，但我们绝不能照搬照抄西方“三权分立”的权力制衡模式，如何在坚持党的领导、依法治国和人民当家作主的核心政治价值观的前提下，在实践层面上解决我国的权力制约与监督问题，需要将国内外反腐理论和历史经验与我国的传统和现实结合起来，需要系统地利用“组织+制度+教育”的组合拳，让权力在阳光下运行，最大限度地挤压腐败空间。

2. 权力运行制约和监督体系的历史嬗变

第一，总结分析中国古代以先秦儒家、法家为代表的权力制约思想；总结梳理古代官吏考课制度、御史监察制度、法律追究制度的经验、教训及启示。第二，梳理中国共产党成立以来的权力制约和监督的生动实践及其历史经验。

3. 权力运行制约和监督体系建设的现实境遇

依据严查违反八项规定、强化巡视监督、改革纪检体制落实“两个责任”等实践，总结分析党的十八大以来依法依纪高压反腐下的权力制约和监督经验。根据“权力主体—权力运行—公私利益”的权力腐败发生机理，从“政府、市场、社会”三维框架中分析权力制约和监督体系建设现状问题。

4. 健全中国特色的权力运行制约和监督体系的机理架构

第一，健全中国特色的权力运行制约和监督体系的系统思维应用。第二，健全中国特色权力运行制约和监督体系运行机理：权力科学配置—程序有效控制—信息充分公开—制度强力阻断—主体党性自律。第三，健全中国特色权力运行制约和监督体系的立体式架构：（1）科学分权为核心，健全纵横向、上下向权力运行的权力制约监督；（2）内部控权为补充，健全权力运行的责任制约监督；（3）规范用权为保障，健全权力运行的法治制约监督；（4）公开行使权力为补充，健全权力运行的社会制约监督；（5）党性治权为根本，健全权力运行的伦理制约监督。

5. 健全中国特色的权力运行制约和监督体系的实践机制

具体有以下几个方面：（1）权力配置机制。重点分析权力运行内部圈层政权内部决策权、执行权和监督权的制衡；分析中间圈层执政党与人大、政府、两院、民主党派之间的权力配置关系，发挥党内监督、人大监督、民主监督作用；分析外部圈层社会系统中公民和媒体的社会制约，发挥社会监督和舆论监督作用。（2）程序控制机制。分析加强权力运行内部流程控制和廉政风险点监控机制建设，推进依法治国、依法治党、依法治官、依法治民的法治制约。（3）问责阻断机制。以党政问责制度、纪检巡视制度为重点，分析内部控权强化权力制约和监督的制度阻断机制。（4）信息公开机制。分析信息公开机制和依靠科技力量使行政权力网上公开透明运行，强化权力运行的社会制约实现民主权利与执行权力间的制衡。（5）主体自治机制。加强党的纪律建设研究，加强权力主体的廉洁教育机制，健全党性制约和监督权力。

通过上述研究，希冀达到研究目标：第一，对权力制约和监督体系的研究，将解决权力运行制约的单一性问题，进入由单一到多元、由同体到异体、由碎片到协同的整体性阶段，并促成权力制约和监督体系的整体与优化等实质性问题得到突破。第二，从权力、权利、制度、法律、道德等方面统筹建构体系，开展对权力运行制约和监督力量统筹整合研究，是对权力腐败问题研究的重要突破。第三，权力制约和监督体系优化研究计划及其基本构想的研究，将为党风廉政建设的行政决策、真正实现权力运行的制约和监督制衡提供重要依据与参照。

（二）研究重点

1. 探讨健全权力运行制约和监督体系的理论逻辑、历史演进

具体地讲就是马克思、恩格斯提出了无产阶级在革命胜利后建立清正廉洁的“廉价政府”的构想，列宁提出建立强大的人民监督制度的科学构想、毛泽东关于走民主之路治理权力腐败的思想，邓小平关于探索健全法制扩大人民民主的权力制约和监督思想，习近平关于反腐败系列重要论述等内容分析权力运行制约和监督体系研究的理论借鉴、理论基础、理论依据和理论遵循。同时，主要探讨新民主主义革命时期权力运行制约和监督的实践探索、中华人民共和国成立以来权力运行制约和监督体系建设实践探索、改革开放以来权力运行制约和监督体系建设实践探索、党的十八大以来以习近平同志为核心的党中央推动权力运行制约和监督体系建设实践。

2. 权力运行制约和监督体系建设的现实境遇研究

通过分析权力运行制约和监督异化的“多副面孔”，揭示“控权失灵”的权力运行制约和监督的制度困境、组织困境、文化困境，在此基础上从“人”“权”“利”三个维度进一步分析权力运行制约和监督“失灵”的发生机理，以期揭示权力运行制约和监督异化存在的问题及其原因，为健全权力运行制约和监督体系建设提供参考。

3. 健全以权力运行制约和监督的体系架构研究

中国特色的权力运行制约和监督体系架构体现了党中央领导集体的改革决心，体现改革的系统性、整体性，建设制度化体制机制。同时强调道德伦理制约，建构起廉政治理体系：（1）加强权力制衡强化权力腐败的权力制约；（2）加强制度建设强化权力腐败的制度制约；（3）加强法治建设强化权力腐败的法治制约；（4）加强舆论约束强化权力腐败的社会制约；（5）加强

廉洁教育强化权力腐败的道德制约，并从权力配置、信息公开、主体责任、参与机制、队伍建设、廉洁文化等维度分析健全权力运行制约和监督体系的运行机理；从历史自觉、理论自觉、制度自觉、文化自觉、价值自觉、行动自觉等维度分析中国特色的权力运行制约和监督体系的独特优势。

4. 健全中国特色的权力运行制约和监督机制，健全以党性制约和监督权力的反腐制度体系研究

通过党性制约和监督权力，防止党员干部贪污腐败，既是中国共产党的优势，也是踏上新征程治党、治国治军的内在要求。作为纪律严明的执政党，中国共产党有着较为完善的党规党法，能不能自觉遵守这些党规党法是党员干部党性修养的具体体现。健全以党性制约和监督权力的反腐制度，一是健全党员干部党性定期分析制度，完善民主评议党员干部制度，对于违法违纪、党性缺失的党员，给予相应的处理。二是提升制度化的党性修养活动。建立"不忘初心、牢记使命"的制度，推动"不忘初心、牢记使命"主题教育活动的常态化制度化，这是以党性修养推动自我制约监督的重要政治形式，将有助于以党性制约和监督党员干部。

（三）研究方法

方法论主要探讨研究的基本假设、逻辑、原则、规则、程序等问题。①本书采取历史与逻辑相统一、理论与实践相联系、定量分析与定性分析相结合的研究方法，综合运用马克思主义理论、系统工程学、政治学、社会学、管理学等多学科理论知识，结合权力运行制约和监督实践，提出健全中国特色权力运行制约和监督体系对策。在研究方法论方面，探讨传统"强监督—弱制约"的"控权"研究范式向权力制约监督并重的"正人控权"研究范式转型。强调权力运行制约监督的一元与多体协调、内部与外部衔接、纵向与横向并重，从以静态应然的"权力"为中心控权研究范式向动态实然的"人—权"并重的"正人控权"研究范式转换。研究方法论上解决历史传承、民族特色与结构功能整合的三个问题。

一是历史与逻辑相统一方法。立足于廉政研究的历史性、民族性基础

① 袁方．社会研究方法教程［M］．北京：北京大学出版社，1997：24-26.

上，分析反腐败体系建构，包括两方面内容：第一，西方廉政理论的本土化转型与本土性适应。通过西方理论与实践的比较分析，实现本土化转型与本土性转化，注重中国特色的权力制约和监督体系的普适性、时代性和前瞻性问题，重点突出民族性、历史性特点；第二，中国特色的权力制约和监督体系的民族性，民族文化、政治制度、经济制度的特色；将从民主政治建设的视角对中国权力制约和监督历程与前瞻进行分析。

二是多学科交叉研究方法。综合运用马克思主义理论、政治学、教育学、社会学、政治学、管理学、心理学等多学科知识，探究权力制约和监督的机理。

三是结构功能主义分析方法。运用结构功能主义分析方法分析廉政制度、廉政组织和廉政文化共同组成廉政体系建设，涉及制度、组织、文化三个维度要素，共同组成结构化系统整体。解决廉政体系建设的结构与功能，促进系统的整体功能优化。

四是系统分析方法。运用系统分析法分析权力腐败的权力主体、公权力、利益三个要素与结构，分析权力运行制约与监督体系的整体优化。

五是定性与定量结合分析方法。通过法律与政策文化分析、理论分析、实地调研与访谈等，进一步了解权力运行制约和监督现状，分析其中存在的问题等。

六是比较制度分析方法。“研究中国”的主体性，即在以中国为研究对象的过程中，面向中国现实问题，服务中国经济社会发展需要所应当体现出的积极性、自觉性、主动性、专业性、专注性以及热情、定力。正如杨国枢先生提出的“本土契合性”的问题。[①] 理论界围绕权力运行的制约和监督的国际通行反腐研究范式，对我国腐败发生的根源进行分析，强调权力运行的制约和监督，特别是对党的垂直领导系统的“同体监督”向“异体监督”转型、健全反腐败体制机制，如设立国家监察委员会、加强巡视监督等，为我

① 注：研究者之研究活动及研究成果与被研究者之心理行为及其生态、经济、社会、文化、历史脉络密切或高度配合、符合及调和的状态，即为本土契合性（或本土性契合）。只有具有本土契合性的研究，才能有效反映、显露、展现或重构所探讨的心理行为及其脉络。参见杨国枢．心理学研究的本土契合性及其相关问题［J］．本土心理学研究，1997（8）：87.

国权力腐败治理提供了理论参考与实践指导作用。但不可忽视的是，在分析中国权力腐败产生的一般性特点和主要病因的同时，还需要考虑权力腐败治理的特殊性，考量中国权力腐败发生的文化和社会生态背景，将传统人情文化与市场经济转型纳人其中作为一个考察分析视角，提出预防腐败的社会文化条件理念、思路和途径。

传统控权研究范式在西方语境中关注应然状态下以控权为中心，设计各种技术手段和制度体系来规制权力的运行。权力主体是权力运行的“内部人”，而监督主体是权力运行的“外部人”，这使得监督主体在与权力主体的博弈中处于劣势，容易“控权失灵”。本研究强调创新权力运行制约和监督的理念，探讨从以权力为中心的控权模式向“人·权”并重的“正人治权”权力制约和监督治理范式的转换，有利于创新权力腐败治理理论，为推进国家治理能力和治理体系现代化提供了理论支撑。

第二章

权力运行制约和监督的理论阐释

本章内容主要是分析权力运行制约和监督体系研究的理论借鉴、理论基础、理论依据和理论遵循。第一，分析马克思、恩格斯提出了无产阶级在革命胜利后建立“廉价政府”的构想，认为权力是社会关系的一种表现形式，共产党人没有任何特殊个人私利，强调把权力保持在人民自己手中。第二，分析列宁提出建立强大的人民监督制度的科学构想，扩大民主权力，实行党政分开，用强大的人民监督权制约权力，限制特权，清除腐败。第三，分析中国共产党权力运行制约和监督思想，如毛泽东关于防止权力腐败的思想，健全政治民主、党外民主和党内民主，将党和政府置于人民群众监督之下。如邓小平将马克思主义权力学说和改革开放结合，探索了一条既依靠党和国家的领导制度，又不断完善的法律制度，扩大人民民主的权力制约和监督之路。如江泽民关于注重预防和解决腐败问题、完善反腐败领导体制和工作机制等思想；胡锦涛关于建立健全反腐倡廉制度体系，加强领导干部队伍建设，端正用人制度上的不正之风等思想；习近平关于加强党对反腐败工作的全面领导、健全党和国家监督体系建设、一体推进不敢腐不能腐不想腐体制机制等思想。

第一节　中华优秀传统文化蕴含权力运行制约和监督思想资源

中国古代统治者从政治实践中创造了不少有用的做法，如一靠教化，二靠惩罚，三靠监察，虽然他们的反腐败是不彻底的，但是也得出了许多有益经验，为当前反腐败和权力制约斗争提供了重要借鉴。正如习近平总书记指出："运用历史智慧推进反腐倡廉建设。"①

一、注重重典治吏

中国古代惩治腐败的法规主要体现为法律形式的官吏立法和封建帝王为惩治腐败而颁发的诏、敕、诰、旨、上谕等。在皇权至上，"朕即法律"的中国古代，这些诏、敕等是封建法律的渊源，具有最高的法律效力。西周中期制定的法典《吕刑》对官吏贪腐行为的惩处已有了相关论述，有着一套较为完整的法律程序。在罪名上，西周确立了"惟货"（贪赃受贿，敲诈勒索）、"惟来"（接受请托，徇私枉法）这两项罪名。秦国自商鞅变法以来奉行法家思想，制定了较为完备的刑律和其他方面的法律，确立了法治思想。以商鞅、申不害、韩非等人为代表的法家学派提出以法治为核心的治国理念，强调"不别亲疏，不殊贵贱，一断于法"，把法律作为治理国家的基本手段。韩非在《韩非子·有度》中提出："国无常强，无常弱。奉法者强则国强，奉法者弱则国弱。"韩非把"奉法"看成一个国家兴盛的关键，体现出了法治对一个国家的重要性。如《秦律》明确规定，对"不廉洁"的"恶吏"，"不可不为罚"。具体惩罚内容有以下三类：经济犯罪类。如贪赃枉法，受贿一钱，处以黥城旦罪；私自挪用公款，以盗窃罪论处；官吏非法贸易牟利，处以流刑。玩忽职守类。如未经国家机关任命或不当使用而抢先行使权力，以及私相谋划而派遣官吏的话，则要依法受到制裁；不得保举被撤职并宣告永不叙用的人做吏，否则罚二甲；对因罪而赦免的吏，不得继续供职官府；用人不当，追究主管官员之罪；司法官杀伤犯人以杀人罪论处等。奸吏为事类。如执法官将所捕罪人转交他人以骗取爵位，处耐刑；官吏弄虚作假，一旦发现，处以撤职，永不再用。

唐朝的《唐律》设立了"六赃"罪名，即使官吏收受财物不枉法，也要处以刑罚，对官员产生了一定的震慑作用。明朝开国皇帝朱元璋堪称中国古代帝王重典治吏的典型代表。朱元璋出身低微贫苦，在底层的长期经历让朱元璋亲身体会到元朝末年官员腐败，人民受尽贪官污吏的敲诈勒索，被逼得

① 习近平．习近平谈治国理政（第一卷）［M］．北京：外文出版社，2014：390.

走投无路。作为腐败行为的直接受害者，以及为了维护大明王朝的统治，成为皇帝的朱元璋恨透了贪官。《大明律》是明朝的主要法典，其中将“官吏受赃”规定为重罪。《大诰》于洪武十八年颁布，即将那年惩处的腐败案例整理出来向全国发布，以期大家能够引以为戒。

二、注重制度建设

中国古代重视权力制约的制度建设。从历朝历代进行考课法令颁布、考课制度实施、特色的监察制度等权力制约制度和多形式权力制约机制来看，中国古代建立起来的一套监察制度体系①，“为国家者，见恶，如农夫之务去草焉……绝其本根，勿使能殖，则善者信矣”（《左传·隐公六年》）。在这一思想的指导下，中国古代主要运用严密惩罚法规、加重惩罚手段这两大武器，发挥权力制约的威力，并力图杜绝贪赃枉法、行贿受贿等丑恶现象。在中国古代权力制约的制度建设中，监察制度颇受重视。唐太宗说：“以法理天下，尤重宪官，故御史复为雄要。”（《通典·职官六》）历代政府机构，都千方百计发挥监察机关的作用，监察机构一直占有重要的地位，如秦御史大夫位列三公，明御史台为国家三大府之一。秦统一中国后，在中央，设御史大夫、御史中丞、侍御史。御史大夫居监察机关首长地位，与丞相、太尉并列“三公”。其基本职责是“典正法度”“举劾非法”。汉代监察网络，“置御史大夫，位次丞相，典正法度，以职相参，总领百官，上下相监临”（《汉书·朱博传》）。御史大夫位列三公，御史府与丞相府并为“两府”。唐王朝在隋朝监察机构的基础上，逐渐形成了一台三院制的监察网络。围绕着强化君主专制这一核心，明清监察网络重重叠叠，从中央直属机关到地方省府州县，从司法到军队，从内阁到台省，所有的官僚机构和所有的官吏人等（包括监察官本身）都毫无例外地处于这张巨网的覆盖之下，其严密程度堪称空前。

在惩处方面，朱元璋对贪污六十两银子以上的官员一律处死，并且对贪

① 王世谊，周义程．权力腐败与权力制约问题研究［M］．北京：中国社会科学出版社，2011：205.

腐官员，无论是开国勋贵还是皇亲国戚，无论是朝廷大员还是地方官吏都坚决彻查到底。如当时的驸马欧阳伦，因数次在川陕边境地界贩卖走私茶叶从中谋取暴利，朱元璋大义灭亲果断下令赐死欧阳伦，在朝野上下引起极大轰动。此外，朱元璋还发明了各种残酷刑罚处置贪官，如剥皮楦草等，这一系列举措极大地震慑了朝廷官员，虽不能彻底根除官吏腐败，但也使得明朝官员在这一时期都普遍较为清廉。对恶劣后果的查处，追究有关官吏的责任，是中国古代权力制约的制度建设中不可或缺的环节。明朝重惩官吏，毫不留情。赃至六十两以上者枭首示众，仍剥皮实草。明初《三诰》锋芒所向，主要是各级官吏。《明史·刑法二》说："凡三诰所列凌迟、枭首、种诛者，无虑千百，弃市以发数。"剥皮之外，朱元璋还想出了挑筋、断指、削膝盖、断手等酷刑。清朝将惩治贪官作为治国第一要务。康熙说过："治国莫要于治贪。"雍正认为："治天下，首在惩贪治吏。"清朝严于治吏，重惩权力腐败，搞得也是轰轰烈烈，雍正的"抄家术"、乾隆的"索命追财"，让贪官们闻风丧胆。中国古代历代用重刑重典惩治贪官污吏，确实起到了杀一儆百的作用。这对新时代反腐败斗争中坚决惩治犯有严重贪污罪的"大老虎"有重要启示作用。但需要指出的是，这并不能真正有效地遏制腐败的蔓延，无法真正根绝腐败这个"政治之癌"。

三、注重德治教化

民本思想是中国传统优秀文化中的重要组成部分，在商周之际便已有所体现。西周初期统治者吸取商朝灭亡的历史教训，周公对民众在国家中的作用予以高度重视，提出了"敬天保民"的政治思想和"明德慎罚"的法律思想。强调要用道德治理国家，统治者要体察民情、勤于国事，把治理民众当成一件十分严肃的事情。儒家学派创始人孔子提倡为政以德，把道德和礼教看成最高尚的治国之道，提出了"天下为公"的大同社会政治理想。孟子提出"民为贵，社稷次之，君为轻"的著名论断，主张统治者要施行"仁政"。孟子把民众看成国家的根本，君主要想邦固国宁，就必须要爱护人民，这样才能得到民众的拥护爱戴。如若统治者倒行逆施，就将会成为失去民心的独夫民贼，人民就可以站起来推翻他。荀子把君王看成舟，把人民看成载舟的水，提出“水则载舟，水则覆舟”。强调人民在国家中的重要作用，告诫统治者要时刻以民为本，国家方能长治久安。中国古代的民本思想中以民为本同廉政是密不可分的，如若各级官吏腐败盛行则必致与民争利，民不聊生，最终就有可能会影响政权的巩固。

在强调民为邦本的同时，道德教化也为统治者所重视推崇。注重修身立德、清廉为官成为许多思想家的政治主张，更是一些正直的士大夫终身信仰的人生准则。《论语》有载“政者，正也。其身正，不令而行；其身不正，虽令不从”，“为政以德，譬如北辰，居其所而众星拱之”。这两句话充分体现了孔子为政以德的主张，强调为政者要自身行为端正，注重以德修身、以德治国。《大学》作为一篇论述修身治国平天下的著作，在开篇中写道：“古之欲明明德于天下者，先治其国。欲治其国者，先齐其家。欲齐其家者，先修其身。”这些言论都深刻地阐述了为政者自身道德修养对治理国家的重要性，推崇贤人政治。此外，历朝历代在惩治腐败的同时还探索出了一套监察制度，对各级官吏加以监督。如秦朝时设置的御史大夫负责监察百官，西汉时期以察举制选拔官员，侧重孝廉，汉武帝还设置了刺史制度用来加强对地方的监督与控制。中国古代的这些监察、御史、弹劾、谏官等制度在规范和约束官吏日常行为，实现权力的正常行使方面起到了一定的积极作用，客观上保障官吏的廉洁和政治的清明，对当今反腐败斗争仍有许多借鉴意义。

总之，新时代权力运行制约和监督体系建设要汲取古代权力制约制度的“教化、惩罚、监察”的有益经验，不断完善制度，形成按制度办事、靠制度管人、用制度规范行政权力的体制机制；坚决惩处腐败，严厉查办违纪违法案件，严厉惩处腐败分子，形成权力运行制约和监督的系统性、整体性力量。

第二节　马克思主义经典作家权力制约和监督思想分析

马克思强调一切公职人员必须在“公众监督之下进行工作”①。列宁强

① 马克思恩格斯选集（第三卷）[M]．北京：人民出版社，2012：141.

调，要提高监督机关的地位、权威，“由工农代表监督和指导产品的全部生产和分配”①，防止形成“脱离群众、凌驾于群众之上、享有特权的人物的趋势”②。分析马克思主义理论关于权力制约和监督思想，对于健全中国特色③的权力运行制约和监督体系建设，推动新时代反腐败理论丰富与发展具有重要意义。

一、马克思恩格斯关于权力制约与监督的思想

（一）强调废除私有制消除腐败发生的根源

马克思恩格斯从生产资料所有制这一角度出发对腐败产生的根源进行深入科学地剖析，认为腐败的出现是与私有制相伴而生的，腐败现象随着私有制的发展而日渐严重。恩格斯在考察人类早期氏族时以典型的印第安人氏族中的伊洛魁人氏族为例，指出：“氏族可以任意罢免酋长和酋帅。这仍是由男女共同决定的。被罢免的人，此后便像其他人一样成为普通战士，成为私人。”④ 尤其是那些在氏族中掌握着权力的首领便凭借手中权力对剩余产品实行个人占有，于是公共权力出现了异化，权力成为谋取私利的工具，腐败现象也就产生了。在《法兰西内战》中，马克思深刻指出在阶级社会中私有制的弊病，“工商业扩展到极大的规模；金融诈骗风行全世界；民众的贫困同无耻的骄奢淫逸形成鲜明对比。表面上高高凌驾于社会之上的国家政权，实际上正是这个社会最丑恶的东西，正是这个社会一切腐败事物的温床”⑤。马克思恩格斯认为，要想彻底消除腐败就必须要废除私有制。

---

① 列宁全集（第三十卷）［M］．北京：人民出版社，2017：137.

② 列宁全集（第三十一卷）［M］．北京：人民出版社，2017：111.

③ 注：总结亚里士多德权力制约思想启蒙、洛克的三权分立制约（立法、行政和联盟权）思想推进、孟德斯鸠的三权分立（立法、司法和行政权）制衡思想的系统化、汉密尔顿和杰斐逊的权力制约思想的美国化实践、托克维尔的“社会制约权力”思想与达尔的“多元社会的权力制约”思想等，可以看出权力的分立与制衡是资本主义政治的一项基本原则。但这并不适合中国国情与文化背景。

④ 马克思恩格斯选集（第四卷）［M］．北京：人民出版社，2012：97.

⑤ 马克思恩格斯选集（第三卷）［M］．北京：人民出版社，2012：97-98.

（二）强调共产党人是没有任何特殊的个人私利的群体

在《共产党宣言》中，马克思明确指出："共产党人不是同其他工人政党相对立的特殊政党。他们没有任何同整个无产阶级的利益不同的利益。"① 共产党人绝没有什么特殊的利益，也绝没有可以搞特权、搞特殊化的权利。"无产阶级的运动是绝大多数人的、为绝大多数人谋利益的独立的运动。"② 随着革命事业的发展和党员队伍的扩大，加之封建主义和资产阶级的各种腐朽思想侵蚀着党的肌体和共产党员的理想信仰，不排除一批小生产者和其他非无产阶级出身的人混进党内。恩格斯曾痛斥这些腐化堕落分子是"狡猾的生意人"，是给党造成很大危害的"危险人物"。要对这些人和行为进行坚决斗争，如果不同他们进行无情地斗争，就会葬送党的事业和发展前途。

（三）强调把"权力保持在人民自己手中"

在目睹资本主义国家的资产阶级议会制沦为资产阶级投机牟利的"政治病"后，马克思、恩格斯给以深刻地批判与揭露："我们在那里却看到两大帮政治投机家，他们轮流执掌政权，以最肮脏的手段来达到最肮脏的目的，而国民却无力对付这两大政客集团。"③ 因此，马克思、恩格斯在《共产党宣言》中指出："工人革命的第一步就是使无产阶级上升为统治阶级，争得民主。"④ 马克思恩格斯总结性地提出把"权力保持在人民自己的手中"，"以真正的责任制来代替虚伪的责任制，因为这些勤务员总是在公共监督之下进行工作的"⑤。这样一来就彻底打碎了旧式的国家政权形式，国家权力重新回归到人民手中。据此，马克思在《法兰西内战》中写道："工人阶级不能简单地掌握现成的国家机器，并运用它来达到自己的目的。"⑥ 也就是说，无产阶级政党执政后的新型国家的基本特征就是把"权力保持在人民自己手中"，权力在公共监督之下运行。

---

① 马克思恩格斯选集（第一卷）［M］．北京：人民出版社，2012：413.
② 马克思恩格斯选集（第一卷）［M］．北京：人民出版社，2012：411.
③ 马克思恩格斯选集（第三卷）［M］．北京：人民出版社，2012：54.
④ 马克思恩格斯选集（第一卷）［M］．北京：人民出版社，2012：421.
⑤ 马克思恩格斯选集（第三卷）［M］．北京：人民出版社，2012：141.
⑥ 马克思恩格斯选集（第三卷）［M］．北京：人民出版社，2012：95.

（四）给人民“一个廉价政府”

马克思强调要把“权力保持在人民自己手中”，根本前提就是给人民“一个廉价政府”，而不是一个腐败的敲诈勒索的官僚政府。马克思在历史地分析巴黎公社的性质时指出：“公社实现了所有资产阶级革命都提出的廉价政府的口号。”① 公社彻底打碎了旧式的国家政权形式，以人民群众的选举制代替了贵族的特权制，国家权力重新回归到人民手中。公社杜绝了浪费大宗社会财富的根源，让人民享有广泛的选举权，公职人员由人民选举产生真正成为人民公仆，并时刻处于人民的监督之下，有效预防和制止腐败的发生。马克思恩格斯在理论上阐明了国家政治权力产生、发展、异化与制约设想，其制衡与监督国家权力的思想，为健全中国特色的权力运行制约和监督体系奠定了理论基础。

二、列宁的权力制约与监督思想

列宁提出建立强大的人民监督制度的构想，这是对马克思主义权力学说的创新发展，是中国特色权力运行制约和监督体系的重要基础。

1. 强调坚决清除权力腐败

列宁认为，共产党必须始终代表无产阶级和广大人民群众的利益。“政治上有教养的人是不会贪污受贿的”②，而动机不纯、拥有强烈私欲的人掌握了权力便会不可避免地产生腐败。针对一部分党员干部经不住权力的考验，凌驾于群众之上，破坏了党群关系的现象，列宁指出：“一些投机分子为攫取权力而混入党内，是必然的现象”，“以健康的强有力的先进阶级作为依靠的执政党，要善于清洗自己的队伍”③，“把脱离群众的分子清除出党（自然，更不用说那些在群众眼中玷污了党的分子了）”④。

2. 强调建立强大的人民监督制度

列宁强调用健全党内民主集中制的办法来改变和调整权力结构，建立至

① 马克思恩格斯选集（第三卷）[M]．北京：人民出版社，2012：101.
② 列宁选集（第三卷）[M]．北京：人民出版社，2012：588.
③ 列宁全集（第三十七卷）[M]．北京：人民出版社，2017：26.
④ 列宁全集（第四十二卷）[M]．北京：人民出版社，2017：156.

高无上的人民监督系统，加强对党的权力的监督。列宁强调健全民主集中制。“因为无论是工人，无论是士兵、农民、铁路员工，一切劳动者都可以自由地把自己的代表选进苏维埃，自由地罢免那些不能满足人民的要求和愿望的代表。”① 把人民群众和工农检察院的监督权整合，利用全党全国全民的力量来监督党和国家机关的各级干部。要建立“多种多样的自下而上的监督形式和方法，以便消除苏维埃政权的一切可能发生的弊病，反复地不倦地铲除官僚主义的莠草”②。用强大的人民监督权来制约权力，限制特权。列宁指出：“在人民群众中，我们毕竟是沧海一粟，只有我们正确地表达人民的想法，我们才能管理。”③ 因此，列宁高度重视群众监督的重要作用，尽可能地吸引人民群众参与国家和社会管理，认为只有人民群众的参与反腐败斗争才能取得彻底的胜利。这对国家治理能力和治理体系现代化视野中的腐败治理问题具有重要启示，即：要依靠人民群众的力量健全权力运行制约和监督体系建设。

3. 实行党内、人民、法律监督的有机统一

列宁提出了党内监督、人民监督、法律监督三位一体的监督体系，强调无产阶级政党在政治思想上的领导权、人民代表苏维埃国家的立法和执法权、人民群众的监督罢免权，具有普遍的现实意义。列宁指出：“必须十分明确地划分党（及其中央）和苏维埃政权的职责……党的任务则是对所有国家机关的工作进行总的领导”④，强调党在政治思想上的领导权。列宁提出设立与中央委员会并行的监察机构，并且“把它的地位提得特别高，使它的领导具有中央委员会的权利等等”⑤。党的监察机关经历了中央检查委员会、国家监察人民委员部、工农检察院，后又将工农检察院与中央监察委员会合并，把国家监督同工农监督结合起来。通过《工人监督条例》成立全俄工人监督委员会，吸收非党的工农群众参与监督，以减少官僚腐败的滋生，为人民监督赋予地位、权力的保障。同时，制定法律给人民监督提供坚强的法律

---

① 列宁全集（第三十三卷）［M］．北京：人民出版社，2017：303.
② 列宁全集（第三十四卷）［M］．北京：人民出版社，2017：186.
③ 列宁全集（第四十三卷）［M］．北京：人民出版社，2017：113.
④ 列宁全集（第四十三卷）［M］．北京：人民出版社，2017：68.
⑤ 列宁全集（第四十三卷）［M］．北京：人民出版社，2017：396.

保证。列宁在《为战胜高尔察克告工农书》中指出："必须恪守苏维埃政权的法律和命令，并监督所有的人来执行。"①

第三节 中国化马克思主义关于权力运行制约和监督的思想

中国共产党成立以来始终重视党风廉政建设，深入推进反腐败斗争。毛泽东同志提出思想教育、民主监督和严厉惩治等措施并重的综合反腐模式，为权力运行制约和监督体系建设的形成和发展奠定了坚实的基础。邓小平同志将党的反腐倡廉思想发展到一个新的历史阶段，提出反腐斗争是长期性和复杂性的工作，并且认为社会主义制度在反腐方面具有无比优越性，提出了依靠制度反腐的战略思想，要围绕经济建设常抓不懈地开展反腐倡廉工作；反腐工作要从党内抓起，要以领导干部为重点对象等。江泽民同志提出加强反腐倡廉建设是党执政兴国的一项重大政治任务："反腐斗争是关系党心民心、关系党和国家前途命运的严重政治斗争""坚决反对和防止腐败，是全党一项重大的政治任务"等；深刻阐述我国各种腐败现象滋生的根源："党长期执政、党内一些人产生了脱离群众、故步自封等倾向。我国处在社会主义初级阶段……经受不住权力、金钱、美色的考验。"进入21世纪以来，以胡锦涛同志为代表的党中央领导集体对反腐倡廉规律认识进一步深化，从加强党的执政能力、巩固党的执政地位的战略高度，推进惩治和预防腐败体系建设、形成完善的反腐倡廉制度体系建设等。

一、社会主义革命和建设初期党的权力制约与监督思想

毛泽东反腐倡廉思想是在长期领导革命战争过程中对开展反腐治贪斗争、加强党的建设和根据地政权建设的经验总结，是毛泽东思想的重要组成部分。在井冈山革命根据地创建初期，毛泽东就制定了《井冈山反腐败训令》推动反腐败建设。在瑞金时期，毛泽东又颁发了《关于惩治贪污浪费行

① 列宁全集（第三十七卷）[M]．北京：人民出版社，2017：152.

为的第二十六号训令》。在抗战胜利前夕，毛泽东同志向全党推荐《甲申三百年祭》对全党进行反腐教育。在1947年《中国人民解放军宣言》中，毛泽东强调必须“废除蒋介石统治的腐败制度，肃清贪官污吏，建立廉洁政治”①。中华人民共和国成立后，在毛泽东同志领导下，党采取了一系列反腐治贪措施，从国家体制、组织机构、分配制度、思想舆论、监督监察等方面建立了预防贪腐的体制机制。深入总结分析这些思想，对于推动新时代党风廉政建设具有重要的实践价值。

1. 强调发挥权力制约监督的制度规约作用

反腐倡廉思想的制度规约是反腐败胜利的条件保障。从权力腐败本质来看，公权力拥有者即权力主体是腐败主体，权力是腐败行为的载体，权力主体利用公权力为个人谋取私利。在权力运作方式上，政治权力自上而下运作，如果对其缺乏有效制度规范和约束就容易产生腐败行为。因此，加强反腐倡廉制度建设是防范腐败行为发生的前提性条件保障。在毛泽东同志领导下，反腐败和权力制约的制度建设不断得到建构与完善。第一，加强反腐法规建设。1933年12月中央执行委员会下发了中国共产党第一个反腐法令——《关于惩治贪污浪费行为的第二十六号训令》，惩治了一批贪污腐化堕落分子，有力地震慑打击了腐化堕落分子。第二，加强廉政制度建设，建立群众监督制度。广泛实行民主，深化群众监督制度，保障人民权利是中央苏区反腐倡廉的根本措施。中央苏区实行军事、政治、经济三大民主，实行自上而下的政府监督、组织监督和民主监督，健全代表会议制度，加强舆论宣传监督，号召群众参与政权管理。第三，肃贪机制建设，反对贪污浪费。毛泽东明确指出：“必须十分节省地使用我们的人力资源和物质资源，力戒浪费。必须检查和纠正各地已经发生的贪污现象。”② 在党的领导下，各解放区颁布与实施了一系列惩治贪污条例，制定或修正公布了惩治贪污条例③。同时，为了满足解放战争形势发展需要，各解放区相继建立了行政监察机

① 毛泽东选集（第四卷）[M]．北京：人民出版社，1991：1238.

② 毛泽东选集（第四卷）[M]．北京：人民出版社，1991：1188.

③ 主要有：1947年的《东北解放区惩治贪污暂行条例》、1948年的《晋冀鲁豫边区惩治贪污条例》、1949年的《苏北区奖励节约、惩治贪污暂行条例》等。

构，健全了反贪污浪费行为的检查与审计制度，建构了权力运行制约和监督的体制机制。

2. 确立权力制约监督的主体教化原则

加强对权力主体的教化是廉政建设的基本原则。发挥领导干部在党风廉政建设中的表率作用，保持和发扬清正廉洁的作风成为推动权力运行制约和监督体系建设的应有之义。毛泽东指出："我们是革命战争的领导者、组织者，我们又是群众生活的领导者、组织者。组织革命战争，改良群众生活，这是我们的两大任务"①，"应该使一切政府工作人员明白，贪污和浪费是极大的犯罪。"② 毛泽东强调从党员干部主体着手，开展廉政教育，提高党员干部思想道德素质。抗日战争时期党员队伍发展很快，对马列主义采取教条主义、脱离实际、宗派主义的态度等问题在党员领导干部中比较严重。从1941年开始，毛泽东同志先后作了《改造我们的学习》《整顿党的作风》《反对党八股》的报告，在全党范围内展开了著名的整风运动，实现了整顿学风、党风和文风的目的，还对广大党员干部进行为人民服务的宗旨教育和艰苦奋斗的作风教育，在思想上、政治上、组织上保证党的纯洁性。1949年3月，毛泽东在七届二中全会高屋建瓴地向全党发出警示："务必使同志们继续地保持谦虚、谨慎、不骄、不躁的作风，务必使同志们继续地保持艰苦奋斗的作风。……我们能够去掉不良作风，保持优良作风。"③ 这种在全党范围内大力开展的戒骄戒躁、廉洁奉公教育对于防止腐败行为的发生产生了积极作用。

3. 明确权力制约监督的价值导向

人民利益至上是毛泽东反腐败思想的价值导向，也是新时代权力运行制约和监督体系建设的价值旨归。④ 可见，不论是以政治权力谋取财富，还是

① 毛泽东选集（第一卷）[M]. 北京：人民出版社，1991：139.

② 毛泽东选集（第四卷）[M]. 北京：人民出版社，1991：134.

③ 毛泽东选集（第四卷）[M]. 北京：人民出版社，1991：1438.

④ 亨廷顿认为："腐化的形式大都涉及政治行为和经济财富之间的交易，一方用政治权力去换取金钱，另一方则用金钱换取政治权力。"参见［美］塞缪尔·P. 亨廷顿. 变化社会中的政治秩序 [M]. 王冠华，刘为，等译. 上海：上海人民出版社，2008：47-51.

以财富谋取政治权力的腐败行为，都是权力主体在执行公共权力过程中滥用职权，贪赃枉法，谋取个人私利，导致公共权力被异化。因此，对于利益的协调与平衡是防治腐败行为产生的核心范畴，毛泽东在《一九四五年的任务》中反复强调党员、干部的权力是人民赋予的，“一刻也不脱离群众；一切从人民的利益出发，而不是从个人或小集团的利益出发”①，这是共产党人的根本标准和特征，是区别于其他任何政党的显著标志，要改正工作态度存在的教条主义、经验主义、宗派主义、官僚主义等弊病。毛泽东强调要为群众谋利益，“共产党员无论何时何地都不应以个人利益放在第一位，而应以个人利益服从于民族的和人民群众的利益”②。党的先进性、干部的先锋模范作用就在于全心全意为人民服务，共产党掌权的目的就是为公不谋私，就是全心全意为人民服务③，要有“终身廉洁、终生为民的鸿鹄之志”④，立党为公，勤政为民，人民至上，这应该是我国党员领导干部行使权力的出发点、归宿点和思想道德水准，为党风廉政建设价值旨归指明方向。

4. 提出权力制约监督的民主实践路径

毛泽东提出民主监督是反腐倡廉建设胜利的根本路径。一是坚持走政治民主之路，跳出历史“周期率”。1945 年夏，民主人士黄炎培在访问延安同毛泽东同志谈话时谈道，希望共产党能够跳出旧政权“其兴也浡焉”“其亡也忽焉”的周期律。“只有让人民来监督政府，政府才不敢松懈；只有人人起来负责，才不会人亡政息。”⑤ 执掌政权后，共产党人就是要战胜因为拥有了权力而可能导致的各种腐败行为，警惕“糖衣炮弹”的袭击。1949 年 4 月 23 日，在西柏坡赴北平途中，毛泽东表示“决不当李自成”，跳出历史的“周期率”。二是坚持走党内民主之路，党和政府接受人民群众的监督。党和政府的工作应该站在民众之中，接受人民的监督，绝不应该违背人民的意

① 毛泽东选集（第三卷）［M］. 北京：人民出版社，1991：1004.

② 毛泽东选集（第二卷）［M］. 北京：人民出版社，1991：521.

③ 注：毛泽东同志高度概括总结了中国共产党的理论和实践，提出了“全心全意为人民服务”这一庄严而伟大的号召，并把它作为我党的唯一宗旨写进党章之中。引自习近平. 摆脱贫困［M］. 福州：福建人民出版社，1992：15.

④ 习近平. 摆脱贫困［M］. 福州：福建人民出版社，1992：9.

⑤ 十六大以来党和国家重要文献选编上（一）［M］. 北京：人民出版社，2005：473.

旨。毛泽东同志强调群众监督和党纪监督的作用："凡典型的官僚主义、命令主义和违法乱纪的事例，应在报纸上广为揭发。其违法情形严重者必须给以法律的制裁，如是党员必须执行党纪。"① 群众监督不仅体现在报刊上的公开批评，而且还要从制度上加以建立。如各级党组织建立和健全人民来信来访制度，在企事业单位实行技术人员、工人、干部三结合的管理形式和职工代表大会制，鼓励群众揭露党政干部中的贪污腐化、官僚主义等种种违纪违法行为，将党和政府置于人民群众的监督之下。三是坚持民主集中制原则。权力制约和监督体系建设是一个系统工程，仅仅依靠人民群众的监督是不够的，还必须健全监督机构。中华人民共和国成立后不久，中共中央成立了第一届中央纪律检查委员会和监察委员会，发布《关于成立中央及各级党的纪律检查委员会的决定》。同时，毛泽东强调必须坚持党的民主集中制原则，将民主集中制推广到国家政治生活中去，成为我国宪法通过的政体原则。

二、党的十一届三中全会以来关于权力制约和监督思想发展

党的十一届三中全会开启了社会主义现代化建设时期。邓小平同志继承和发展了毛泽东同志的权力制约和监督思想，推进了改革开放时期党风廉政建设。

1. 强调健全规章制度

改革开放进一步深入，取得巨大成就的同时，权力腐败现象也不断蔓延。邓小平同志对权力腐败问题也高度关注，鲜明指出在一些党员干部中存在贪污腐败现象，"不把自己看作是人民的公仆，而把自己看作是人民的主人，搞特权，特殊化，引起群众的强烈不满，损害党的威信"②。针对这种权力腐败蔓延现象，邓小平强调建立必要的规章制度遏制权力腐败。1975 年，邓小平在主持国务院和中央军委日常工作时就强调："要发动群众把必要的规章制度建立、健全起来。"③ 邓小平认为，制度弊端是腐败现象滋生发展的根本原因。随着党的工作重心的转移，政治体制上的弊端如官僚主义、权力

① 毛泽东文集（第六卷）[M]．北京：人民出版社，1999：255.
② 邓小平文选（第二卷）[M]．北京：人民出版社，1994：332.
③ 邓小平文选（第二卷）[M]．北京：人民出版社，1994：11.

过分集中、家长制、终身制、特权现象、机构臃肿、民主法制不健全等问题充分暴露出来，邓小平同志强调，必须“从制度上保证党和国家政治生活的民主化、经济管理的民主化、整个社会生活的民主化”①。1980 年 8 月，邓小平在《党和国家领导制度的改革》中，提出政治体制改革的一系列具体原则，诸如废除领导干部职务终身制，限制权力过分集中，减少领导干部在工作和生活方面的特殊待遇；严禁搞个人崇拜；坚持集体领导的原则等，强调用制度来规范和约束权力。

邓小平强调加强权力运行制约和监督的法制保障。1986 年，邓小平在中央政治局常委会上强调：“所谓两手，即一手抓建设，一手抓法制。”② 强调法制建设是权力运行制约和监督建设的一项根本性措施。1979 年在五届人大第二次会议上通过的《中华人民共和国刑法》，将国家工作人员利用工作上的便利，走私、敲诈勒索、贪污、收受贿赂等，分别定为“破坏社会主义经济秩序罪”“侵犯财产罪”“渎职罪”。在 1985 年至 1988 年间，在反对官僚主义、反对以权谋私、制止党政干部经商、刹住摊派歪风等方面出台了系列反腐倡廉的制度性规定。同时还建立了比较完善的举报制度，在各级党委、纪律检查委员会、政府部门中相继建立了两公开一监督制度、民主生活会制度、党员评议制度、领导干部交流回避制度、县（处）级以上领导干部收入申报制度、党政部门和企业性活动脱钩制度等。这些制度的建立，在一定程度上遏制了以权谋私等腐败现象的发生。

2. 既要充分发扬民主，又要靠法律制度制约监督权力

在总结历史经验和教训的基础上，邓小平提出要依靠党和国家的领导制度与法律制度的不断完善，扩大人民民主，使公共权力得到切实的监督，解决权力腐败问题。

第一，实行民主政治和党内民主监督制约权力，有利于共产党对国家实行正确领导，有利于及时克服消极腐败现象。邓小平强调民主政治对反腐倡廉建设的根本作用，“能够使我们党得到群众的监督，克服党员堕落腐化的

---

① 邓小平文选（第二卷）[M]．北京：人民出版社，1994：336.

② 邓小平文选（第三卷）[M]．北京：人民出版社，1993：154.

危险，及时发现投机分子以及破坏分子而清洗出党”①。邓小平认为，有了党内监督、群众监督、民主党派的监督，消极腐败现象将会无处遁形。

第二，用法制来保障民主，实现民主和法制的结合。邓小平强调必须通过加强立法，严格执法，把权力运行制约和监督工作纳入法制化的轨道。由于法制不健全，各种腐败行为尤其是“特权现象有时受到限制、批评和打击，有时又重新滋长”②。在强调必须正确处理民主与法制的关系时，邓小平指出：“社会主义民主和社会主义法制是不可分的。”③ 为了保障民主，必须加强法制，必须使民主法制化、制度化，使人民行使民主权利得到可靠保证，也是健全权力运行制约和监督的有效支撑。

3. 不搞群众运动，但要坚持走群众路线

权力腐败有着十分复杂的政治、经济、文化和社会历史根源，腐败行为中反映出来的一些问题是人民内部矛盾问题。对待权力腐败行为，不能搞群众运动，但并不是说不要走群众路线。邓小平强调，群众路线的传统不能丢。他指出，毛泽东同志倡导的作风，群众路线和实事求是，具有同等重要的意义。培养好的风气，“密切联系群众，这是最根本的一条”④，“让群众和党员监督干部，特别是领导干部”⑤。有了这种监督，公权力主体就会谨慎一些，脑子就不会僵化，看问题就会少一些片面性。人民群众作为反腐倡廉的主体依靠力量，必须把群众参与廉政建设的积极性保护好和发挥好，运用宣传教育和严格执法等多种手段，启发群众的觉悟，把群众动员起来，营造全社会反腐“零容忍”的良好氛围。

三、党的十四大以来关于权力制约与监督思想发展

党的十三届四中全会特别是党的十四大以来，我国改革开放和现代化建设事业进入了一个新的发展阶段，社会主义市场经济建设中反腐败工作也在

① 邓小平文选（第一卷）［M］. 北京：人民出版社，1994：12.
② 邓小平文选（第二卷）［M］. 北京：人民出版社，1994：332.
③ 邓小平文选（第二卷）［M］. 北京：人民出版社，1994：359.
④ 邓小平文选（第二卷）［M］. 北京：人民出版社，1994：230.
⑤ 邓小平文选（第二卷）［M］. 北京：人民出版社，1994：332.

不断地创新中得到提升。

1. 开展权力运行制约和监督建设的战略部署

为了适应社会主义市场经济体制转型形势下反腐败斗争的需要，党的十四大以后，中央决定党的纪律检查机关、国家行政监察机关合署办公，根据反贪污斗争形势的需要，成立国家反贪机构，确定了反腐败斗争三项任务：党政机关领导干部要带头廉洁自律，查办一批大案要案，狠刹几股群众反映强烈的不正之风。同时，中央作出一系列重大决策："军队、政法机关、党政所办经济实体脱钩；行政审批、财政人事制度改革；领导干部经济责任审计；村务公开、厂务公开和政务公开等。"

2. 注重预防和解决腐败问题

治标与治本①是权力运行制约和监督体系建设过程中相辅相成的两个方面。江泽民在党的十五大报告中明确强调："坚持标本兼治，教育是基础，法制是保证，监督是关键。"② 在严厉打击腐败的同时，加大从源头上预防和遏制权力制约和监督的力度，不断铲除滋生腐败的土壤和条件。在政治思想教育方面，开展"三讲"教育伟大工程，广泛进行以讲学习、讲政治、讲正气为主要内容的党性党风党纪教育，增强党的拒腐防变能力；在法律制度方面，要求全党同志和全体干部都要按照宪法、法律、法令办事，强调通过立法程序制定法律；在改革方面，强调通过深化改革，减少和铲除滋生腐败的土壤和条件，继续坚持教育第一，防范为主，加强监督，从体制、机制、法制三位一体的结合上推进党风廉政建设。

3. 完善反腐败领导体制和工作机制

在反腐败举措上，坚持教育、法制、监督三者相结合，推进反腐败斗争深入开展。江泽民认为教育是基础，廉政建设要立足教育、着眼防范，把思想政治教育摆在党的建设首位，牢固构建起拒腐防变的思想防线。在全社会广泛开展廉政教育，使廉洁成为党员干部的座右铭，使克己奉公、勤政为民

---

① 注："治标，严惩各种腐败行为，把腐败分子的猖獗活动抑制下去，才能为反腐败治本创造前提条件。治本，从源头上预防和治理腐败现象，才能巩固和发展反腐败斗争已经取得的成果，从根本上解决腐败问题。" 参见江泽民文选（第二卷）［M］. 北京：人民出版社，2006：187-188.

② 江泽民文选（第二卷）［M］. 北京：人民出版社，2006：46.

的为官理念深入人心，自觉抵制各种腐朽思想的侵蚀。同时廉政建设需要法制作为保证，依靠发展民主和健全法制开展反腐败工作，制定完善相关惩治腐败和推进反腐败工作的法律法规。对于腐败分子不论是什么人，一经发现都必须依照党纪国法，坚决严格办案、依法严惩，确保法律法规的有效执行。“反腐败斗争是加强党的建设和政权建设的重要工作，必须在党委统一领导下，党政一齐抓，持续不断地抓，主要领导同志亲自负责。”① 此外，江泽民同志认为，腐败现象一个突出问题是缺乏一套有效的监督管理制度和机制，对高级干部缺乏有力监管，造成对领导干部的监督疲软无力，提出治党务必从严，加强对领导干部的监督，既要保证领导干部手中权力的正确行使，又要发挥领导干部在反腐倡廉中的表率作用。

四、党的十六大以来关于权力制约与监督思想发展

党的十六大以来，党中央高度重视反腐倡廉建设，以胡锦涛同志为主要代表的中国共产党人以科学发展观为理论指导，结合反腐败斗争具体实践，在权力运行制约和监督体系建设方面迈出了坚实的步伐。

1. 加强领导干部队伍建设，端正用人制度上的不正之风

胡锦涛高度重视领导干部在反腐败斗争中的表率作用，强调领导干部应当正人先正己，做到廉洁自律、以身作则，以自己的实际行动赢得群众的信任。胡锦涛认为领导干部自身腐败将会造成上行下效，致使整个部门乌烟瘴气，如若得不到及时有效解决，必然会引起人民群众的强烈不满。他强调：“党风廉政建设，要从领导干部抓起、从领导干部做起。”② 在开展反腐败工作中要求领导干部切实担负起职责，不仅约束好自己，还要严格要求家属、子女和身边工作人员，始终做到秉公用权、廉洁从政，成为拒腐防变的先锋和反腐倡廉的模范。同时要加强对领导干部的思想道德教育，不断提高拒腐防变能力，永葆共产党人清正廉洁的政治本色。此外，胡锦涛还深刻意识到用人制度上存在的不正之风。胡锦涛认为用人上的不正之风影响极深、危害

① 江泽民文选（第一卷）［M］．北京：人民出版社，2006：249.

② 胡锦涛文选（第二卷）［M］．北京：人民出版社，2016：106.

极大，关系民心向背和社会风气，更关系党和国家兴衰，反腐败斗争必须要把住选人用人关，要下大力气防止和克服组织人事工作上的不正之风。对此胡锦涛提出在任用干部上，要坚持任人唯贤、德才兼备的原则，严格按照党的原则和规定的程序，把工作实绩、廉洁自律和纪律检查、干部考察结合起来，建立起一支为政清廉、始终同人民群众保持密切联系的高素质干部队伍。

2. 建立健全反腐倡廉制度体系

反对腐败、建设廉洁政治是我们党一贯坚持的鲜明政治要求，也是我们党必须要抓好的战略任务。胡锦涛同志在继承和发展江泽民权力制约监督思想的基础上创造性地提出了标本兼治、综合治理、惩防并举、注重预防的策略方针，注重从源头防治腐败，努力把腐败现象降到最低程度。从近些年查处的腐败案件分析情况来看，针对消极腐败现象多发易发现象，胡锦涛同志明确提出："建立健全惩治和预防腐败体系各项制度为重点，以制约和监督权力为核心，以提高制度执行力为抓手，加强整体规划，抓紧重点突破，逐步建成内容科学、程序严密、配套完备、有效管用的反腐倡廉制度体系。"①在具体制度建设上，胡锦涛认为制度建设教育是基础，监督是关键，预防是治本之策，加强惩治制度建设，始终保持反腐败高压态势。同时，注重制度的执行力，让制度发挥出切实成效。此外，胡锦涛还提出了反腐败斗争要健全反腐败法律制度，加强反腐败国际合作，发挥巡视制度监督作用，在坚决查处大案要案的同时更要着力解决群众身边的腐败问题。

五、党的十八大以来关于权力制约和监督思想的创新

党的十八大以来，以习近平同志为核心的党中央从治党治国治军的全局高度，针对党风廉政建设和权力运行制约监督体系建设提出了一系列新观点新思想新理念，强调坚持管党治党不放松、正风肃纪不停步、反腐惩恶不手软、队伍建设不松懈，严厉惩治腐败，净化党内政治生态，不断完善党和国家监督体系，着力惩治群众身边的腐败问题，深刻阐释了党风廉政建设和权

① 胡锦涛文选（第三卷）[M]. 北京：人民出版社，2016：299.

力运行制约监督的总体思路，开辟了党风廉政建设和反腐败斗争前所未有的局面。正如高委、程云总结指出："这种前所未有的局面，见之于中央对党风廉政建设和反腐败斗争的高度认识；见之于'踏石留印、抓铁有痕'整肃作风的坚定决心；见之于保持高压态势为治本赢得时间的铁腕反腐；见之于改进巡视工作带来党内监督威慑力进一步发挥；见之于在改革创新中不断完善纪检监察体制机制；见之于全面深化改革制度笼子越扎越紧。"① 深入学习习近平总书记关于反腐败系列的重要论述，对于健全权力运行制约和监督体系建设，开创新时代反腐败斗争新局面具有重要理论价值与实践意义。

1. 加强党对反腐败工作的全面领导

习近平总书记强调："坚定不移全面从严治党，不断提高党的执政能力和领导水平。"② 这是突出新时代权力运行制约和监督体系建设的"主体性"要求。坚持加强党对反腐败工作的统一领导和全面领导，这是由党的性质和领导地位决定的。中国共产党是坚持以全心全意为人民服务为根本宗旨的先进政党，党的领导是党和国家各项事业取得成功的政治保证。只有坚持党对反腐败工作的领导，才能确立正确的反腐败原则理念、体制机制、方针方略等，才能始终沿着正确的政治方向前进。要坚持以新时代党的建设总要求为引领，坚持党对党风廉政建设和反腐败工作的统一领导，坚持党对纪检监察工作全覆盖、全方位、全过程领导，建立顶层推动与全党行动的格局，持续推进党的纪律检查体制改革、国家监察体制改革、纪检监察机构改革，健全纪律检查和国家监察结合的组织架构，坚持"全面推进党的政治建设、思想建设、组织建设、作风建设、纪律建设，把制度建设贯穿其中，深入推进反腐败斗争"③，形成全面覆盖国家机关及其公务员的中国特色国家监察体制，深入推进反腐败斗争，坚持以党的自我革命引领伟大社会革命。

---

① 高委，程云．反腐新格局：十八大以来党风廉政建设和反腐败斗争新成就［M］．北京：中国方正出版社，2015：1-12.

② 习近平．决胜全面建成小康社会 夺取新时代中国特色社会主义伟大胜利——在中国共产党第十九次全国代表大会上的报告［M］．北京：人民出版社，2017：61.

③ 习近平．决胜全面建成小康社会 夺取新时代中国特色社会主义伟大胜利——在中国共产党第十九次全国代表大会上的报告［M］．北京：人民出版社，2017：61.

2. 健全党和国家监督制度

推进党的纪律检查和国家监察体制改革是推进国家治理体系和治理能力现代化的重要安排。习近平总书记强调要“健全党和国家监督体系”，“健全党和国家监督制度”①。我国现有监督主要包括国家立法机关、司法机关、行政机关、监察机关的监督；政党监督，如共产党党内监督、政协监督；社会监督，如公民监督、社会组织监督、新闻舆论监督等。这就强调了新时代要推进党的纪律检查和国家监察体制改革，建构中国特色的权力制约和监督体系。何增科提出我国监督体系存在的十大“强—弱”问题：党政权力监督强而社会权力监督体系弱；执政党对国家政权监督强而党内监督弱；权力监督强而分权制衡弱；专门机关监督强而人大监督弱；对下级监督强而对同级主要领导监督弱；自我约束强而外部约束弱；党纪政纪监督强而法律监督制约弱；制度预防强而技术预防弱。② 监督方式存在事前“漏监督”、事中“虚监督”、事后“软监督”的现象，要强化政治监督，健全纪律监督、监察监督、派驻监督、巡视监督于一体的权力腐败制约和监督格局，“强化纪委监委监督的协助引导推动功能，促进党内监督与人大监督、民主监督、行政监督、司法监督、审计监督、财会监督、统计监督、群众监督和舆论监督贯通融合”③。

一是健全纪律检查和国家监察的协同体制。推进党和国家机构改革，组建国家、省、市、县监察委员会，实现党内监督和国家机关监督、党的纪律检查和国家监察有机统一。各级纪委对党委全面负责，监委作为行使国家监察职能的专责机关，同党的纪律检查机关合署办公，履行纪检、监察两项职能，从组织形式、职能定位、决策程序上将中国共产党对反腐败工作的统一领导具体化，使国家法律与党内法规相衔接、依法治国与依规治党相结合，充分体现了坚持党的领导、人民当家作主和依法治国的有机统一，坚持党的

---

① 中共中央关于坚持和完善中国特色社会主义制度 推进国家治理体系和治理能力现代化若干重大问题的决定［Z］. 北京：人民出版社，2019：40.

② 何增科. 试析我国现行权力监督存在的问题及原因［J］. 学习与探索，2008（4）：54-57.

③ 赵乐际. 坚持和完善党和国家监督体系 为全面建成小康社会提供坚强保障［N］. 人民日报，2020-02-25（3）.

领导与党的建设的有机统一。二是健全监督体系的顶层设计。针对传统党内监督的监督主体比较分散，监督责任不够明晰的问题，强化构建党内监督体系，深化国家监察体制改革，强化群众监督，增强对公权力阳光运行和公职人员行使公权力的制约监督的全覆盖，做到秉公用权、依法用权、廉洁用权、为民用权。习近平总书记指出："要把党内监督同国家监察、群众监督结合起来，同法律监督、民主监督、审计监督、司法监督、舆论监督等协调起来，形成监督合力。"① 三是健全纪检监察体制机制。"专门监督机关往往只能对下级机关和人员进行监督，而对最需要监督的党政主要领导却监督乏力，存在监督盲区，存在'不敢监、不愿监、不能监'的问题。"② 针对"同体监督"的问题症结，创新纪检监察体制机制，推进派驻机构体制机制创新，推进纪检工作双重领导体制具体化、程序化、制度化，执纪审查工作以上级纪律领导为主，强化上级纪委对下级纪委的领导，把制度优势转化为治理效能。③

3. 健全纪法协同的制度体系

坚持纪严于法、纪在法前、纪法衔接、纪法协同。有学者认为，党内法规是党的自治性规范，只能在党组织及党员中发挥作用，对于违反党内法规的相关组织和党员，只能通过党的内部处罚措施予以处理。而国家法律是国家强制性规范，所有组织和个人都必须遵守，如若违反国家法律，则要承担相应的法律责任。④ 可见，纪法协同是体现纪律与法律监督、党内监督与国

---

① 习近平．在第十八届中央纪律检查委员会第六次全体会议上的讲话［M］．北京：人民出版社，2016：24.

② 陈国权，等．权力制约监督论［M］．杭州：浙江大学出版社，2013：149.

③ 注：要强化政治监督保障制度执行，增强"两个维护"的政治自觉，确保全党步调一致向前进；要坚持以人民为中心的工作导向，以优良作风决胜全面建成小康社会、决战脱贫攻坚，通过清晰的制度导向形成求真务实、清正廉洁的新风正气；要继续坚持"老虎""苍蝇"一起打，重点查处不收敛不收手的违纪违法问题，提高治理腐败效能；要深刻把握党风廉政建设规律，一体推进不敢腐、不能腐、不想腐，实现政治效果、纪法效果、社会效果有机统一；要统筹推进纪检监察体制改革，做实监督全覆盖、增强监督有效性；要用严明的纪律维护制度，增强纪律约束力和制度执行力，推动干部严格按照制度履职尽责、善于运用制度谋事干事。

④ 李斌雄，廖凯．正确认识和处理党内法规与国家法律的关系［J］．思想理论教育，2019（6）：74-78.

家监督相统一的体现，体现党内与党外公职人员的全覆盖。一是健全党内法规制度体系。习近平总书记强调“坚持纪严于法、纪在法前，实现纪法分开”①。新时代健全纪法协同制度体系，就要注重党内法规同国家法律的衔接和协调，形成以党章为根本，以民主集中制②为核心，以准则、条例等党内法规为主的党内法规制度体系。针对近年来“关键少数”中极少数人政治野心膨胀、权欲熏心、结党营私、谋取权位等严重政治问题，党中央颁布实施《中国共产党纪律处分条例》《中国共产党廉洁自律准则》等，旗帜鲜明地维护党中央权威，突出政治纪律重要地位，明确党员干部权力清单、责任清单和负面清单，执行党纪处分条例，贯通运用监督执纪“四种形态”，营造风清气正的政治生态。同时，也实现了对党员和党员干部廉洁从政、用权、修身、齐家进行正向引领，将党内政治生活的正向引领与负向惩处、外部他律与内部自律结合起来。二是推进反腐败国家立法。习近平总书记强调，运用法治思维和法治方式推进反腐败立法建设。反腐败法制体系建设在建构权力运行制约和监督体系建设中起着中流砥柱与法治保障的重要作用。《中华人民共和国监察法》的颁布为建立国家监察体系提供法理支持，有利于推进依法治国和依规治党、党内监督和国家监察相结合，有利于促进建构巡视、派驻、监察全覆盖的权力监督格局。

4. 一体推进不敢腐不能腐不想腐体制机制

习近平总书记强调要“强化不敢腐的震慑，扎牢不能腐的笼子，增强不想腐的自觉”③。这是从全面从严治党背景下提出的推进治党管权治吏的整体性方略，是更有效遏制腐败增量、减少腐败存量，巩固发展反腐败斗争压倒性胜利的战略安排。运用系统思维整合廉政制度、教育、文化等因素，加强

---

① 中共中央文献研究室．十八大以来重要文献选编（上）［M］．北京：中央文献出版社，2014：767.

② 注：习近平同志在《之江新语》中指出：“这种民主和集中的统一，自由和纪律的统一，就是我们的民主集中制。民主集中制是党的根本组织制度和领导制度，是我党政治生活的基本原则，各级领导班子都要严格执行这一制度，建立保障团结和谐的制度和机制，增进党的团结统一，以党内民主带动人民民主，以党内和谐促进社会和谐。”引自习近平．之江新语［M］．浙江：浙江人民出版社，2007：255.

③ 习近平．决胜全面建成小康社会 夺取新时代中国特色社会主义伟大胜利——在中国共产党第十九次全国代表大会上的报告［M］．北京：人民出版社，2017：67.

和完善依法依规治党建设，把惩恶与扬善、打击与防范、治标与治本、治权与“育心”结合起来，打造“不敢腐”的高压态势，扎紧“不能腐”的制度笼子，筑牢“不想腐”的思想防线。第一，从不敢腐作用机制来看，一方面通过始终保持反腐败的高压态势，强化权力的公开运行、发挥组织的监督作用，挤出腐败收益，形成“伸手必被捉”的震慑效应。另一方面，通过警示教育使权力主体知晓腐败产生的严重后果，从而警钟长鸣、趋利避害，对其起到“警示”作用，建构“不敢腐”的非正式约束机制。第二，从不能腐的作用机制来看，一方面通过健全反腐败法律法规，扎牢制度的笼子防控廉政风险，规范约束公权力主体从政行为；另一方面，通过加强党内监督、民主监督、法律监督、舆论监督体系建设，实现党内监督和国家监督、党的纪律检查和国家监察有机统一，提升依规治党执行力和依法治国的法治化水平，更加科学有效地遏止腐败。第三，从不想腐作用机制来看，一方面通过高压反腐形成震慑效应，通过扎牢制度笼子，形成推进权力运行公开化、规范化，形成不想腐的外部他律；另一方面，通过加强反腐倡廉教育和廉政文化建设，将八项规定①进行到底，坚持不懈纠正“四风”，改进工作作风，使权力主体树立“以崇尚廉洁、鄙弃贪腐”的廉政伦理和廉洁自觉，进而进一步形成风清气正的政治生态。

5. 提升党性修养和政德教育水平

一是思想补钙严以修身慎独。党员领导干部拒腐防变既需要不断完善外在社会监督制度、体制，又需要加强领导干部的思想道德教育，强化其内心信仰，提高其自律能力。通过反腐倡廉教育建设廉政文化，为制度的制定、执行和监督的有效开展奠定了思想基础，营造和建立权力主体的职业道德和廉洁自觉。理想信念是共产党人的精神之“钙”，理想信念不坚定，就必然导致政治变质、经济贪婪、道德堕落等问题。领导干部要增强“四个意识”、坚定“四个自信”、做到“两个维护”，解决好世界观、人生观、价值观这个“总开关”问题，不断强化反腐倡廉的红线和底线意识，真正做到忠诚、干净、担当。二是加强领导干部党性教育和道德教

① 注：八项规定从改进调查研究、改进会风、改进文风、规范出访活动、改进警卫工作、改进新闻报道、严格文稿发表、厉行勤俭节约作出严格要求。

育。党性是领导干部最大的“德”，党性教育是共产党人的“心学”。党员特别是其中的公职人员具有坚强的党性自觉、牢固的宗旨意识、坚定的组织观念，以权谋私也将失去生存的土壤。要“深入开展理想信念教育、党的宗旨教育，深入开展党史国史教育、革命传统教育，深入开展道德品行教育、法治思维教育、反腐倡廉教育，把党章和党规党纪学习教育作为党性教育的重要内容。”① 要教育引导广大党员干部树立正确的世界观、义利观、事业观，“必须体现党的意志、反映党的主张，必须维护党中央权威、维护党的团结，做到爱党、护党、为党”②。“党员领导干部要正字当头，发挥示范引导作用，才能在全社会进一步形成褒扬正气、贬抑邪气，尊崇廉洁、鄙弃腐化的良好社会氛围。”③ 要立政德，明大德、严公德、守私德，重品行、正操守、养心性，处理好公私、情法、亲清的关系，把好权力关、金钱关、美色关，加强家庭、家教、家风建设，加强对亲属和身边工作人员的教育和约束，慎独慎初慎微，始终做到不放纵、不越轨、不逾矩。要时刻反躬自省，“自重、自省、自警、自励，洁身自好，存正祛邪，注重修身养德，增强防腐拒变的‘免疫力’”④，“干干净净地做人、踏踏实实地做事，真正做到为民、务实、清廉”⑤。

可见，健全中国特色的权力运行制约和监督体系是马克思主义中国化的具体体现，与马克思主义权力观是既一脉相承又与时俱进的关系。马克思主义权力观强调“权为民所赋，权为民所用”，权力的行使必须受到制约和监督。中国共产党人把马克思主义基本原理与中国实践、中国文化相结合，不断发展和健全权力运行制约和监督体系。毛泽东强调全心全意为人民服务，提出人民群众监督、思想政治工作和民主党派监督等权力制约和监督思想。邓小平从法律制度、党内民主、思想道德、人民群众等方面阐述权力运行制约和监督体系建设。江泽民同志高度重视制度建设，强调健全依法行使权力

① 习近平．之江新语［M］．杭州：浙江人民出版社，2007：255.
② 中共中央党史和文献研究院．十八大以来重要文献选编（下）［M］．北京：中央文献出版社，2018：459.
③ 习近平．之江新语［M］．杭州：浙江人民出版社，2007：176.
④ 习近平．之江新语［M］．杭州：浙江人民出版社，2007：272.
⑤ 习近平．之江新语［M］．杭州：浙江人民出版社，2007：256.

的制约机制。胡锦涛同志强调健全权力制约和监督体制建设，强调提高制度执行力和制度建设的体系性。党的十八大以来，以习近平同志为核心的党中央强调一体推进不敢腐不能腐不想腐体制机制，深化党和国家机构改革，将权力关进制度笼子。随着马克思主义中国化进程的不断推进，中国特色的权力运行制约和监督理论与实践得到与时俱进的丰富和发展。

第三章

权力运行制约和监督体系建设的演进历程

本章主要探讨权力制约和监督体系建设的历史生成：一是新民主主义革命时期权力运行制约和监督的实践探索，主要分析总结建党初期、中华苏维埃政府时期、抗日战争时期、解放战争时期权力运行制约和监督的生动实践及其历史经验；二是中华人民共和国成立以来权力运行制约和监督体系建设实践探索，主要分析总结中华人民共和国成立初期、十年社会主义建设时期、十年“文化大革命”时期权力运行制约和监督体系实践及经验教训；三是改革开放以来权力运行制约和监督体系建设实践探索，主要分析总结改革开放初期权力运行制约和监督体系实践、社会主义市场经济建设时期权力运行制约和监督体系实践、全面建设小康社会新时期权力运行制约和监督体系实践；四是党的十八大以来，以习近平同志为核心的党中央的权力运行制约和监督体系建设实践，并进一步分析其基本经验与启示。

第一节　民主革命时期
中国共产党权力制约和监督的实践探索

中国共产党的性质和宗旨决定了必须正确对待手中的权力，坚决杜绝各种腐败现象。本节主要分析新民主主义革命时期权力制约和监督的初步探索，总结建党初期、中华苏维埃政府时期、抗日战争时期、解放战争时期权力制约和监督的生动实践。

1. 建党初期权力运行制约和监督的生动实践

中国共产党一成立，就十分重视廉政建设问题。1921 年中国共产党创立到 1927 年大革命失败期间，由于党员成分的复杂性和剥削阶级腐朽思想的侵蚀，党内出现了一定范围和一定程度的腐败行为，权力制约和监督问题历史性地摆在了中国共产党人的面前，建党初期的中国共产党人作出一系列的生动而丰富的权力制约和监督实践。第一，制定党的纲领，建立实行严格纪律的党组织。中国共产党第一次全国代表大会确立了党的建设各项重大原则，“二大”① 党章单列了“纪律”一章，强调了党的民主集中制原则，强调党的各级领导机构或负责人必须采取民主的方式推举或选举产生。可见，建党初期，制定严格的规章，按照民主集中制原则建立严密的组织机构，为防止党内腐败，加强权力监督建设奠定重要基础。第二，防止党员贪官污吏化，颁布中国共产党第一个“反腐通告”。1924 年，中国共产党同孙中山领导的国民党实现合作。中国共产党既要反对国民党腐败，又要防止自身被腐蚀。在国民党内反对腐败，除了共产党员廉洁自律外，还利用国共合作关系对国民党实行监督。但不可避免的是党员队伍中混入一些思想不纯、作风不正分子，出现一些贪污腐败现象，滋长了官僚主义，缺乏艰苦奋斗精神。在防止自身腐败方面，中国共产党针对出现的新情况，1928 年 8 月在中共中央扩大会议发出中国共产党历史上第一份惩治贪污腐败分子的文件——《关于坚决清洗贪污腐化分子的通告》，其要求：“迅速审查所属同志……不可令留存党中，使党腐化，且败坏党在群众中的威望。”② 这表明中国共产党建立初期就十分警惕和反对贪污腐败行为。第三，建立严格的权力制约和监督机构、制度。中国共产党在创立初期就规定了严格的监督制度，成立反腐败惩治机构，处理舞弊不廉行为，把整顿党组织内部、防止和惩戒腐败作为罢工运动的重要工作。如在省港大罢工中成立了罢工工人代表大会、罢工工人纠察队，接受罢工工人代表监督，防止工人内部出现的腐败现象。此外，省港大罢工委员还制定《省港罢工委员会组织法则》《会审处办案条例》等法令，采用行政处分和刑事制裁相结合方式惩办行贿受贿、渎职等行业。1927 年 4

① 注：1922 年党的第二次全国代表大会上《中国共产党章程》明确规定：“从下至上设置小组、支部、地方执行委员会、区执行委员会、中央执行委员会，并对各级组织领导机构产生和任务作出明确规定。明确规定党员言论行动有违背本党宣言、章程及大会、各执行委员会之议决案等六种情形之一者，必须开除党籍。”

② 建党以来重要文献选编（1921—1949）（第三册）［M］．北京：中央文献出版社，2011：348-349.

月中国共产党第五次全国代表大会选举产生了中央监察委员会，这是党的历史上首次设立的党内维护和执行纪律的专门机关。1927 年 6 月，党中央政治局通过《中国共产党第三次修正章程决案》，标志着中国共产党纪律检查制度的初步创立。

2. 中华苏维埃政府时期权力制约和监督的生动实践

1927 年，毛泽东同志率领秋收起义队伍创立井冈山革命根据地，随后建立苏维埃政权。1931 年 11 月中华苏维埃共和国临时中央政府在瑞金宣告成立。中华苏维埃红色政权时期，中国共产党在创建农村革命根据地斗争中对权力制约和监督作出了有益探索。① 第一，关心群众生活，身正反腐，清正廉洁。中国共产党的宗旨是全心全意为人民服务。毛泽东同志和苏维埃政府时刻把群众利益放在第一位。早在开创井冈山革命根据地时，毛泽东同志就向工农红军颁布“一切行动听指挥、不拿群众一个红薯”（后改为“一针一线”）、“打土豪要归公的三大纪律”和“上门板、捆铺草、说话和气、买卖公平、借东西要还、损害东西要赔”的“六项注意”（注：后改为八项注意）。毛泽东指出：“我们是革命的领导者、组织者，我们又是群众生活的领导者、组织者。组织革命战争，改良群众生活是我们的两大任务。”② 实行官兵平等，不搞特殊，厉行节约，树立廉洁榜样是中央苏区开展反腐倡廉的主要方法。中央苏区废除了旧军队中封建等级制度，官兵一律平等。毛泽东同志强调：“应该使一切政府工作人员明白，贪污和浪费是极大的犯罪。”③ 毛泽东、朱德等苏区领导同志也都严以自律，与战士们同甘共苦，形成了军民鱼水情的良好氛围。第二，强化思想政治工作，纯洁革命队伍，提高廉洁意识。1929 年古田会议上，号召彻底肃清个人主义、流寇主义、享乐主义、极端民主化和军阀思想等各种非无产阶级思想，强化思想政治工作。在《古田会议决议》中强调要进一步纠正党内、军内消极腐败现象，从思想上肃清各种错误观点；必须开展党内正确的批评和自我批评，建立严格的制度和纪

① 徐家林．中国共产党反腐倡廉建设史论［M］．北京：中国方正出版社，2009：52-80.

② 毛泽东选集（第一卷）［M］．北京：人民出版社，1991：139.

③ 毛泽东选集（第一卷）［M］．北京：人民出版社，1991：134.

律。古田会议后，中央苏区不少地方办起了党校、红军学校、苏维埃学校以及其他干部学校，对党团员集中进行了形势教育、阶级教育、党性教育和党的基本理论教育等，对纯洁革命队伍，开展反腐斗争起到了巨大作用。第三，严肃党的纪律，建立廉政制度。毛泽东同志号召“各级苏维埃机关和广大工农群众，一致的与官僚主义作最坚决的斗争，来肃清苏维埃机关中的官僚主义，驱逐不可挽救的官僚腐化分子，以巩固工农苏维埃的政权，同时创造苏维埃的工作作风”①。在毛泽东同志的领导下，反对官僚主义、严肃党的纪律、建立廉政制度开展起来。特别是通过建立统一财政、统一会计制度、巡视制度与检查制度，消灭官僚主义、贪污腐化和消极怠工。通过颁发《关于惩治贪污浪费行为的第二十六号训令》（1933 年 12 月）、《政府工作人员惩办条例》（1939 年），惩治了一批贪污腐化堕落分子。第四，广泛实行民主，深化群众监督。中央苏区实行军事、政治、经济三大民主，实行自上而下的政府监督、组织监督和民主监督，健全代表会议制度，加强舆论宣传监督，号召群众参与政权管理。深化群众监督，成立了由突击队、轻骑队、工农通讯员及群众法庭四部分构成的群众性监督组织，保障人民权利。

3. 抗日战争时期权力制约和监督的生动实践

抗日战争全面爆发后，国内外出现了新的政治形势。中国共产党领导和组织全党干部学习运动，进一步加强了抗日民主政权建设中的权力制约和监督工作，教育、制度和监督格局逐步建立，为抗日战争做出了巨大贡献。第一，加强党的建设，开展廉政教育。抗日战争时期党员队伍发展很快，对马列主义采取教条主义、脱离实际、宗派主义的态度等问题，在党员领导干部中较为严重。从 1941 年开始，毛泽东同志先后作了《改造我们的学习》《整顿党的作风》《反对党八股》的报告，在全党范围内展开了著名的整风运动，各根据地先后开展了整党工作，加强党员教育，整顿党的组织。陕甘宁边区实行“精兵简政”就是抗日政权加强自身建设的一项重大改革，也是克服官僚主义的重要手段。第二，加强反腐法规和制度建设。1938 年，党中央召开了扩大的六届六中全会，制定了《关于中央委员会工作规则与纪律的决定》，

① 中央革命根据地史料选编（下）［M］. 南昌：江西人民出版社，1982：292.

从而把党的纪律建设和纪律检查工作向前推进了一步。各根据地也制定了收支统支的财政制度、金库制度、预决算制度、审计制度体系。第三，健全监督机构，强化监督机制。健全行政监督，发挥各级监察委员会的职权，建立一套代表机关的监督制度，实行各级参议会的民主监督；经常组织召开党员大会，开展批评与自我批评，完善党内的民主监督；实行“三三制”政权的抗日民族统一战线政权，接受党外民主人士的民主监督；通过批评、建议、控告等方式实施人民群众对党员干部的监督检查。第四，完善干部管理政策，确保党员干部的廉洁垂范。抗日战争时期，党非常重视党员干部队伍建设和管理。在干部考察政策上，始终坚持实事求是的原则，力求全面地认识和考察干部；在干部的提拔上，坚持德才兼备的干部标准，坚持量才原则，合理、大胆使用干部；在干部教育方面，强调对党员干部的教育，建立各种干部教育学校和组织，加强对党员干部的教育，对干部的选拔、任用、考核作出明确的规定。

4. 解放战争时期权力制约和监督的生动实践

抗日战争胜利后，中国共产党并没有放松反腐倡廉的工作，而是继续坚持艰苦奋斗、廉政勤政、廉洁奉公的作风，推进民主、预防腐败思想确立，在解放区进行了卓有成效的权力制约和监督斗争。

第一，解放区民主政权肃贪机制建设。反对贪污浪费。1946 年毛泽东明确指出：“必须检查和纠正各地已经发生的贪污现象。”① 在党的领导下，各解放区颁布与实施了一系列惩治贪污条例，制定或修正公布了惩治贪污条例②。为了满足解放战争形势发展需要，各解放区相继建立了行政监察机构，健全了反贪污浪费行为的检查与审计制度，检举、揭发公职人员违法失职、贪污浪费行为。

第二，开展整党运动。随着革命形势的快速发展，党组织也迅速扩展，如何使党组织保持纯洁成为严峻考验。从 1947 年冬天开始，各解放区农村党

---

① 毛泽东选集（第四卷）[M]. 北京：人民出版社，1991：1188.

② 如 1947 年的《东北解放区惩治贪污暂行条例》、1948 年的《晋冀鲁豫边区惩治贪污条例》、1949 年的《苏北区奖励节约、惩治贪污暂行条例》等。

组织根据全国土地会议的决定，结合土地改革普遍开展了以“三查三整”①为主要内容的整党运动。根据毛泽东的提议，党的七届二中全会作出防止资产阶级腐蚀和反对突出个人的六条规定。② 此后，在全体党员干部中展开了以李自成、戈尔洛夫为戒吸取中外历史教训的学习运动，戒骄戒躁，艰苦奋斗，廉洁奉公。

第三，健全监察机构，制止贪污浪费。抗日战争后，随着形势变化，贪污浪费现象在解放区有所抬头，腐蚀干部党员，严重削弱党和人民军队的战斗力。建立华北人民监察院为行政监察机关，设人民监察委员会，检查、检举并决议处分贪污浪费行为。华北办事处在《关于反对贪污浪费的指示》中也强调清除不可救药的贪污腐化分子，进行经常的管理教育，为中华人民共和国成立后建设廉洁政府奠定了基础。

第二节 中华人民共和国成立以来权力制约和监督的生动实践

中华人民共和国成立后，为恢复国民经济，建立社会主义制度，对于执政党的权力腐败进行了卓有成效的斗争。总结分析社会主义建设时期权力制约和监督体系建设曲折发展，主要分析总结中华人民共和国成立初期、十年社会主义建设时期、十年“文化大革命”时期权力制约和监督体系实践。

1. 中华人民共和国成立初期权力制约和监督的生动实践

中华人民共和国成立初期，反腐倡廉工作面临着严峻的形势：一是“吹捧风”的袭击。进城之后，面对胜利，耳边响起了一片赞美之声，吹捧风刮遍全国。当然，动机各有不同，有的是发自内心地敬佩，也有的是别有用心

① 注：“三查”（查阶级、查思想、查作风）、“三整”（整顿组织、整顿思想、整顿作风）。

② 注：即（1）禁止给党的领导者祝寿；（2）不送礼；（3）少敬酒；（4）少拍掌；（5）禁止用党的领导者的名字作地名、街名和企业的名字；（6）不要把中国同志和马、思、列、斯平列，禁止歌功颂德现象。

地吹捧。无原则的吹捧，就如同有毒的甜药、上瘾的鸦片使一些人昏昏然、飘飘然。二是物质的诱惑。少数人为了牟取暴利，也千方百计地拉拢和腐蚀了一批党员干部。三是权力的腐蚀。执政同不执政的一个根本区别，在于是否执掌权力。共产党掌权用权是受人民委托为人民服务，但如果忘记了这个根本，错用或滥用权力，权力就成了一个腐蚀剂。“吹捧风”和“拜物教”的盛行，影响和改变着掌权者的权力观；而能否抵制吹捧的袭击和物质的诱惑，归根结底还是在于能否正确行使手中的权力。在中华人民共和国成立初期，尽管我们党对于权力腐败始终保持高度警觉，做到未雨绸缪，但仍不可避免地出现了一些权力腐败现象。

中国共产党七届三中全会后，整风运动在全党全军展开。整风①的重点为各级担负领导工作的党员干部，立即纠正命令主义、贪污腐化、政治上堕落颓废和违法乱纪等错误。通过整风，改进了作风，纠正了工作中的缺点、错误，并在一定程度上打击了贪污浪费和腐化行为。从 1951 年冬起，开展了一场“反贪污、反浪费、反官僚主义”的严重斗争②。经过“发动群众阶段、‘打虎’阶段、定案处理阶段和建设阶段”③ 四个时期，“三反”斗争胜利结束。1952 年 4 月 18 日，中央人民政府委员会第十四次会议批准了政务院通过的《中华人民共和国惩治贪污条例》，使惩治贪污法律化。1955 年 3 月通过了《中国共产党全国代表会议关于成立党的中央和地方监察委员会的决议》，从此中央和地方党的各级监察委员会陆续建立起来。

---

① 注：如党的各级领导干部在整风整党中不仅号召别人积极参加，而且置身于其中为全党作出榜样，先是通过整风会或整风班逐级集中整训，中央局、省（市）委、地委和县委的领导干部认真学习中央文件，恳切地自我批评，这样既为全党作出了榜样，又可轻装上阵，更好地领导和推动各地工作的深入开展。这次整风运动进行了半年，到 1950 年年底基本结束。

② 注：中共中央于 1952 年 1 月 26 日发出了《关于在城市中限期展开大规模的坚决彻底的“五反”斗争的指示》，要求在全国一切城市，首先是大中城市，团结工人阶级、守法的资产阶级及其他市民，向违法的资产阶级开展“反行贿、反偷税漏税、反盗窃国家财产、反偷工减料、反盗窃经济情报”的“五反”运动，以配合党政军民内部的“三反”斗争。

③ 王关兴，张挥．中国共产党反腐倡廉史［M］．上海：上海人民出版社，2001：181.

2. 社会主义建设探索时期权力制约和监督的生动实践

党的八大从思想教育和制度两个方面来加强党的建设和反腐倡廉建设。从当时党的队伍存在的问题来看，主要表现为主观主义、官僚主义和宗派主义，“我们还必须经常从思想上和组织上进行反对腐化堕落现象的斗争，经常把不可救药的腐化堕落分子清除出党”①。邓小平指出，“党除了应该加强对于党员的思想教育之外，更重要的还在于从各方面加强党的领导作用，并且从国家制度和党的制度上作出适当的规定，以便对于党的组织和党员实行严格的监督”②。强调坚持民主集中制，反对个人崇拜和个人专断，强调加强对党和政府的监督。党中央召开的八届二中全会提出要防止领导人员特殊化，提出从进行教育和规定制度两个方面来防止“特权阶层”的产生。

克服党内存在的官僚主义、宗派主义、主观主义等不正之风。1957 年，中共中央发出《关于整风运动的指示》，以正确处理人民内部矛盾为主题，来检查党的各级领导干部的工作。在方法上，要恰如其分地开展批评和自我批评，不要开批判大会或斗争大会，扩大人民群众民主党派及无党派民主人士对共产党的监督。反对党政干部的特殊化。提倡各级党政军有劳动能力的主要领导人员用一部分时间同工人农民一起参加体力劳动，并发出《关于下放干部进行劳动锻炼的指示》，制定《工作方法六十条》，进一步调低党政高级干部的工资。1960 年，在农村基层开展反贪污、反浪费、反官僚主义的运动。1962 年，为了改变特殊化风气，中共中央颁布的《党政干部三大纪律八项注意（草案第二次修正稿）》③ 提出，一律不准请客送礼和停止新建招待所。1963 年 2 月至 1966 年上半年，中共中央决定开展“四清”“五反”运动④，1964 年年底以后城市“五反”运动也改称“四清”运动，即“清政

---

① 刘少奇选集（下卷）［M］. 北京：人民出版社，1985：272.

② 邓小平文选（第一卷）［M］. 北京：人民出版社，1994：215.

③ 注：“三大纪律”为，（1）一切从实际出发；（2）正确执行党的政策；（3）实行民主集中制。“八项注意”为，（1）同劳动同食堂；（2）待人和气；（3）办事公道；（4）买卖公平；（5）如实反映情况；（6）提高政策水平；（7）工作要同群众商量；（8）没有调查没有发言权。

④ 注：以“清理账目、清理仓库、清理财物、清理工分”为主要内容的“四清”运动，在城市开展以“反对贪污盗窃、反对投机倒把、反对铺张浪费、反对分散主义、反对官僚主义”为主要内容的“五反”运动。

治、清经济、清思想、清组织”。其间还开展了学雷锋运动、学做焦裕禄式的好干部等活动，在党员干部反腐倡廉教育活动中起了很大的推动作用。

3. “文化大革命”时期的权力制约和监督的曲折实践

尽管党和人民在主观上仍希望将廉政建设继续推进，使权力制约和监督斗争取得新的成效，但由于“文化大革命”对党和国家造成了全面破坏，权力运行制约和监督体系建设失去了健康有序运行的条件和保障，造成了严重曲折和倒退。

由于混淆敌我，严重脱离实践要求和估计，实践证明，以“阶级斗争为纲”开展拒腐防变只会事与愿违。在“文化大革命”期间，针对铺张浪费，贪图享受，财政失控的状况，三令五申号召“节约闹革命”，发出一系列文件规定。① 1970 年，廉政肃贪和反对“和平演变”形势下，又发动了一场“一打三反”即打击反革命分子、反对贪污盗窃、反对投机倒把、反对铺张浪费的运动，但由于“一打”与“三反”并提，使得本来就被人为夸大的“反革命分子”范围被放大，既不能有效地制止腐败现象，也容易造成新的冤假错案。

1975 年 1 月召开的全国四届人大一次会议任命周恩来为总理、邓小平等为副总理的国务院组成人员，邓小平同志在毛泽东支持下，主持中央党政日常工作。邓小平立即对各方面的工作进行大刀阔斧地整顿，极力扭转已经蔓延到社会生活中的腐败风气，批评“肿、散、骄、奢、惰”现象，并严肃地指出，“有的人发展到追求资产阶级生活方式，艰苦奋斗的传统作风丢掉了”。“如果认为这些都无关紧要，没有警觉，那是很危险的”②。邓小平提出，“整顿的核心是党的整顿……整党主要放在整顿各级领导班子上……领

① 注：1967 年 3 月，中共中央、国务院、中央军委发出《关于保护国家财产，节约闹革命的通知》；1967 年 6 月，中共中央发出《关于进一步抓革命、促生产，增加收入、节约支出的通知》；1967 年 8 月，中共中央又发出《关于进一步实行节约闹革命，控制“社会集团购买力”和加强奖金、物资和物价管理的若干规定》；1968 年 2 月，中共中央发出《关于进一步实行节约闹革命，坚决节约开支的紧急通知》；1973 年 11 月，国务院、中央军委联合发出《关于严格控制社会集团购买力，制止年终突击花钱的通知》等，但反腐败收效甚微，铺张浪费、奢侈之风愈演愈烈。

② 邓小平文选（第二卷）[M]．北京：人民出版社，1994：18.

导班子整顿好了，党员的问题就容易解决了"①。各地区、各部门在整顿中也突出了对领导班子的整顿，加强了对党员的教育，党和军队的艰苦奋斗的传统作风有所恢复。

第三节 改革开放以来权力制约和监督的发展历程

1978 年党的十一届三中全会以来，我们党经受了执政和改革开放的双重考验。党中央从事关执政、事关前途命运的战略高度，把党风廉政建设放至突出位置，坚持不懈地进行反腐败斗争。

一、在改革开放中恢复与发展

1978 年党的十一届三中全会召开前夕，党的权力制约和监督建设面临着拨乱反正的重要任务，进入重视民主和法制建设的新时期。关于“真理标准问题”的大讨论，冲破了长期以来“左”倾思想的束缚，对摆脱廉政建设中“左”的观念的束缚，具有重要意义，开创了中国共产党权力制约和监督的新时期。

1. 改革开放初期反对领导干部特殊化和经济犯罪活动的斗争

健全党政纪检监察机构及法规制度。党的十一届三中全会选举产生了中央纪律检查委员会。1979 年 1 月，中央纪委召开第一次全体会议，对中央纪委的工作任务、工作方式、职权范围、机构设置等都作了明确规定。1979 年 4 月，中央纪委和中央组织部就中共中央和国务院各部、委、局成立纪律检查机构问题作出规定。针对贪污腐败现象，邓小平提出了推进廉政建设的主张：“克服特权现象，要解决思想问题，也要解决制度问题。公民在法律和制度面前人人平等，党员在党章和党纪面前人人平等。”② 1979 年 1 月，根据党的十一届三中全会精神，中纪委召开首次会议研究制定加强党的纪律教

① 邓小平文选（第二卷）[M]．北京：人民出版社，1994：35-36.

② 邓小平文选（第二卷）[M]．北京：人民出版社，1994：332.

育和作风建设的具体措施。邓小平指出领导干部特殊化是人民群众议论最多的话题之一，应采取措施坚决予以克服。1980 年年初，党的十一届五中全会通过了《关于党内政治生活的若干准则》，要求党的各级干部要自觉接受党和群众的监督。1979 年 11 月，中共中央、国务院正式颁布实行《关于高级干部生活待遇的若干规定》，对住宿、房租、出差、出国、休养、送礼、用车、服务人员等安排作出明确规定。

在反对领导干部特殊化的同时，打击经济领域中的犯罪活动，查处违法乱纪、腐化堕落分子。邓小平指出："打击经济犯罪活动，我们说不搞运动，但是我们一定要说，这是一个长期的经常的斗争。"① 同时，积极开展社会主义精神文明建设。1980 年 12 月，在中央工作会议上，邓小平提出："要教育全党同志发扬大公无私、服从大局、艰苦奋斗、廉洁奉公的精神，坚持共产主义思想和共产主义道德。我们要建设的社会主义国家，不但要有高度的物质文明，而且要有高度的精神文明。"② 1982 年，党中央发布《深入持久地开展"五讲四美"活动争取社会主义精神文明建设的新胜利》的通知，强调推动树立良好社会风尚的活动做到经常化、制度化，并长期坚持下去。要根据新时期的特点，做好思想政治工作，进行爱国主义、集体主义和共产主义的教育，使我们的人民有理想、有道德、有文化、守纪律。

2. 深化改革时期反对以权谋私的斗争

1982 年 9 月，中国共产党召开了第十二次全国代表大会，党中央十分重视反腐倡廉工作的全面推进。开展以反腐败为中心内容的整党。针对党在思想上、作风上、组织上严重不纯的问题，1982 年 9 月党的十二大决定进行一次全面整党③，主要任务就是统一思想，整顿作风，加强纪律，纯洁组织，特别是要纠正各种利用职权谋取私利的行为，反对不负责任的官僚主义。

---

① 邓小平文选（第二卷）［M］．北京：人民出版社，1994：402-404.

② 邓小平文选（第二卷）［M］．北京：人民出版社，1994：367.

③ 注：参加第一期整党的有中央各部委、各省、自治区、直辖市和解放军各总部、各军兵种、各大军区一级的领导机关；1984 年 12 月至 1985 年 11 月为第二期整党主要在地县及相当于这两级的企事业、大专院校、科研机构等单位进行；1985 年 11 月至 1987 年 5 月，第三期整党工作在广大农村展开，到 1987 年 5 月，历时 3 年半的整党工作基本结束。

狠刹各种不正之风。1984 年经济体制改革全面铺开后，一些党政机关干部在金钱的诱惑下，也与市民、农民或待业青年合伙办企业，将所得利润用于提高自己的经济收入水平，并迅速形成一股党政机关和党政干部经商办企业之风。为了制止这股新的不正之风，党中央、国务院多次发文和召开专门会议狠刹不正之风[①]。从 1984 年至 1988 年年底，中共中央和国务院曾先后发出《关于党政机关在职干部不要与群众联合办企业的通知》《关于严禁党政机关和党政干部经商、办企业的决定》等文件，力图划清领导干部公务活动与企业经营的界限，严禁党政机关干部经商办公司。

完善法律监督建设。1986 年 1 月 17 日，邓小平在中央政治局常委会上深刻提出："一手抓建设，一手抓法制"[②]，明确指出法制建设是廉政建设的一项根本性、稳定性的措施。在 1985 年至 1988 年间，从反对官僚主义、反对以权谋私；以杜绝假公济私、奢侈浪费等不正之风；制止党政干部经商、刹住摊派歪风；同经济领域中的边法犯罪活动作斗争等方面陆续制定、颁布了若干倡廉反腐的决议、决定和规章制度，并明确提出以廉政建设为重点开展行政监察工作。

二、在社会主义市场经济建设中探索与创新

党的十三届四中全会特别是党的十四大以来，确立了建立社会主义市场经济体制的目标，重视权力制约和监督建设，形成了丰富的反腐倡廉实践。

党的十三届四中全会对廉政建设的新部署。中央政治局根据十三届四中全会精神召开会议，讨论并部署廉政建设和反对腐败的斗争，全面开展了清理整顿公司；查办官僚主义，纠正行业歪风；开展以反贪污反行贿、案贿为重点的反腐斗争；加强思想政治教育和职业道德建设，提倡社会主义新风尚。党的十四大后，中央规定党的纪律检查机关、国家行政监察机关合署办

---

① 注：1986 年发出《关于制止滥派团组和人员出国的通知》《关于坚决制止干部用公款旅游的通知》《关于严禁在社会经济活动中牟取非法利益的通知》等，1987 年中纪委发出《立即刹住用公款请客送礼、吃请受礼的歪风的通报》《关于坚决查处共产党员索贿问题的决定》等，狠刹不正之风。1988 年 6 月，中共中央发出《关于党和国家机关必须保持廉洁的通知》，发动群众监督和举报各种不正之风。

② 邓小平文选（第三卷）［M］. 北京：人民出版社，1993：154.

公。1986年年底，在加强党的纪律检查工作的同时，重新恢复和确立了行政监察体制。1993年8月中纪委召开第二次全会，全面研究和部署反腐败斗争问题，会议确定了近期反腐败斗争的任务，要求着重做好三项工作①。与此同时，党中央、国务院陆续公布了党政机关县（处）以上领导干部廉洁自律的“五条规定”② 及其实施意见，以及党政机关与所办经济实体脱钩、严禁公费变相出国（境）旅游、在对外公务活动中赠送和接受礼品的规定等多项文件。1994年3月中纪委三次全会提出新的“五个不准”③，在领导干部坐车、住房、出行以及私人喜庆活动方面作出新的规定。

查办大案要案狠刹不正之风。依法查办大案要案历来是反腐败的中心环节。以一定的频率在报刊、电台上公布大案要案的查处结果，“杀一儆百”，形成相当的政治威慑力，这是1993年以来反腐败斗争力度的一种显示。财政部颁布《关于治理乱收费的规定》后，一些国家机关、行政执法部门、经济管理部门及垄断行业开始清理乱收费，并公布取消一批乱收费项目。中共中央办公厅、国务院办公厅公布了《严禁用公费变相出国（境）旅游的通知》等，治理乱收费，禁止“有偿新闻”“买卖书号”“变相出国旅游”。

---

① 注：党政机关领导干部要带头廉洁自律；查办一批大案要案；狠刹几股群众反映强烈的不正之风。

② 注：“五条规定”为，（1）不准经商办企业；不准从事有偿的中介活动；不准利用职权为配偶、子女和其他亲友经商办企业提供任何优惠条件。（2）不准在各类经济实体中兼职（包括名誉职务）；个别经批准兼职的，不得领取任何报酬；不准到下属单位和其他企业事业单位报销应由个人支付的各种费用。（3）不准买卖股票。（4）不准在公务活动中接受礼金和各种有价证券；不准接受下属单位和其他企业事业单位赠送的信用卡，也不准把本单位用公款办理的信用卡归个人使用。（5）不准用公款参与高消费的娱乐活动。

③ 注：“五个不准”为，（1）不准违反规定购买和更换进口豪华小汽车，不准利用职权向企业、下属单位换车、借车和摊派款项买车；不准用贷款、集资款和专项资金购买供领导干部使用的小汽车；县（市）党政领导机关和单位，凡拖欠职工工资的不准购买小汽车。（2）不准违反国务院关于住房制度改革的规定压价购买住房；不准利用职权为自己和子女、亲友购买住房提供优惠条件；不准用公款超标准为个人装修住房。（3）领导干部在国内公务活动中要轻车简从，食宿不超过当地接待标准；不准为领导干部举办专场舞会。（4）不准利用本人及家庭成员婚丧嫁娶以及工作调动、过生日、迁新居等机会大操大办和敛财。（5）不准利用职权拖欠公款不还；不准用公款为个人及其亲友买房、建私房和从事营利活动。

三、党的十五大提出的治腐方略设计与实施

第一，制定跨世纪反腐倡廉方略，实行标本兼治，综合治理，从源头上预防和解决腐败问题。江泽民同志明确指出：反腐倡廉要“坚持标本兼治，教育是基础，法制是保证，监督是关键”①。在政治信仰和党性教育方面，强调抓好理想信念教育、艰苦奋斗教育，广泛进行以讲学习、讲政治、讲正气为主要内容的党性党风党纪教育，抵制资产阶级腐朽思想的侵蚀。在法律制度方面，加强法制建设和党规党纪制度建设，要求全党同志和全体干部都要按照宪法、法律、法令办事。同时，强调“建设一支政治上靠得住、工作上作风上过硬、特别能战斗的高素质的执纪执法队伍”②。在改革方面，要通过深化改革，减少和铲除滋生腐败的土壤和条件，继续坚持教育第一，防范为主，加强监督，从体制、机制、法制三位一体的结合上推进党风廉政建设。

第二，开展“三讲”教育增强党的拒腐防变能力。从解决干部的世界观、人生观、价值观入手，提高广大干部拒腐防变的能力。在深入学习邓小平理论、兴起学习新高潮中，集中一段时间，开展以“讲学习、讲政治、讲正气”为主要内容的党性党风教育。党中央对搞好县（市）“三讲”教育非常重视。中央政治局常委会议决定，每位常委到一个县（市）就县级领导班子、领导干部开展“三讲”教育的情况深入调查研究，并直接对县（市）领导干部进行动员。

第三，强调从严治党。从严治党首先要治理好领导班子和领导干部，对干部的选拔任用进行严格把关、严格监督，对违纪违法行为进行严肃查处。从严肃党的政治纪律、组织纪律、经济工作纪律和党的群众工作纪律方面加强纪律建设。2000 年 5 月，江泽民同志主持召开江浙沪三地党建工作座谈会时指出：“按照‘三个代表’要求抓党的建设，同新时期党的建设新的伟大

---

① 中央纪律检查委员会．江泽民论党风廉政建设和反腐败斗争［M］．北京：中国方正出版社，2003：52-53.

② 注：要求执纪执法队伍努力做到，政治坚强，公正清廉，纪律严明，业务精通，作风优良。要求领导干部要以身作则，模范地遵纪守法，自觉接受监督，抵制腐朽思想的侵蚀，做艰苦奋斗、廉洁奉公的表率，带领群众坚决同腐败现象作斗争。

工程的总目标、总要求是一致的……围绕不断提高领导水平和执政水平、提高拒腐防变和抵御风险能力两大历史性课题”①，开展党风廉政建设和反腐败斗争。

第四，反腐倡廉的深入开展。一是国家稽察特派员和监事会制度的创立和实施。1998 年，党中央、国务院决定建立稽察特派员制度，强化政府对企业的监督。2000 年 7 月，党中央、国务院又决定向国有重点金融机构派出监事会，以切实加强金融监督，保障国有资产安全。二是严厉打击走私犯罪活动的开展。1998 年 7 月，江泽民在接见全国打击走私工作会议代表时强调指出，要提高认识，加强领导，统一部署，统一行动，做到决心大、行动快、措施硬、惩治严，严厉打击走私犯罪活动。三是继续狠刹不正之风，纯化社会风气。军队、武警和政法机关一律不再从事经商活动。查处一批党政干部贪赃枉法的大案要案，开展各项价格、收费检查。四是反腐败领导体制和工作机制逐步完善，党风廉政建设责任制逐步落实。反腐败斗争是加强党的建设和政权建设的重要工作，“要在党委统一领导下，党政一齐抓，持续不断地抓，主要领导同志亲自负责。党政同心同德，各方面协调一致，形成整体合力”②，形成全党动手、党政齐抓共管、部门各负其责、整体推进反腐败斗争的局面。

四、在科学发展中深化与提高

党的十六大以来，党中央和中央纪委高度重视反腐倡廉的理论与实践研究，开展了大量富有成效的权力制约和监督实践。

第一，进一步制定和完善权力制约和监督工作的法规制度建设，依靠体制创新铲除腐败现象产生的土壤和条件。首先，以党章为核心、以监督条例为主干、以配套规定和其他监督规范为重要补充的党内监督法规制度体系初步形成。如颁布《中国共产党员权利保障条例》《关于中共中央纪委派驻纪检组履行监督职责的意见》等。其次，规范国家工作人员从政行为、促进领

---

① 江泽民文选（第一卷）［M］. 北京：人民出版社，2006：62-63.

② 江泽民文选（第一卷）［M］. 北京：人民出版社，2006：249.

导干部廉洁自律的制度体系逐步完善。如颁布《中华人民共和国公务员法》等促进国家工作人员廉洁自律。同时，不断健全违纪违法行为惩处体系。通过颁布《中国共产党纪律处分条例》，健全专门监督体制、司法体制、行政审批制度、干部人事制度、财政税收体制、投资体制、金融体制、竞争体制改革八大反腐倡廉体制机制建设，解决导致腐败现象发生的深层次问题，从源头上防治腐败。

第二，形成教育、惩治、预防权力腐败的制约和监督工作格局。健全教育、制度、监督并重的权力运行制约和监督体系，一要坚持教育、制度、监督三者并重，二要坚持标本兼治、综合治理、惩防并举、注重预防的方针，从整体上系统推进。高度重视党员干部的党风廉政教育，采取多种形式开展理想信念教育、党章和法纪教育、社会主义荣辱观教育等，深入推进廉政文化建设。

第三，开展党员干部思想理论教育活动。坚持经常性教育与适当的集中教育相结合是中国共产党解决自身存在问题、加强自身建设的重要经验。2004 年，中共中央发出《关于在全党开展以实践“三个代表”重要思想为主要内容的保持共产党员先进性教育活动的意见》，决定用一年半左右的时间，在县级及县级以上党政机关和部分企事业单位、城市基层和乡镇机关及农村和部分党政机关分批开展以实践“三个代表”重要思想为主要内容的保持共产党员先进性教育活动。2006 年 4 月，胡锦涛同志参加全国政协十届四次会议民盟、民进界委员联组讨论时，提出要坚持引导广大干部群众特别是青少年树立社会主义荣辱观①，党的十六届六中全会明确提出要建设“社会主义核心价值体系”② 的科学命题。2005 年，中共中央颁布《建立健全教育、制度、监督并重的惩治和预防腐败体系实施纲要》，中央政治局审议通

① 注：坚持“以热爱祖国为荣、以危害祖国为耻，以服务人民为荣、以背离人民为耻，以崇尚科学为荣、以愚昧无知为耻，以辛勤劳动为荣、以好逸恶劳为耻，以团结互助为荣、以损人利己为耻，以诚实守信为荣、以见利忘义为耻，以遵纪守法为荣、以违法乱纪为耻，以艰苦奋斗为荣、以骄奢淫逸为耻”。

② 注：社会主义核心价值体系包括四个方面的基本内容，即马克思主义指导思想、中国特色社会主义共同理想、以爱国主义为核心的民族精神和以改革创新为核心的时代精神、以“八荣八耻”为主要内容的社会主义荣辱观。

过《建立健全惩治和预防腐败体系 2008—2012 年工作规划》，推动实现我国反腐倡廉工作新的历史跨越。

第四节 党的十八大以来权力制约和监督体系的实践探索

党的十八大以来，以习近平同志为核心的党中央强调必须以党章为根本遵循，将党风廉政建设和反腐败工作融入“五位一体”总体布局和“四个全面”战略布局之中，把党的政治建设摆在首位，思想建党和制度治党同向发力，严肃党内政治生活，严明党的纪律，纪法协同，健全党和国家监督体系，形成并不断巩固发展反腐败斗争压倒性胜利。

一、反腐高压态势不松懈，推动管党治党从宽松软走向严紧硬

历史和现实都一再证明，腐败问题绝非小事，关乎党和国家的生死存亡。习近平总书记在多次公开讲话中强调要以零容忍态度铁腕反腐，始终向外界传达着反腐势在必行，反腐斗争必将进行到底的信号，彰显开展反腐败斗争的鲜明政治立场和坚定的信念决心。2012 年 11 月 15 日，习近平同志在当选总书记后的首次公开讲话中就针对反腐败问题强调：“一些党员干部中发生的贪污腐败、脱离群众、形式主义、官僚主义等问题，必须下大气力解决。”① 2013 年 1 月下旬，习近平总书记在讲话中强调指出：“不论什么人，不论其职务多高，只要触犯了党纪国法，都要受到严肃追究和严厉惩处。”②党的十八大以来的反腐败实践充分说明了反腐斗争始终保持高压态势，坚持一查到底、绝不姑息养奸，打破了腐败分子所认为的“反腐败就是一阵风，现在先避避风头，挺一阵子就过去了”幻想。党中央颁布的《建立健全惩治和预防腐败体系 2013—2017 年工作规划》，从国家战略和顶层设计的角度出发把反腐败当成一项长期重大政治任务来抓，使得反腐步入常态化。从中国

① 习近平．习近平谈治国理政（第一卷）［M］．北京：外文出版社，2014：4.

② 中共中央文献研究室．习近平关于全面从严治党论述摘编［M］．北京：中央文献出版社，2016：175.

共产党第十九届中央纪律检查委员第三次、第四次全体会议上的工作报告公布的数据来看，党中央一以贯之地进行高压反腐，惩治腐败，查处扶贫领域和作风问题。正如习近平总书记指出："必须坚持零容忍的态度不变、猛药去疴的决心不减、刮骨疗毒的勇气不泄、严厉惩处的尺度不松。"①

党中央针对腐败问题提出的一系列掷地有声的庄严宣告，以及此后一系列雷厉风行的反腐实践，深化标本兼治，实现反腐无禁区、全覆盖、零容忍，注重抓早抓小，一有苗头就马上整治，始终保持高压态势不放松，下大气力拔"烂树"、治"病树"、正"歪树"。习近平总书记强调："加强反腐败国际追逃追赃工作是坚持党要管党、从严治党，遏制腐败现象蔓延势头的重要举措。"② 织密国际追逃"天网"，追逃防逃两手抓，开展"裸官"清理，深化国际反腐败执法合作，以实际行动向全社会证明了反腐败绝不是一句口号，有力回击了对反腐工作的种种错误认识。在党的十九大报告中，习近平总书记再次重申："不管腐败分子逃到哪里，都要缉拿归案、绳之以法。"③ 这有利于坚持重遏制、强高压、长震慑。把尊崇党章同执行廉洁自律准则、党纪处分条例、问责条例等党内法规贯通，把全面从严治党不断引向深入有利于推进新时代反腐败斗争。

二、夯实管党治党责任，推动落实主体责任和监督责任

一是主体责任和监督责任相统一。习近平总书记指出："从党中央到省市县党委，从中央部委、国家机关部门党组（党委）到基层党支部，都要肩负起主体责任；各级纪委要担负起监督责任，敢于瞪眼黑脸，勇于执纪问责。"④ 落实党委的主体责任和纪委的监督责任，不给权力脱轨、越轨留空

① 中共中央文献研究室．习近平关于全面从严治党论述摘编［M］．北京：中央文献出版社，2016：187.

② 中共中央纪律检查委员会，中共中央文献研究室．习近平关于党风廉政建设和反腐败斗争论述摘编［M］．北京：中央文献出版社，2015：23.

③ 习近平．决胜全面建成小康社会 夺取新时代中国特色社会主义伟大胜利——在中国共产党第十九次全国代表大会上的报告［M］．北京：人民出版社，2017：67.

④ 习近平．在第十八届中央纪律检查委员会第六次全体会议上的讲话［M］．北京：人民出版社，2016：17.

子，明确党委（党组）在党内监督主体责任，强化纪委监督职能，加强对派驻纪检组的领导和规范，将监督执纪问责落到实处。二是治党理念与法治精神相契合。突出党章作为“党的总章程”“根本行为规范”的重要地位。同时，强调“要善于用法治思维和法治方式反对腐败，加强反腐败国家立法，加强反腐倡廉党内法规制度建设”①。坚持运用法治方式和制度思维，依据党章、党规党纪规范党组织和党员的行为，为依法治国提供重要前提和政治保障。三是国家法律和党规党纪双轮驱动。习近平总书记强调，坚持纪法协同、纪在法前、纪严于法，把党的纪律和规矩挺在前面，强化监督执纪问责，运用监督执纪“四种形态”，把纪律挺在前面，不断加强监督执纪的力度和水平，使纪律成为真正带电的“高压线”。国家法律与党规党纪共同构成全面从严治党的制度保障体系，由国家法律和党规党纪双轮驱动。既要深化党内法规体系建设，又要注重党内法规与国家法律的衔接协调，提升党内法规执行力，推进党要管党从严治党责任落到实处。

三、依法依纪依规治党，扎牢制度的笼子

习近平总书记指出，“制度问题更带有根本性、全局性、稳定性、长期性”②，“没有健全的制度，权力没有关进制度的笼子里，腐败现象就控制不住”③，“铲除不良作风和腐败现象滋生蔓延的土壤，根本上要靠法规制度”④。这充分体现了党中央对反腐败制度建设的高度重视，织密“制度笼子”是推动权力运行制约和监督体系建设的重要条件。

党的十八大以来，党中央坚持依法治国和依规治党相统一，使党内法规与国家法律相协调衔接。一方面，坚持党领导人民制定宪法法律、执行宪法法律，党自身必须在宪法和法律内活动，真正做到党领导立法、保证执法、

---

① 中共中央文献研究院．十八大以来重要文献选编（上）［M］．北京：中央文献出版社，2014：135-136.

② 习近平．习近平谈治国理政（第一卷）［M］．北京：外文出版社，2014：391.

③ 中共中央纪律检查委员会，中共中央文献研究室．习近平关于党风廉政建设和反腐败斗争论述摘编［M］．北京：中央文献出版社，2015：125.

④ 中共中央文献研究室．习近平关于全面从严治党论述摘编［M］．北京：中央文献出版社，2016：187.

支持司法、带头守法；另一方面，与时俱进地深化党的反腐败制度建设，注重党内法规同国家法律的衔接和协调，不断把管党治党创新成果固化为法规制度，形成一体推进不敢腐、不能腐、不想腐的体制机制。坚持高标准和守底线相结合，依规治党与以德治党相统一。制定《中国共产党廉洁自律准则》，对全体党员干部廉洁从政、廉洁用权、廉洁修身、廉洁齐家树立了“高线”，有利于党员领导干部正确处理公与私、腐与廉、苦与乐的关系。修订党纪处分条例，“坚持纪严于法、纪在法前，把党章党规中的纪律要求具体化，明确政治纪律、组织纪律、廉洁纪律、群众纪律、工作纪律和生活纪律等”①，给党员干部划出“红线”、标出“雷区”、架起“高压线”，强化党员干部的制度意识、规矩意识、底线意识，明确什么事情能做、什么事情不能做、什么事情必须做，不断扎紧作风建设的制度笼子。

完善党内监督体系，修订《中国共产党党内监督条例》，“强化党委（党组）及其工作部门、纪委（纪检组）的监督责任，推动党内监督同民主党派监督、群众监督、舆论监督结合，完善监督体系”②。“把纠正‘四风’的要求融入新形势下党内政治生活若干准则、廉洁自律准则，写入党内监督条例、党纪处分条例、问责条例等党内法规，健全作风建设制度体系。”③ 2018年，《中华人民共和国监察法》由第十三届全国人民代表大会第一次会议通过。《中华人民共和国监察法》指出：“国家监察工作坚持标本兼治、综合治理，强化监督问责，严厉惩治腐败；深化改革、健全法治，有效制约和监督权力；加强法治教育和道德教育，弘扬中华优秀传统文化，构建不敢腐、不能腐、不想腐的长效机制。”④《中华人民共和国监察法》明确监察机关职责、监察范围、监察权限、监察程序、反腐败国际合作、对监察机关和监察

---

① 中共中央党史和文献研究院．十九大以来重要文献选编（上）［M］．北京：中央文献出版社，2019：71.

② 中共中央党史和文献研究院．十九大以来重要文献选编（上）［M］．北京：中央文献出版社，2019：60.

③ 中共中央党史和文献研究院．十九大以来重要文献选编（上）［M］．北京：中央文献出版社，2019：60.

④ 中共中央党史和文献研究院．十九大以来重要文献选编（上）［M］．北京：中央文献出版社，2019：370.

人员的监督等方面作出明确规定。“颁布实施《中国共产党纪律检查机关监督执纪工作规则》，审议批准《监察机关监督执法工作规定》，严格规范纪检监察机关执纪执法工作。”①

四、健全党和国家监督体系，巩固发展反腐败斗争压倒性态势

完善党和国家监督体系②，健全国家监察组织架构，推动双重领导体制具体化程序化制度化，形成全面覆盖国家机关及其公务员的国家监察体系。完善党内监督③体系，推动党委（党组）主体责任和纪委监委监督责任贯通联动、一体落实。完善纪律监督、监察监督、派驻监督、巡视监督统筹衔接制度，促进党内监督与人大监督、群众监督和舆论监督等监督体系贯通融合、协调协同。④ 巡视是党内监督的战略性制度安排，坚持纪严于法，发现管党治党宽松软，检查“四个意识”牢不牢、落实党的路线方针政策是否坚决，落实意识形态责任是否到位等问题。开展专项巡视巡察是惩治群众身边腐败，“加大对‘小官大贪’惩处力度，严肃查处贪污挪用、截留私分，优亲厚友、虚报冒领，‘雁过拔毛’、强占掠夺问题”⑤。推动纪检监察机构承担好“监督员”“观察员”和“裁判员”角色，查找、发现和解决问题，对

① 赵乐际．坚持和完善党和国家监督体系 为全面建成小康社会提供坚强保障［N］．人民日报，2020-02-25（3）．

② 注：完善党和国家监督体系，总要求是党统一领导、全面覆盖、权威高效，着力点是增强监督严肃性、协同性、有效性。统一领导，就是要强化主体责任，加强统筹协调，使监督工作在决策部署指挥、资源力量整合、措施手段运用上更加协同；全面覆盖，就是要坚持有形覆盖和有效覆盖相统一，抓好“关键少数”，带动整个监督体系更加严密、更加有效运转；权威高效，就是要科学设计体制机制，提升监督体系整体效能。

③ 注：强调“党内监督必须把纪律挺在前面，运用执纪监督‘四种形态’，经常开展批评与自我批评、约谈函询，让‘红红脸、出出汗’成为常态；党纪轻处分、组织调整成为违纪处理的大多数；党纪重处分、重大职称调整的成为少数；严重违纪涉嫌违法立案审查的成为极少数”。参见中共中央党史和文献研究院．十八大以来重要文献选编［M］．北京：中央文献出版社，2018：442.

④ 赵乐际．坚持和完善党和国家监督体系 为全面建成小康社会提供坚强保障［N］．人民日报，2020-02-25（3）．

⑤ 中共中央党史和文献研究院．十九大以来重要文献选编［M］．北京：中央文献出版社，2019：67.

违规违纪者毫不留情。

五、狠抓“四风”强化源头治理，净化党内政治生活

作风问题本质上是党性问题。一是作风建设是我们党密切联系群众、保持血脉力量的根本保证。正所谓“得众则得国，失众则失国”。坚持人民为中心的发展，坚持全心全意为人民服务，保持党和人民群众的血肉联系是中国共产党一以贯之的政治优势和优良传统。正如习近平总书记强调：“党与人民风雨同舟、生死与共，始终保持血肉联系，是党战胜一切困难和风险的根本保证。”① 二是党的作风是“晴雨表”。习近平总书记指出“党的作风是党的形象，是观察党群干群关系、人心向背的晴雨表”②，“作风问题必须抓长、长抓，扭住不放”③。习近平总书记进一步提出要从体制机制层面破题，实现作风建设的常态化，使作风建设真正能够落地生根，以作风建设实际成效取信于民。“干部心系群众、埋头苦干，群众就会赞许你、拥护你、追随你；干部不务实事④、骄奢淫逸，群众就会痛恨你、反对你、疏远你。”⑤ 三是不良作风是“无形的墙”。把不良作风比作“无形的墙”，会阻隔党与人民群众的血肉联系，习近平总书记强调：“如果不坚决纠正不良风气，任其发展下去，就会像一座无形的墙把我们党和人民群众隔开，我们党就会失去根

---

① 习近平．习近平谈治国理政（第一卷）［M］．北京：外文出版社，2017：40.

② 习近平．在庆祝中国共产党成立 95 周年大会上的讲话［N］．人民日报，2016-07-02.

③ 中共中央文献研究室．习近平关于全面从严治党论述摘编［M］．北京：中央文献出版社，2016：162.

④ 注：关于坚持求真务实的重要论述，关键是要理解求真务实的深刻内涵，就是求客观实际之真，务执政为民之实（求什么真、务什么实）；找准求真务实的主要途径，就是深化理论武装求真谛，深入调查研究重实际（怎么求真、怎么务实）；牢记求真务实的基本要求，就是狠抓工作落实动真格，加快浙江发展务实效（如何做到求真、做到务实）；达到求真务实的根本目的，就是高度关注民生系真情，坚持为民谋利出实招。通过大力弘扬求真务实精神，大兴求真务实之风。转引自习近平．之江新语［M］．杭州：浙江人民出版社，2007：29.

⑤ 习近平．在第十八届中央纪律检查委员会第二次全体会议上的讲话［N］．人民日报，2013-01-23.

基、失去血脉、失去力量。”① 不良作风是割裂党与群众血肉联系的最突出症结。解决不良作风问题的根本出路，是贯彻党的群众路线，“增强群众观念和群众感情，不断厚植党执政的群众基础”②。当前，我们正朝着实现中华民族伟大复兴中国梦的光明大道阔步前行，群众路线是我们革命年代克敌制胜的传家宝，也是改革开放新时期实现新目标迈向新征程的关键一招。

习近平总书记重视改进作风与防治腐败的密切关系，在深入调查研究基础上，对党内在作风建设上存在的突出问题，在党的多次重要会议、多个重要场合进行严肃批评。形式主义的特征是知行不一、不求实效，贪图虚名、弄虚作假。官僚主义的特征是脱离实际、脱离群众，唯我独尊、自我膨胀。官僚主义往往使得党员、干部在工作中推诿扯皮、弄权贪腐。享乐主义的特征是精神懈怠、不思进取，追名逐利、贪图享受、讲究排场等。奢靡之风的特征“主要是铺张浪费、挥霍无度，大兴土木、节庆泛滥，生活奢华、骄奢淫逸，甚至以权谋私、腐化堕落”③。习近平总书记强调，解决“四风”问题没有休止符，没有完成时。这是加强党的自身建设的规律，推动党的作风建设，就像一个肌体需要不断修复、治疗、锻炼一样，党内政治生活和主题教育活动也需要经常性、长期性开展。反对享乐主义、奢靡之风，“全面加强纪律建设，实现由‘惩治极少数’向‘管住大多数’拓展”④。坚持以党章为根本遵循，用严明的纪律维护党章权威，严肃党内政治生活，严明党的纪律建设，加强政治文化建设，打造风清气正的政治生态。以踏石留印、抓铁有痕的劲头抓常抓细抓长，使落实中央八项规定精神常态化、长效化，坚持“三严三实”，努力改进学风、工作作风、领导作风、干部生活作风等，以优良的党风政风引领社风民风，形成风清气正的政治生态和“崇廉贪耻”

① 中共中央文献研究室．习近平关于全面从严治党论述摘编［M］．北京：中央文献出版社，2016：148.

② 习近平．决胜全面建成小康社会 夺取新时代中国特色社会主义伟大胜利——在中国共产党第十九次全国代表大会上的报告［N］．人民日报，2017-10-18.

③ 中共中央纪律检查委员会，中共中央文献研究室．习近平关于党风廉政建设和反腐败斗争论述摘编［M］．北京：中央文献出版社，2015：16.

④ 中共中央党史和文献研究院．十九大以来重要文献选编［M］．北京：中央文献出版社，2019：64.

的社会氛围，不断深化标本兼治。

六、坚持打铁还需自身硬，建设忠诚干净担当的干部队伍

一是提高政治觉悟，强化政治担当。党的十八大以来，通过开展“三严三实”专题教育、“两学一做”学习教育、“不忘初心、牢记使命”主题教育活动等党性教育和主题实践活动，不断提升党员干部的理想信念和党性修养。二是坚持党管干部，做好干部培育、选拔、管理和使用工作。习近平总书记指出，“党要管党，首先是管好干部；从严治党，关键是从严治吏”①，坚持党管干部原则，坚持德才兼备、以德为先，整治选人用人上的不正之风，坚决纠正“劣币驱逐良币”的逆淘汰现象，培养选拔大批党和人民需要的信念坚定、为民服务、勤政务实、敢于担当、清正廉洁的好干部，从严从实加强纪检监察队伍建设，“及时打扫庭院、清理门户”②，坚决防止“灯下黑”。三是抓“关键少数”和管“绝大多数”相统一。抓住领导干部这个“关键少数”。党的十八大以来，针对一把手的监督仍然是薄弱环节的现状，针对当前干部监督存在的不足，习近平总书记深刻指出，“以严的标准要求干部、以严的措施管理干部、以严的纪律约束干部”③。以习近平同志为核心的党中央坚持正人先正己，要求党员领导干部特别是党的高级干部坚持率先垂范、以上率下，模范遵守党章党规，要明大德、守公德、严私德，做廉洁自律、廉洁用权、廉洁齐家的模范。同时，习近平总书记在强调加强完善对党员干部的监督制度体系的同时，又对广大党员提出普遍性要求，用严格教育、严明纪律管住“绝大多数”。贯彻惩前毖后、治病救人的方针，抓早抓小、防微杜渐，又要把热情关心和严格要求结合起来，坚持严管和厚爱结

① 习近平．在全国组织工作会议上的讲话［J］．党建研究，2013（8）：12.
② 习近平．在新的起点上深化国家监察体制改革［J］．求是，2019（5）：4-9.
③ 习近平．在党的群众路线教育实践活动总结大会上的讲话［N］．人民日报，2014-10-09（2）．

合、激励和约束并重，健全激励机制和容错纠错[1]机制，明辨“为公”还是“为私”，分清“无心”还是“有意”，判定“无禁”还是“严禁”，严格划分“失误、错误”与“违纪、违法”的界线，旗帜鲜明地为敢于担当的干部担当，为敢于负责的干部负责，最大限度调动干部的积极性，强化对权力运行制约和监督的体系化建设，努力实现政治效果、纪法效果、社会效果的有机统一。

① 注：建立健全容错纠错机制，宽容干部在改革创新中的失误错误，把干部在推进改革中因缺乏经验、先行先试出现的失误错误，同明知故犯的违纪违法行为区分开来；把尚无明确限制的探索性试验中的失误错误，同明令禁止后依然我行我素的违纪违法行为区分开来；把为推动发展的无意过失，同为谋取私利的违纪违法行为区分开来。引自中共中央办公厅印发《关于进一步激励广大干部新时代新担当新作为的意见》，2018 年 5 月 20 日。

第四章

权力运行制约和监督体系建设的时代境遇

改革开放以来，我国在建立权力运行制约和监督体系方面进行了积极的探索，也取得了一定的成效。有学者总结分析了2019年江苏廉政创新案例147份，涉及正风肃纪、廉政制度、政治生态、自我监督、监察体系改革、惩治“微腐败”和以廉政建设提升治理效能等方面的创新，包括迎合型创新（地方纪检监察系统根据上级要求和中央精神，在既有体制框架下作出一种上行下效式的创新性探索）、改造型创新（以上级部门指导意见为蓝本而作出的可控性探索，包括技术和文化创新）、自主型创新（行动主体根据自身意愿和能力围绕廉政建设作出的契合实际和自身需求探索）。其具有三个方面特征：以现有体制空间为母体、以着力提升治理效能为目标导向、以紧扣上级主旨要求为方略。其创新动力来自管党治党宏大方略的支持、公众的热切期许、政绩创造的驱使。相对而言，只有那些概念较为清晰、操作技术简捷、复制成本低廉、短期效果明显、推行阻力较低的案例才容易得到推广。[①] 但同时，与新时代坚持和发展中国特色社会主义相比，与推进“五位一体”总体布局和“四个全面”战略布局相比，与广大人民群众日益增长的美好生活需要相比，我国在权力运行制约和监督方面还存在不少问题：权力制约和监督制度执行力不健全，如权力监督与制约出现了权力过于集中，权力边界不清晰，职能机构独立性不足，分工制约不明确；法制不健全，障碍和漏洞较多，存在“牛栏关猫”现象，监督制约难以发挥应用功能；权力制约和监督主体的歧异化，如权力监督制约主体缺乏独立性、权力监督力量单一、不适应信息化社会发展需要等；权力制约和监督体系的碎裂化，如舆论监督机制的缺陷、权力运行中的不规范、教育机制的偏差、信息公开机制不完善、

① 陈朋．廉政创新的类型、特征及驱动力——基于多案例的实证分析［J］．内蒙古社会科学，2020（2）：17-25.

权力监督合力不强等，这从根本上影响了权力制约和监督效力，减少腐败存量、遏制腐败增量、重构政治生态的工作艰巨繁重。

第一节　权力运行制约和监督异化：多副面孔

异化是指主体发展到一定阶段分裂出自己的对立面，成为外在的异己力量。马克思分析商品经济社会中人与其劳动产品的关系时认为，“异化劳动使人自己的身体同人相异化，同样也使人之外的自然界相异化，使他的精神本质、他人的本质同人相异化”①。借用“异化”概念来分析权力腐败时，也同样具有重要的借鉴启示意义。当权力运行及其结果违背组织的共同目标和公共利益时，权力异化就产生了，权力异化来自权力运行中权力所有与权力使用的背离、职位与职责的背离、公益与私利的对立。权力运行的异化也表现为三个方面：权力“市场化”、权力“资本化”和权力“商品化”。

一是权力“市场化”。权力主体把权力融入市场之中，对社会资源进行分配，为自己和少数人谋利的高级表现形式。市场机制越是不健全，通过权力与市场融合“寻租”的空间就越大。二是权力“商品化”。权力主体直接把“权力”作为商品进行买卖，用来进行权物、权钱、权色、权权交易。“吃卡拿要”也是权力商品化的常见形式，索要的好处往往与所办事情的重要性密切相关，“一手交钱，一手办事”，不贿赂，休想办事。② 三是权力“资本化”。资本概念可以追溯到马克思，他分析了资本在商品生产、交换和消费过程中产生的那部分剩余价值，从资本家和劳动者的社会中生成，资本定义为期望在市场中获得回报的资源投资。资本既是对资源进行生产的生产过程结果，又是为了获取利润而进行资源交换的生产因子。林南认为随着社会发展，资本理论已经发展为新资本理论，修改和排除古典资本理论中的阶

① 马克思恩格斯选集（第一卷）［M］．北京：人民出版社，2012：57-58.

② 徐玉生，等．论权力监督的理论逻辑及其机制建构［J］．河南社会科学，2016（5）：22-29.

级解释，用包括人力资本、文化资本和社会资本的理论进行替代性解释。① 权力“资本化”是指掌权者把所掌握的权力作为资本来使用，为自己或他人谋取不当利益。权力“资本化”具体表现为经营型权力资本、信息型权力资本、执法型权力资本、职位效应型权力资本等形式，权力所有者利用手中的公共权力、掌握的信息、领导者的威望信誉等为个人谋取私利。权力进入市场扭曲了国家权力，损害了法律的权威性、公正性。一般认为，掌握公权力的权力主体身边主要有多种类型的人情伦理交往人群，如领导干部的亲戚朋友、同乡同学、同事等。“人情社会”的观念依然存在，遇到问题，首先想到的不是法，而是人情、关系、人脉。“反腐败必然要涉及具体的人，如果涉及自己的好友、同学、亲戚，是刚正不阿、铁面无私，还是手下留情，大事化小，小事化了?”② 在这样一种有亲缘关系、政商关系、经济关系、人情关系等多种社会关系交往的“差序格局”中，由于人情关系远近而容易影响公权力的正当运行，进而产生权力异化现象，不仅没能“正身律己”，反而溺爱子女、纵容家人，任其将职权当特权，拿公权换私利。③ 权力制约和监督异化呈现出来的权力市场化、权力资本化和权力商品化三种类型，在这一过程中，权力不再是为人民服务的手段，而异化为权力腐败者为自己和他人谋取私利的工具，在社会层面表现为多副“面孔”。

一、“家族”腐败

家在中国是极具伸缩性的单位，是一个极具中国传统文化特色的概念范畴。“‘家里的’可以指自己的太太一个人，‘家门’可以指伯叔侄子一大批，‘自家人’可以包罗任何要拉入自己的圈子。……自家人的范围是因时

---

① [美] 林南．社会资本——关于社会结构与行动的理论 [M]．张磊，译．上海：上海人民出版社，2004：3.

② 习近平．摆脱贫困 [M]．福州：福建人民出版社，1992：28.

③ 注：2019 年党的第十九届中央纪律检查委员会第四次全体会议上就指出，“深挖细查云光中、张茂才、努尔·白克力、钱引安、张琦等以权谋私、亲清不分的家族式腐败，严惩李士祥、白向群、靳绥东等官商勾结、甘于被‘围猎’的反面典型。”参见赵乐际．坚持和完善党和国家监督体系 为全面建成小康社会提供坚强保障 [N]．人民日报，2020-02-25（3）.

因地可伸缩的，大到数不清，真是天下可成一家。”① 既然家之范围有如此的伸缩性，那么人与人之间的关系也变得有伸缩性。从而，拉交情、攀关系便成为社会“潜规则”，为一些家族腐败滋生提供了温度。“莫用三爷，废职亡家”是清朝流行的一句谚语，强调不要对少爷、姑爷、舅爷这类亲人委以重任，否则可能导致丢官破家。习近平总书记强调：“党内绝不允许搞团团伙伙、结党营私、拉帮结派。”② 从一些落马领导干部案例和党的十八以来中央巡视组的巡视问题反馈来看，一些贪腐领导干部主政一方，不仅在前台大搞权钱交易，而且利用职权和职务影响为配偶、子女、亲属及特定关系人非法牟利，危害不可低估。

一是夫妻搭档型。夫妻组合是“标准搭配”，越来越多的案例显示，很多官员走上腐败道路都离不开“枕边人吹的耳旁邪风”，而妻子多充当“掮客”的角色，为官员丈夫与行贿者拉线搭桥。他们或出演“经纪人”，为丈夫权力代言，明目张胆与人谈判开价；或充当“批发商”，倒腾公共资源，进行权力寻租；或热衷“二人转”，丈夫前台倡廉，妻子后台受贿；或在一个岗位上领空饷，负责上传下达，为受贿打掩护，形成家族腐败集团。

二是父子联手型。主要表现为父子双双联手共同贪腐，手段通常有假借亲属之手遮蔽敛财、授意亲属经营空壳公司等。许多如“耀眼新星”般崛起的“儿子们”离不开其父的钱权铺路、运作“有方”，之后如“流星”般陨落也同样源自其父家风不正、“教子无方”。

三是家族共犯型。领导干部较多利用特定关系人敛财，呈现腐败家族化趋势，官员利用影响力为配偶、子女、亲属谋取私利，进行“曲线敛财”，形成一人当官“全家参与、全家受益”的腐败模式。“一人得道，鸡犬升天”观念仍然有较大市场。有些家属共同犯罪的腐败案件中，官员把手中的权力视为自家谋取私利的工具，千方百计为己、为家、为亲人谋利益，在家族内形成了一定的利益集团，最终的结局只能是“一人出事，全家坐牢”。

---

① 费孝通．乡土中国　生育制度［M］．北京：北京大学出版社，1998：25-26.

② 习近平．论坚持党对一切工作的领导［M］．北京：中央文献出版社，2019：89.

二、"送礼"腐败

礼物或送礼是一种维系人际亲近关系的情谊纽带和链接。作为人情交往与人情关系调节的纽带，礼物常常被包装成为普通的赠礼行为，礼物交换包含着"送礼""收礼"和"回礼"关系，形成一种独特的人情关系。当"送礼""收礼"和"回礼"这种正常的人情关系异化为多种利益关系和利益交换时就成为一种腐败行为。

第一，人情债偿还型。中国传统社会是一种人情社会，基于血缘、地缘关系之上的社会文化生活中存在着一张巨大的人情关系网，既有形又无形，逢年过节、婚丧嫁娶、乔迁之喜、生日纪念等，把党员干部群众都"网"在里面，你来我往，永无休止，还不清的人情债。在中国的社会关系（交换）中，人都不愿成为人情的负债者，欠别人"人情"比欠别人钱财在心理精神上造成的负担还要重，"人情债则难以计算，难清偿，此所谓'钱债好还、人情债难还'"①。因为欠了人情，则在社会关系上失去平衡，失去自己在人际来往上的独立性。正所谓"拿了人家的手短、吃了人家的嘴软"。不知不觉中便利用手中的公权力来偿还人情债，进而导致权力运行的失控。

第二，人情往来型。节日喜庆、婚丧嫁娶本是传统习俗，亲朋好友"随份子"、送礼物、送红包等也在情理之中。很多行为和风气也与"面子文化"有关，如初次打交道得送"见面礼"等。然而，"人情往来"已经成为部分党员干部有意无意模糊人情往来、节日风俗习惯，进而放松了对自己的要求趁机敛财的借口。一些地方、一些官员，正是利用这些人之常情而心安"礼"得，不管是逢年过节的登门拜访还是婚丧嫁娶时的迎来送往，某些人有意或无意地模糊了正常人际交往与腐败行为之间的边界，假人情之名而行腐败之实，变相行贿受贿，借此混淆视听、逃避制裁，让"人情观念"成为滋生贪腐的土壤，"人情观念"逐渐演变成"人情腐败"。"人情腐败"如果得不到及时有效的解决，长期累积就会给群众带来人情观念的错误引导，滋生社会不良风气，严重降低政府在群众心中的公信力。

---

① 杨国枢．中国人的心理［M］．北京：中国人民大学出版社，2012：72.

三、"圈子"腐败

第一，"腐败窝案"型。腐败依然如同顽疾一样存在着，有其深刻的思想根源与实践基础，根子就在于官本位思想，在于腐败交换。"一是腐败行动者寻求庇护者；二是腐败行动者通过与邻近者进行腐败交换，实现利益共享，形成腐败共同体。"① 可见，腐败行动者需要寻求庇护者、同化临近者，形成利益共同体，最为突出的表现就是所谓的"圈子文化"，"有的干部信奉拉帮结派的'圈子文化'，整天琢磨拉关系、找门路"②，"他们玩弄权术，不加限制；位尊势重，官官相护甚至赃银满贯。这些贪官不仅自谋其政，而且早已物色后继人选，有的更是割据一方。他们自身为所欲为，却百般阻挠他人获益。在其位、敛其财，尽其权，此等甜头不言而喻"③。一些拥有权力的人的生活圈、交往圈、娱乐圈逐渐形成一种所谓的内部人圈子，如站台撑腰的"干亲圈"、政商互通的"微信圈"、相互提携的"老乡圈"、任人唯亲的"酒局圈"、虚荣世俗的"球友圈"等形形色色的小圈子，或拉帮结派，或滥用公权，或官商勾结，违反政治规矩和政治纪律，为谋取个人私利编织利益同盟。"你有圈子，我有圈子，大家竞相找圈子、入圈子、织圈子，把人际关系搞得越来越庸俗。"④ 如果任由这种不良文化蔓延扩散，就会出现"劣币驱逐良币"的现象。那么就容易出现，一些领导干部就按照传统人情关系，有意编织经营这些圈子以"兜售"资源，一些有所图的人则绞尽脑汁

---

① 陈国权，等．权力制约监督论［M］．杭州：浙江大学出版社，2013：272.

② 中央文献研究室．十八大以来重要文献选编（上）［M］．北京：中央文献出版社，2014：769-770.

③ ［美］杰拉尔德·E. 凯登，［加］O·P. 德威维迪，［美］约瑟夫·捷波朗．腐败：权利与制约［M］．王云燕，译．北京：人民日报出版社，2017：3.

④ 中共中央纪律检查委员会，中共中央文献研究室．习近平关于党风廉政建设和反腐败斗争论述摘编［M］．北京：中央文献出版社，2015：81-82.

挤入、运作各类圈子①。因为亲疏有别，故往往任人唯亲、结党营私，亲信近侍更容易获得晋升的优待和便利条件，从而违背党的组织路线，导致裙带主义、家族政治、小圈子政治等的风行，容易形成腐败窝案；等级制，往往导致权力过于集中和家长制作风，亦导致官员自由裁量空间太大，容易形成人身依附关系，包庇纵容，沆瀣一气，从而形成贪腐集团和腐败窝案。

从查处的案件来看，一些党员领导干部贪污腐化，大搞权钱交易、权色交易、权权交易，利益关系错综复杂，形成拉帮结派、官商勾结的“共腐关系圈”。一些领导干部以个人喜恶、亲疏关系组织圈内朋友一起吃饭、打牌、唱歌等形成“娱乐圈”，一些领导干部以中层领导或骨干人员为主要成员形成管理“项目圈”，一些领导干部以多名女性为主要成员形成“情人圈”，一些领导干部以老板、企业人员为成员形成“生意圈”。他们“唯圈”的同时唯利是图，圈子里的人给予提拔重用，更有甚者搞官商勾结、上下勾连，腐败问题与政治问题相互渗透，严重危害党的领导和团结。为此，习近平总书记在中纪委十八届五次全会上郑重指出，“党内绝不允许搞团团伙伙、结党营私、拉帮结派，搞了就是违反政治纪律”②。

第二，“腐败进贡”型。交往群体是那些经常有社会联系或比较亲近的人们。在圈子群体中，礼物则成为在上者对在下者的一种强迫和强制性要求，最典型的表述就是“进贡”。“人情腐败”主要发生在“圈子群体”而不是“交际群体”的社会关系中。收礼的是“手握要权”的人物，送礼的是他的下属或有求于他的人们，加入他代表的那个特殊圈子群体里去，成为那个“圈子”里的人。有学者分析省级党委书记腐败案例时就分析了这种表现

① 注：2020年5月6日，中央纪委国家监委发布《苏洪波案警示：政治掮客的真实面目》一文对云南政治掮客苏洪波进行了大起底。苏洪波善于钻营和投机，善于察言观色，善交际，会忽悠，是典型的政治投机倒把者。苏洪波一靠“计谋”圈住高级干部，二靠高级干部为其站台撑面子，三靠高级干部的所谓青睐吸引其他干部靠近他，四靠组成自己的官商圈子。苏洪波“谋财”，白恩培、秦光荣之流谋求政治资本和自身利益，与苏洪波形成所谓的“共鸣”。这样，一个“怪圈”就形成了，各怀鬼胎，各取利益。“上船、搭桥”，多方利益交织在一起。他通过充当政治掮客，捞取政治资本，把政治资本和政治外衣转化为攫取经济利益的资本。

② 习近平．关于严明党的纪律和规矩论述摘编［M］．北京：中央文献出版社，2015：25-26.

为官商勾结的腐败类型，“经不起纷繁的利益诱惑，甘愿和商人勾肩搭背、称兄道弟，权力与资本迅速结成腐败利益同盟”①。

第三，政商关系异化型。这种异化的政商关系实际上就是政府部门权力在掌权者与市场主体互动关系中疏通。从查处的案件来看，政商关系异化在矿产开发、土地出让、工程建设、行政审批、药品采购等资金量大、利润丰厚的领域不同程度存在。中央纪委巡视组问题反馈材料当中就暴露出问题的严峻性。第3轮中央巡视河南的问题反馈中就提道：“一些领导干部官商勾结，权钱交易，插手土地转让、工程招投标等收受贿赂问题比较严重。”第4轮中央巡视黑龙江的问题反馈提出：“一些领导干部官商勾结，权钱权色交易问题较为突出。”第4轮中央巡视江苏的问题反馈提出：“一些领导干部与老板之间保持相对稳定的关系圈子，进行封闭式权钱交易。”第5轮央巡视中国联通的问题反馈指出：“有的领导和关键岗位人员利用职权与承包商、供应商内外勾结，搞权钱、权色交易。”同时，在简政放权中的“红顶中介”现象也时有发生。中介组织利用从政府部门获得的权力寻租资源和权力资本，充当市场主体疏通关系的掮客，存在“借政府牌子、戴市场帽子、收企业票子、供官员位子”等现象。如2015年中央巡视交通运输部、农业部时就指出：一些单位政企不分、政事不分、事企不分，层层经商办实体，为小团队谋利；近年来一些公职人员“辞职下海”后，利用之前权力的影响力搞利益输送的变相腐败行为；一些行政审批领域“红顶中介”、迂回型权钱交易等权力寻租等。可见，官商结成利益共同体和政商圈子容易产生权力寻租、权钱交易、权色交易等腐败行为。针对官商勾结的政商关系异化现象，习近平总书记强调“官商”交往要有道，要保持“清亲”政商关系，而不要勾肩搭背、不分彼此，要划出公私分明的界限。

四、“苍蝇式”腐败

需要指出的是，基层党员干部队伍总体是好的，是靠得住、有战斗力的群

① 何旗．一把手腐败与政治生态污染及其修复［J］．理论探索，2020（1）：68-78.

体，应站在客观公正的辩证立场，既要防止对基层干部①的“污名化”现象，也要对基层干部存在的“蝇贪”问题引起警惕。“对基层干部中存在的问题，我们要高度重视，既要加强教育引导，又要强化监督管理，决不能姑息损害群众利益的事。”② 从腐败行为视角来看，基层“苍蝇式”腐败脸谱肖像呈现出直面基层群众、发生领域范围广、与民争利、危害严重等典型特征。

第一，权力主体：直接面向基层群众。基层党员干部承担着联系群众服务群众的职责，是贯彻落实中央和省市委决策部署基层的实践者、推动者和落实者，责任重要，使命重大。从基层腐败行为主体看，包括基层公务员、事业单位工作人员以及“合同制”“聘用制度”“临时工”、村干部等群体，特别是乡镇党政机关工作人员、村级“两委”干部、村民小组长、会计等。从表面上看，基层腐败问题似乎呈现出涉及的党员干部职位低、触及的利益小、“情节较轻”等特点，但实质上“苍蝇”每天扑面，具有覆盖面广、涉及人数多、数量大、距离近等特点。基层“苍蝇式”腐败发生的概率和频率远远超过“打老虎”案件数量，基层干部腐败案例在数量上占据了绝大比重。李辉基于7000个司法裁判文书数据的实证分析也发现：“从总量大小来看，基层腐败的严重程度可见一斑，村干部们经常是集体贪污、骗取国家的补偿、救济、扶贫、开发等项目筹款，且这一问题已经成为影响基层政治稳定的核心问题，亟待解决。”③

第二，发生领域：群众切身利益领域。从腐败领域看，“苍蝇式”腐败与基层群众利益密切相关。“苍蝇式”腐败行为主体尽管权力不大，但覆盖

---

① 注：基层就是基础。基层组织是党的全部工作和战斗力的基础。正是依靠广泛的基层组织，党有了坚实的基础，形成一个团结统一的整体；也正是依靠党的基层组织，党能够深深地扎根于人民群众之中，顺利地实现党的领导。党的基层组织是党联系群众的桥梁和纽带。……广大基层干部是做好基层工作的骨干力量。党和国家的各项方针政策和工作部署……最终要靠广大基层干部团结带领群众去贯彻和实施，人民群众的经济、政治、文化利益也要靠广大基层干部组织引导群众去实现。基层干部离群众最近，群众看我们党，首先就看基层干部。基层是加强党的执政能力建设的基础。参见习近平．之江新语［M］．杭州：浙江人民出版社，2007：111.

② 习近平．之江新语［M］．杭州：浙江人民出版社，2007：90.

③ 李辉．腐败的两幅面孔：基于7000个司法裁判文书数据的描述分析［J］．理论与改革，2017（5）：39-41.

基层人事管理、工程建设、拆迁补偿、土地流转、教育医疗等方面，涉及规划、林业、农业、环境保护、征地拆迁、民政等多个领域。基层腐败高发领域主要集中于农林牧副渔、社保与劳动人事、土地房产规划等领域，有的人在涉农扶贫领域以权谋私，骗取侵占土地拆迁补偿款、虚报冒领、截留私分、优亲厚友；有的人在农村集体“三资”管理、土地征收、扶贫资金、惠农资金等方面搞权力寻租、失职渎职，在发案环节主要集中于审批立项、补贴发放、检查验收、基建招标等。群众对“近在眼前”嗡嗡乱飞的“蝇贪”感受更为真切，他们往往从切身感受来感知党和政府廉政治理实效，因而直接而显著地影响他们对政府清廉感知和清廉程度评价，进而影响对党和政府的认可与同意，因而要加大群众身边腐败问题的治理力度。

第三，腐败形式：滥用公权谋取私利。主要有以下几种典型形式：一是不讲政治。违反政治纪律，工作纪律，不按程序、不守规矩，拉票贿选破坏基层选举、任人唯亲破坏选人用人之风、弄虚作假欺上瞒下、插手干预基层治理和市场活动等。二是小官巨贪。有的人凭借手中权力，利用职务之便贪污侵占、行贿受贿、虚报冒领、截留挪用、优亲厚友等；有的人相互勾结、团伙作案，大肆侵吞扶贫补贴和资金。三是生活腐化。主要表现为挥霍浪费、吃拿卡要，寻求高档消费、热衷迷信、参与赌博、权色交易等。四是作风专横。主要表现为形式主义、官僚主义、命令主义严重，脱离群众，存在强占掠夺、涉黑涉恶充当“保护伞”等行为。五是失职渎职。在一些基层执法、监管、公共服务等窗口行业和领域，推诿扯皮、履职不到位；有的公开收受贿赂、玩忽职守、放弃职责。六是“两面人”问题。“两面人”① 表现为当面说一套做一套，对上一套对下一套；台上大谈廉洁，台下大搞腐败；

---

① 注：习近平总书记总结分析“两面人”问题，“有的修身不真修、信仰不真信，很会伪装，喜欢表演作秀，表时不一、欺上瞒下，说一套、做一套，台上一套、台下一套，当面一套、背后一套，手腕高得很；有的公开场合要党员、干部坚定理想信念，背地里自己不敬苍生敬鬼神，笃信风水、迷信‘大师’；有的口头上表态坚定不移反腐败，背地里对涉及领导干部的问题线索不追问、不报告；有的张口‘廉洁’、闭口‘清正’，私底下却疯狂敛财。这种口是心非的‘两面人’，对党和人民事业危害很大，必须及时把他们辨别出来、清除出去。”参见习近平．论坚持党对一切工作的领导［M］．北京：中央文献出版社，2019：125.

台上五湖四海，台下拉帮结派；人前高举党章谈信仰，人后暗供佛龛拜鬼神；表态多调门高，行动少落实差；人前马列主义，人后阴谋诡计等。一方面，他们表现为地方经济社会发展的带头人、政府公权力的代表者、代理人等角色；另一方面却表现为滥用公权力，有的张口“廉洁”、闭口“清正”，私底下却是公权私用、以权谋私、以公济私。文宏等也通过实证分析了乡镇街道一把手“两面人”的行为特点：“工作中的能人形象与生活中堕落行为并存，职务行为公开透明与贪腐行为复杂隐蔽对应、依法行政的基本要求与权力使用任性的落差。”① 因此，要将言行不一、知行不一的“两面人”及时辨别出来，从党和领导干部队伍中清除出去，认清其本质和危害，维护党内政治生态。

第四，行为影响：危害严重贻害无穷。基层行政执法人员作为基层政府的代表，一旦不能公正执法而以权谋私，就会给基层经济社会发展带来破坏性影响，也容易产生民愤。从腐败行为结果来看，基层官员处于权力运行的“最后一公里”，其行为与形象直面基层人民群众。“蝇贪”在群众当中造成的负面影响往往也更加恶劣，直接损害了党执政的群众基础和公信力，极易影响基层群众反腐败获得感。李辉等运用实证分析方法分析强调：“要改善民众对政府腐败和反腐败行为的主观态度，提升获得感，仅仅靠舆论和宣传是不够的，也不能寄希望于打‘大老虎’的影响效应，有效治理群众生活中腐败才是其中的关键。”② 群众身边腐败问题解决不好，“蝇贪”不彻底清除，势必污染社会清风正气，也损害党和政府的形象，辜负的是人民的希望和期待，甚至动摇党组织基层战斗堡垒的地位和作用，动摇党的建设伟大工程，其危害“猛于虎”。

① 文宏，杜菲菲．镇街一把手腐败行为的演化机理与治理对策［J］．湘潭大学学报（哲学社会科学版），2017（5）：29-34.

② 李辉，孟天广．腐败经历与腐败感知：基于调查实验与直接提问的双重检验［J］．社会，2017（6）：194-214.

第二节 权力运行制约和监督困境：控权失灵

从权力腐败与权力主体、权力运行、公私利益三个维度，分析权力制约和监督的影响因素，即涉及权力主体心理、权力运行监督制约失衡、利益失调（权力资本化或资本权力化）。从对权力制约和监督的制度设计和控权理念来看，控权失灵的原因是基于以“权力”为指向的权力控制与制约的传统控权模式。在这个模式下，从委托代理理论和博弈论的基本原理可知，权力主体是权力运行的内部人，而监督主体是权力运行的外部人，那么在权力运行中由于权力主体的“内部人控制”使得监督主体在与权力主体之间的监督制约关系博弈中处于劣势，容易“控权失灵”。

一、权力运行制约和监督的制度困境

（一）制度执行存在“稻草人”现象

习近平总书记强调：“我们的制度不少……不要让它们形同虚设，成为‘稻草人’，形成‘破窗效应’。”① 因此，既要做好扎紧制度的笼子，还要注重笼子的“栅栏”缝隙是否合理以及笼子的“大门”是否关好。制度形成后不是仅仅挂在墙上、写在纸上，“要狠抓制度执行，扎牢制度篱笆，真正让铁规发力、让禁令生威。”② 制度的生命在于执行，既要防止出现“牛栏关猫”的现象，也要让制度成为牢不可破、不可碰触的硬约束，而不是“留暗门”“开天窗”，流于形式的“橡皮筋”“稻草人”。制度执行人“不”执行、“乱”执行。有的领导干部把制度当“摆设”，满足于照转、照抄、照搬，以

---

① 中共中央纪律检查委员会，中共中央文献研究室．习近平关于党风廉政建设和反腐败斗争论述摘编［M］．北京：中央文献出版社，2015：128.

② 中共中央纪律检查委员会，中共中央文献研究室．习近平关于党风廉政建设和反腐败斗争论述摘编［M］．北京：中央文献出版社，2015：127.

形式主义应付，停留于喊在嘴上、写在纸上、贴在墙上，而未在抓落实①、求实效上下功夫。有的领导干部为了迎合或满足某种需要，说假话、讲大话、喊空话，满足于“一文二会三总结”，甚至弄虚作假、欺上瞒下。如同在冰上开车一样，轮子在转，车却不往前走的“空转”现象。有的领导干部搞“变通”，把制度变个“法子”执行，遇到“棘手”问题，就绕开制度走，搞专题会议进行“集体研究”，实则乱了制度、坏了制度、荒了制度，制度形同虚设。

（二）权力运行制约和监督制度效益不高②

在制度执行性考察方面的严谨性、系统性、科学性、合法性考验，领导带头还停留在口头。“恰如南街村王洪彬所清醒地认识到那样：集体企业赚到的钱，如何保证落到集体手中，而不流入私人腰包，这不仅仅是一个规章制度的问题，更是一个集体主义的思想文化建设的大问题。”③ 一是部分制度体系质量不高。一些反腐制度出台没有经过深入调研论证，甚至出现抄袭拼凑、形式主义和随意应付等问题，导致制度质量不高，要么有漏洞，要么执行操作有难度。二是制度执行主体积极性④不高。市场经济固有的功利主义力量与集体主义的集体利益的张力失衡导致出现权力主体的形式主义应付或认同贯彻不足。实际工作中一些领导干部受现实利益驱动，认为执行制度会损害其既得利益，对制度执行缺少主动性和积极性。三是制度执行监督的乏

① 注：必须把抓落实摆上重要位置，做到落实、落实、再落实。抓好落实，我们的事业就能充满生机；不抓落实，再好的蓝图也是空中楼阁。正确的战略需要正确的战术来落实和执行，落实才能出成绩，执行才能见实效。做任何一项工作，我们不能浅尝辄止、虎头蛇尾，而要真抓实干，善作善成。抓而不成，不如不抓。转引自习近平．之江新语［M］．杭州：浙江人民出版社，2007：32-88.

② 侯勇．健全惩治和预防腐败体系［J］．群众，2014（1）：56-57.

③ 曹锦清．黄河岸边的中国［M］．上海：上海文艺出版社，2001：151.

④ 注：从监督主体看，有的干部或专职监督人员缺乏责任感，监督意识薄弱，不主动监督；有的民主意识、法制意识不强，业务不熟，不会监督；有的自身建设不过硬，借口保护干部，不敢监督；有的“老好人”思想作祟，加之“告密者”不能得到有效保护，不愿监督。从监督客体看，有的干部自我监督缺位，认为自己觉悟高，业务精，能力强，不会出差错，不需要监督；有的权力观错位，怕监督之下权力“玩不转”，不愿意接受监督；有的干部认识模糊，认为监督是组织上对他不信任，甚至认为是某某人和他过不去，不让监督，害怕监督。

力。一些地方部门对权力运行制约和监督制度执行的监督检查大都依靠开会、听汇报等形式，监督实效和监督反馈不足，导致制度执行与制度反腐权威的弱化，严重制约制度反腐功能发挥。由于制度体系制定过程中，存在多元治理主体，容易出现在政策与法律层面、中央与地方层面的“断裂”，影响制度执行效率。四是廉洁制度执行主体积极性缺乏。实际工作中一些领导干部受现实利益驱动，认为执行制度会损害其既得利益，对制度执行缺少主动性和积极性。五是权力运行风险的规避。一方面，伴随着政府治理改革，上级政府通过自上而下的权力下放、职能转移和服务外包来分解基层社会治理任务，基层承担的政治责任、行政责任、法律责任、道德责任、生态责任等直接和间接责任增多，逐渐形成了“避责”行为空间。另一方面，规避心理产生的规避行为。一些领导干部具有权力集中、权威强的特点，在治理决策上具有“拍板”的权力，熟悉权力运作的规章制度，能够利用手中自由裁量权和利益共同体，规避相关风险。如刘纪舟总结分析指出，“有的官员在受贿的同时，以‘拒’和‘退’为挡箭牌；有的官员通过转账、洗钱手段；有的官员通过‘打借条’的方法敛财；有的通过兼职投资入股；有的通过身份证造假；有的通过与中介组织的规避渠道”①，实施规避，为贪腐行为滋生创造条件。

（三）权力运行制约和监督制度权威弱化

不论身处何种群体，都会存在错综复杂的关系，同学、老乡、战友、校友等，各行各业几乎都有熟人或者是熟人的朋友。一些制度在执行过程中，容易出现因为抹不开人情面子而帮忙疏通关系弱化制度约束，甚至是灵活利用制度的弹性为熟人谋取利益。② 在此情况下，正常的制度自然得不到应有

---

① 刘纪舟. 落马贪官的腐败心理——腐败心理学研究［M］. 北京：中央党校出版社，2013：124-125.

② 注：“市场”瓦解“集体”采取的方法：其一是直接将集体成员从集体内部拉出来，成为市场经济内追逐个人利益的独立自主的个人；其二是依然处在集体一家内，但在观念与行为方式上已被“市场”所揪出，从而在集体内利用集体组织与资产谋求个人利益的最大化。这便是在国有企业、各集体企业内普遍发生的以权谋私、损公肥私的“腐败行为”。参见曹锦清. 黄河边的中国［M］. 上海：上海文艺出版社，2001：144.

的重视，制度的执行就要打折扣。“关键少数”在政策执行中表现出来“执行的形式主义、选择性从严、扭曲中央精神、层层加码、压制党内民主、脱离群众”① 等问题症结，导致“执行表面化、执行局部化、执行异化、执行自反化”等问题。加之当前制度建设还不够完善，很多地方还存在制度漏洞或制度冲突，容易出现制度信任危机，缺乏对法规制度应有的敬畏之心。在制度查处方面，对执行不严格甚至违反制度的行为，有的睁只眼闭只眼，有的能瞒则瞒，能捂则捂，有的大事化小，小事化了，最终不了了之。当对那些违反制度的腐败行为当惩不惩、该严不严，有亲有疏、有严有松时，制度之上有特权、制度面前有例外，制度的尊严荡然无存，执行更是走走过场。因此，要树立“制度面前没有特权、制度约束没有例外、破坏制度即触网、遵守制度就是保护自己”的心理理念，保持廉洁心理和廉洁自律，提升制度反腐的主体心理作用机制水平。

二、权力运行制约和监督的组织困境

廉政组织体系是指与权力运行制约和监督体系相关的组织机构建设，包括专门的监督机构和廉政反腐机构。综观世界各国的廉政组织，大致可分为四种主要设置模式②：一是在行政系统内部设置专门的行政监察机构。世界上大多数国家如日本、美国、英国等均采取这种做法。传统司法、行政机构保留原有的重要权力和合法地位，而新增的机构则用于弥补缺陷、弱点以及新出现的腐败机会。行政系统内部设置的监察机构，本身隶属于行政系统，拥有较大的行政职权，容易形成政府既当运动员，又当裁判员的局面，使得“官官相护”与廉政建设的矛盾再次凸显。二是监察审计合一的机构。公务人员的贪污腐败问题一般都会涉及“权钱”问题，因而查办此类案件需要以财务审计作为支撑。一些国家便成立了集行政监察与财务审计功能于一体的廉政组织，如韩国、波兰、墨西哥等。三是行政监察专员制度。监察专员通常由议会选举产生或由国家元首直接任命，在实际运作中拥有较高的地位和

① 郭建文．全面从严治党政策执行阻滞研究——对基层“关键少数”的执行分析［J］．贵州社会科学，2018（10）：30-37.

② 孔祥仁．国际反腐败随笔［M］．北京：中国方正出版社，2003：313-329.

较大的权力。监察专员一般由熟谙法律和行政管理理论和实践的社会精英人士担任，如退休大法官、大律师等。总体而言，行政监察专员制度包括三个方面的内容：调查政府机构的不良行政；监察行政行为；监察政府机构和官员。四是专门的反腐倡廉机构。单一的廉政组织并不意味着将所有的反腐败职责都集中到一个单一机构中，而是将一系列重要权力、职责以及资源置于一个机构中，从而创设一个强大、集权式的机构，以发挥其在反腐败中的主导性作用。这个单一的廉政组织仍然需要与其他享有反腐败管辖权的机构协调合作，包括法院、检察院以及很有可能受腐败影响的行政部门展开合作。关于廉政组织的职责，不同性质的国家赋予廉政组织的职责也会有相对的差异。有的国家侧重于预防腐败，有的国家的廉政组织享有完全的侦查权，如埃及的行政监察署。而有的国家的廉政权力更大，如马来西亚的国家反贪污局。虽然各国廉政组织在权力上存在差异，但是其基本职能却是大同小异。廉政组织应集“预防和惩治”职能于一体，既包含司法机关的性质，也具备行政机关的属性，应当赋予廉政组织尚德崇廉筑牢“不愿腐”的思想防线；制度保廉建设“不能腐”的制度体系；监督警示形成“不敢腐”的体制机制。

（一）作风建设问题频发

党的十八大以来，在以习近平同志为核心的党中央系统推进权力运行制约和监督体系建设，不敢腐的目标初步实现，不能腐的笼子越扎越紧，不想腐的堤坝正在构筑，反腐败斗争压倒性胜利已经形成并得到不断巩固。但与此同时，党中央也清醒地认识到冰冻三尺非一日之寒，反腐败斗争不可能一蹴而就、毕其功于一役，必须持之以恒、常抓不懈。政治生态恶化①是权力运行制约和监督失衡的重要呈现。在判断我国现阶段党风廉政建设和反腐败斗争形势时，习近平总书记指出：“滋生腐败的土壤依然存在，党风廉政建

① 注：政治生态恶化典型形式包括“不跑不送，原地不动”的潜规则、“拼搏不如拼爹”的特权现象、“琢磨事不如琢磨人”的投机钻营、“干的不如看的”的论资排辈、“做事不如作秀”的形式主义、“摆平就是摆水平”的伪稳定、“多栽花少栽刺”的好人主义、“劣币驱逐良币”的逆淘汰以及“不怕犯事只怕‘出事’的地方保护主义”等。参见庄德水．反腐新常态［M］．北京：中共中央党校出版社，2016：18.

设和反腐败斗争依然复杂严峻。”① 习近平总书记的三个“依然”客观准确地反映出我国当前反腐败斗争的现状，从历年查处的案件数据来看，既体现出了反腐败斗争战绩显赫，也反映出了当前腐败问题的严峻性和深入推进反腐斗争的必要性和紧迫性。具体而言，当前反腐败斗争面临现实问题的原因主要体现在以下几个方面：第一，部分领导干部精神“缺钙”，党性修养有待加强。正如习近平总书记所强调的那样：“一个人能否廉洁自律，最大的诱惑是自己，最难战胜的敌人也是自己。”② 党的十八大以来，经过中央八项规定的严格约束，以为民务实清廉为主要内容的党的群众路线教育实践活动和“三严三实”专题教育的洗礼，党员干部的工作作风得到明显改善。应当值得肯定的是，党和国家的大多数干部在理想信念上是坚定可靠的，但仍有部分干部没有做到严于律己、严以修身，在精神上“缺钙”，得了“软骨病”，堕落为腐败分子走向党和人民的对立面。有的干部怀着“当官当老爷”的心态，对群众呼声麻木不仁、无动于衷，日常生活上挥霍无度、沉迷享乐，在工作过程中飞扬跋扈、独断专行，官僚主义、形式主义严重。有的干部道德败坏，党性尽失，抵挡不住外界诱惑，过不了权力关、金钱关、美色关。在反腐败高压下仍不收手，抱有侥幸心理，把权力当成谋取个人私利的工具，变本加厉地收钱敛财，一门心思只想着当官发财。甚至于官商勾结，不择手段地大肆侵吞国家公共财产，大搞权钱交易，还纵容家属敛财，呈现出“窝案”“家族式”的腐败。还有的干部精神懈怠、不思进取，在思想信仰上不信马克思主义信鬼神，本着不求有功但求无过、无私者无畏的消极心态成为庸官糊涂官。为政之要，莫先于用人。“党的干部是党和国家事业的中坚力量”③，应当德才兼备，秉公用权，心中时刻想着国家和人民，做到为党尽职、为国忠诚、为民造福。然而一些干部共产主义信仰缺失，党性意识淡化，忘记了自己当初入党的誓言和工作的使命，早已是腐化透顶不堪为

① 中共中央纪律检查委员会，中共中央文献研究室．习近平关于党风廉政建设和反腐败斗争论述摘编［M］．北京：中央文献出版社，2015：13.

② 中共中央文献研究室．习近平关于全面从严治党论述摘编［M］．北京：中央文献出版社，2016：181.

③ 习近平．决胜全面建成小康社会 夺取新时代中国特色社会主义伟大胜利——在中国共产党第十九次全国代表大会上的报告［M］．北京：人民出版社，2017：64.

用，成为当前反腐败斗争依然严峻的一个重要原因。

（二）组织运行障碍

权力运行范围涉及面广量大，涵盖所辖区域的组织协调、决策指挥、社会稳定和服务管理的职责，领导干部具备管事、管钱、管物的行政权力，在缺乏监督制约时很容易使一些领导干部和工作人员滋长“家长制”作风，导致权力滥用，容易出现滥用职权。就权力制约和监督调研结果来看，往往出现监管不到位、不全面的“失灵”困境。特别是传统反腐败监督制约体制机制依赖于自上而下的政治权力，组织动员能力强，覆盖到自上而下的政府治理层级，但在权力自上而下的运行过程中，刚性的政治权力传导到基层时，容易出现一些制度失灵的现象，具体表现为“上级监督乏力、内部监督失灵、下级监督太难”的困境。

第一，上级监督乏力。基层监察体制存在监督执纪力量分散、监察范围过窄、纪法衔接不畅等问题导致基层公权力运行不规范，公开运行不到位等问题，导致上级常态化监督乏力。上对下的监督有权威，监督力量、监督渠道较多，但缺乏组织协调和力量整合，“自上而下的监督执纪问责力度越强，则地方党委政府对上负责意识越强，与此同时对当地民众负责的责任意识偏弱”①，合力形成受到影响。同时，又因为操作过程中被监督对象地域差异、主体差异、事项繁杂，上级对下级监督的上位监督向下延伸不到位，“自上而下的监督包括巡视监督往往是一种事后监督和惩治，无法在事前和事中对一把手腐败发挥预防和监督作用”②。

第二，内部监督失灵。基层公权力部门是党治国理政、提供公共服务、社会治理的基层战斗堡垒，是服务群众、服务基层的前沿阵地。一些地方纪委对同级党委监督难，有的纪检监察干部对监督执纪畏首畏尾，有的纪检监察干部办案能力不行，以案谋私却很有一套。有的基层党组织软弱涣散，有的基层同级纪委监督主动发现违纪问题线索并上报的较少，有些基层纪委甚

① 何增科．中国政治监督 40 年来的变迁、成绩与问题［J］．中国人民大学学报，2018（4）：32-42.

② 何增科．中国政治监督 40 年来的变迁、成绩与问题［J］．中国人民大学学报，2018（4）：32-42.

至存在瞒案不报、大案小报的情况，容易出现“上级管得着但不一定看得见，本单位看得见但又管不了”的现象。同时，基层纪检机关存在资产、人事、业务归上级部门管理，办公经费、办公场地由所在部门提供，党组织关系属地管理，处在“双重监管”之下。也容易在实际工作中出现“管得住、看不到”和“看得见、管不好”的“双不奏效”问题。“对一把手的约束主要是一种‘柔性约束’和‘自我约束’，相关监督主体不敢监督或不能监督。”① 在人员配备方面，由于基层一级纪委体制问题，人员配备严重不足，一般配置纪委书记和监察室主任 2 人，且兼职较多，当面临繁重的党风廉政建设和反腐败任务，人员少、能力弱、不会监督、不敢监督等问题凸显，基层执纪监督工作偏软。同时，加之基层执法难度高，执行力量薄弱、执法人员素质参差不齐，执法监督滞后等问题影响基层权力运行的监管。因此，要深化改革，从“四面出击”转变到“术业专攻”，聚焦主业，强化自我净化、自我监督，提升纪检监察机关干部自身素质。

第三，下级监督太难。一是执纪监督队伍稳定性较弱。城乡二元结构下的工业化和城市化的推进，一定程度上造成基层特别是基层党组织的弱化和社会组织的乏力，造成基层组织整合和组织运转力量削弱。一些基层选用配备纪检监察干部规范性不够，干部频繁调动，人员流动性大，影响了基层纪委工作的连续性。二是专业化培训不多，基层纪检监察干部主要是参加纪检监察岗位初任培训，参加系统化的纪检监察业务培训较少，业务水平与新形势新任务的要求不相适应，特别是对“三转”后如何加强监督执纪问责等业务研究不深、掌握不准，这极大影响权力监督制约的效果。从群众监督具体实际状况来看，随着我国经济的不断发展，城乡之间呈现出较大的差距，许多基层地区的青壮年劳动力流向城市工作，导致基层地区多是留守妇女儿童和老人。一方面这些留守人员对基层干部的监管能力较弱；另一方面一些基层干部贪污款项不多的情况下，基层群众往往会选择沉默纵容的态度，不愿去监管，这样就更加助长了因权力制约和监督失位而产生腐败的嚣张气焰。

---

① 何增科．中国政治监督 40 年来的变迁、成绩与问题［J］．中国人民大学学报，2018（4）：32-42.

（三）责任落实失位

当前党风廉政责任制紧密落实，党风廉政建设责任追究配套制度正紧锣密鼓地启动执行，根据党章制定《中国共产党问责条例》明确问责情形："党的领导弱化、党的建设缺失、全面从严治党不力，在维护党的政治纪律、组织纪律、廉洁纪律、群众纪律、工作纪律、生活纪律不力，推进党风廉政建设和反腐败工作不坚决、不扎实等失职失责情况。"① 这对推进全面从严治党和加强党的建设具有重要意义，有利于强化党风廉政建设责任主体的责任意识，推进形成全面从严治党依法依纪治党氛围。但同时，一些地方和单位的党风廉政责任追究存在着不到位、不严格、不落实等亟待解决的问题。

第一，"启动保障"之难，即党风廉政建设责任追究的启动配套保障的困难。在调查访谈中，发现"启动保障"困难主要表现在以下几个方面：一是党风廉政责任追究启动配套之难。从当前中央到地方自上而下的党内法规和文件精神所建构的党风廉政建设追责制度体系来看，责任清单、追责范围、追责形式等已有明确制度规定，但制度启动程序、启动动力、启动主体意愿等制度化运转如何落实生效有待实践进一步深化。二是党风廉政建设主体责任清单、领导责任清单、监督责任清单、问题清单需要进一步从操作层面明确。需要进一步细化担责具体情形，明确追责操作流程，在由谁来负责，明确有哪些责任、怎么履行责任、不履行需要承担哪些后果方面需要明确到可操作层面。追责、定责的技术规范与认定，部门细则、权力清单、负面清单需要进一步精致化科学化。如制度规定中："党委（党组）受到通报批评以上责任追究的，应同时追究同级纪委（纪检组）的责任；纪委（纪检组）受到通报批评以上责任追究的，应同时追究同级党委（党组）的责任。"这就涉及两个方面的问题：谁来追究同级纪委（纪检组）的责任、同级党委（党组）的责任的问题；解决了谁来追究的问题后，紧接着是追究责任主体如同级纪委（纪检组）、同级党委（党组）的责任追究形式的问题。三是党风廉政建设责任追究侧重于事后追究。对违反党风廉政建设主体责任、监督

---

① 中共中央党史和文献研究院．十八大以来重要文献选编［M］．北京：中央文献出版社，2018：363.

责任和领导责任的行为情形作出和确定了明确的责任规定、责任追究方式，也对从轻、减轻或者免于追究责任情形作出了说明，但对党风廉政责任建设责任制落实到位的责任情形、正面清单和鼓励形式却没有提及。

第二，“追责执行”之难，即贯彻落实党风廉政责任追究问责程序、操作机理存在困难。当前，在党风廉政建设责任追究程序机理上，存在以下问题：一是责任追究执行的运作机理难。在当前廉政责任清单制度自上而下普遍建立的背景下，责任追究更重要的是领导干部要具有责任意识，一把手领导干部的执行、推动难。责任主体不清，表面为党政之间、正副职之间、各层级之间事前责任如何区分、事后如何问责等问责客体模糊，缺乏明确规定和合理规则。二是党风廉政责任程序存在形式主义现象。责任追究操作化程序、责任状签订流于形式，层层照搬，仅仅落实了层层签订这一形式，而签订者对责任书的内容根本没有做到了然于心，更谈不上执行。三是责任追究内容和形式有待进一步充实和具体化。陈国权等从法律文本角度分析认为，完整的追责制度应包括问责的法理依据、问责原则、问责对象、问责发起、问责启动、问责主体、责任划分、责任标准、问责程序、追究方式、问责救济等部分。① 在责任追究程序设计方面还有待进一步明确。如责任追究的主体及其职责等方面存在着职责不明，仍然局限于上级对下级的问责、专门机关对行政人员“同体”问责，缺乏“异体问责”主体有效介入。对追究党纪政纪责任的要求过于笼统、坚持原则，缺乏硬性和操作性强的规定。四是责任追究的方式难执行，由于受干部管理权限制约，在责任追究中就出现“上级有权因不知情该追究的没有追究、本级无权知情想追究的不能追究”的尴尬局面。一些垂直管理部门的责任治理是责任追究的真空地带，受人情关系等复杂因素的影响，在责任追究上出现上宽下严、追下不追上等情况。五是责任追究制度被泛化容易出现“无所不用”现象。问责范围不明确，责任追究无所不包，把党风廉政建设责任追究当成一个“筐”，有些明明不是党风廉政建设方面的问题，却硬要按党风廉政建设责任制的追究条款去套。如秸秆焚烧，环保，消防安全，党建责任等在基层显得责任重大，使得责任承担

① 陈国权，等．权力制约监督论［M］．杭州：浙江大学出版社，2013：110.

风险剧增，影响干部担当的积极性。

第三，“考核反馈”之难，即党风廉政责任追究由谁来评价、谁来监督考核的困难。监督考核反馈难主要表现在以下几个方面：一是形式主义考核减损党风廉政责任追究规训效应。一些党组织负责人贯彻落实党风廉政责任制，满足于开会传达、领导讲话、签责任书等“样板”动作，习惯于开会部署、台账检查、考核评估等传统工作模式，缺乏经常性的“事中”的督导、检查、考核，致使责任制落实流于形式。二是责任制考核评价体系有待完善。指标体系设计偏重于管理考核规则形成对应分值的考核思路，缺乏具体量化标准和指标体系，对日常监督管理等方面的约束有限。三是党风廉政建设责任追究考核结果的运用反馈操作执行难。如制度明确规定：“领导干部责任追究情况，按照干部管理权限及时送交组织人事部门，存入人事档案，作为管理使用干部的重要依据。”这里涉及信息沟通与协同治理的问题，及时送交组织人事部门的“及时”又显得比较模糊，谁来送、谁来接的具体的职能业务部门也没有明确，容易导致廉政责任追究信息反馈与干部职务晋升、评先选优、选拔任用存在“两张皮”现象。四是责任追究缺乏外部监督力量与平台。党风廉政责任考核主体存在“既当裁判员又当运动员”的困境，社会评价机制不够健全，还没有形成一种“失责必追责、违规即追究”的内在驱动机制，过于依赖媒体和舆论的外在驱动。人大、政协监督力量、群众监督、舆论监督力量发挥不足，削弱了党风廉政建设责任制的效力。要建立社会大众进行道德谴责的主体地位，建立“道德谴责、评估、追责”的有效运作和保障机制，鼓励廉洁、警醒和惩戒腐败。

问责追责执行过程中落细、落实不到位容易给“腐败”发生预留通道。基层贯彻落实党风廉政责任制，制定“两个责任”实施意见，大都参照上级文件制定，但结合具体实际不够、责任内容不细，存在操作执行难等问题。一是问责情形认定不够具体。对问责情形的描述过于笼统、模糊，如“造成重大损失或恶劣影响的重大事故、事件、案件”等，追责情形不够严密，导致问责追责的标准弹性过大，容易受不同决策领导意志影响，影响责任追究的严肃性、长期性和约束力。二是问责的方式不够明确。有关问责的方式规定过于抽象和原则性，没有细化，在基层实际操作中对一些未完成党纪政纪处分和组织处理的情况，只能给予批评教育、诫勉谈话、书面检查，具体由谁去实施、如何实施、在哪些范围内实施等方面需要进一步说明，责任追究触发机制缺乏刚性。在问责主体的回避、问责人员的组成、听证程序、审核程序、被问责人员的申辩程序和被问责人申诉复议程序等方面需要进一步精细化。三是履责能力不专。基层纪检监察干部队伍专业性不够强，懂财会、法律、经济的专业人才缺乏。一些乡镇纪委干部不同程度地兼管组织、宣传、综治、农村、政协、统战、工青妇等工作，兼职过多，精力分散，本应承担的主责主业受到影响。有的纪检监察工作人员从大学生村官、国有企业借用而来，专业基础相对薄弱，影响问责的效果和问责的严肃性。

三、权力运行制约和监督的文化困境

（一）特权思想对权力制约和监督的僭越

特权是超越法律和制度规范的特殊权力和特殊利益，具有权力占有和享受的私人性和随意性特征，特权助长权力腐败、破坏社会风气、恶化党群关系，是社会的毒瘤。邓小平言简意赅地指出，特权“就是政治上经济上在法律和制度之外的权利”①。中国的封建专制主义思想深深植根于中国传统文化精神之中，其影响深远。如果认为社会主义制度的建立就是在一夜之间消灭了特权的思想，在现阶段再也寻不到特权的踪迹，那就错了，可以说在许多人的头脑中，特权思想的幽灵尚在徘徊，它时刻在寻找着肆行腐败的机会，公权力不能私用。贺雪峰在谈到人民公社时期生产队长权力的公共性时指出，“人民公社时期生产队长权力的公共性及所有生产队社员都知道生产队长的权力不是他个人的私权力，而只是为人民服务的权力，且所有社员都可以质疑生产队长的权力行为，可以公开批评，可以辩论，及可以与生产队长乃至与上级派下来的工作组长吵架，所以生产队长的权力不能私用，也不得私用”②。改革开放以后，随着工作重心的转移，又出现了邓小平批评的“埋头经济工作，忽视思想工作的倾向”，致使特权思想、等级观念、宗法观

① 邓小平文选（第二卷）［M］．北京：人民出版社，1994：332.

② 贺雪峰．乡村社会关键词［M］．济南：山东人民出版社，2010：170.

念、官僚主义、迷信陋俗等封建糟粕又沉渣泛起，影响公权力正常运行。正如习近平总书记强调，“反腐倡廉建设，必须反对特权思想、特权现象”，“要采取得力措施，坚决反对和克服特权思想、特权现象”①。

（二）“人情关系”对权力制约和监督的消解

由于历史传统人情、面子、关系等因素影响，人情化社会结构与权力规范运行存在张力，“关系”社会文化对权力制约的刚性制度规约有解构影响。“作为一名政府官员，理应按照公务所要求、所规定的行为规则办事，但作为一名亲情关系网络中的村民，又习惯于按照血缘亲疏与感情深浅作出有差别的处理。这两种行为原则交织在一起，且往往是人情关系战胜公务关系，从而造成有法不依、执法不严的内在原因。把源于村落的人情关系从政治法律过程中逐渐排除出去，确实是中国地方政治现代化的中心内容之一。”② 中国社会关系运行由此延伸出来人情、面子与权力运作等。黄光国提出的“人情与面子”的理论模型将互动的双方界定为“请托者”及“资源支配者”。在权力主体个人可能拥有的“情感性关系，混合性关系和工具性关系”三大类人际关系中，权力运行可能存在“人情困境”。正如费孝通先生在分析传统中国社会关系提出的“差序格局”范畴时，就提出人们常常用不同的标准来对待和自己关系不同的人。在针对家庭本位的一项调查③中，对“哪一种伦理关系对社会秩序和个人生活最具根本性意义”的提问，三次调查结果显示，在“家庭血缘关系”“个人与社会的关系”“个人与国家民族的关系”三个选项中，家庭血缘关系、个人与社会关系、个人与国家民族的关系排序完全相同，分别处于第一、第二、第三的序位，“家庭血缘关系”居于绝对优先地位，这是现代中国的文化共相。家族本位被当作中国传统文化的根基，家庭依然是最坚固的文化堡垒。近年来被查处的腐败官员的行为，大都牵涉其家人。家人参与腐败的方式主要有三种：“一是作为收受贿赂直接对象；二是作为牵线人，充当中间人的角色，利用亲属官员的权势积极寻找

① 习近平．习近平谈治国理政（第一卷）［M］．北京：外文出版社，2014：388.

② 曹锦清．黄河岸边的中国［M］．上海：上海文艺出版社，2001：454.

③ 樊浩．伦理道德现代转型的文化轨迹及其精神图像［J］．哲学研究，2015（1）：106-113.

‘客户’；三是借用亲属官员的职权为自己经商等牟利。”[①]“关系”可以取代制度，一些本应作为制度性的功能可以让位给“关系”来运转，迎来送往、请客送礼、应酬打点、八面玲珑、溜须拍马、拉帮结伙、处心积虑、阳奉阴违、钩心斗角等，当然也有同舟共济、雪中送炭、侠肝义胆、感恩戴德、荣辱与共等。人与人之间的人情往来有作为人际交往社会需要的一面，符合人们的生活习惯和社会习俗，但也有拉拢腐蚀国家干部，引起腐败行为发生的可能。因此，要实事求是地对人情往来进行制度规约，自觉把请客送礼等人情往来控制在制度允许的范围之内。

（三）“圈子”文化减损权力制约和监督功能

由于社会分工日益细化和复杂，人们会从其生活的世界中分化出各种不同的社会系统，形成种类繁多且充满复杂性的场域空间。为了争取资源，在每一个场域里都有资源的支配者与被支配者，即权力运行中的权力主体与客体。作为社会成员，虽然各自在其生活世界的不同场域进行不同性质的社会实践和交往活动，可是，由于行动者的意图结构可以扩张和转移，不同行动者的意图结构也可以彼此重复，而形成他们之间的集体意识；各个场域内的权力结构或组织方式，也会彼此勾串，互相搭挂，造成社会中场域的同质性和同源性。“理解中国传统的核心，其实有两个字已经标示出来了，那就是‘国家’。它只有在中国语境中才能被准确地解读。脱离中国语境，无法理解。国者，中央集权的官僚国家，家就是小农家户，国与家之间没有任何的中间界限。古代社会最核心的伦理道德价值都是建立在‘家’基础上的，‘三纲’作为国家法律的基本原则，其中有两项建立在家的基础上，一项同家有紧密联系，没有一个民族会如此紧密地把伦理关系和法律关系建立在家庭伦理的基础上。”[②] 随着传统社会向现代社会转型，人们从其生活的世界中分化出各种不同的社会系统，结合成形形色色的社会组织和社会关系，当权力主体用自己所掌控的资源和代表其他群体的他者进行社会交往和利益关系协调时，这样就容易产生权力腐败行为。“为什么在基层‘官场’中，不仅

---

① 斯阳．反腐倡廉新思考——制度·科技·文化［M］．北京：法律出版社，2014：41.

② 曹锦清．如何研究中国［M］．上海：上海人民出版社，2010：52.

下属为了获得稀缺的升迁机会而‘站队’、进‘小圈子’，领导也‘不得不’主动拉拢下属，与之建立‘私’的关系网络。上级为了把工作做好，仅靠正式命令和‘播动’，可能还不够，还需要有‘私’的交情，才能让下属‘真心实意、百分之百尽力’去完成任务。也即，上级为了‘公’而发展‘私’。”① 较之于拟制亲属关系，跟有信任基础的同学、战友，甚至围绕某个大老板而形成的共同利益关系，也是官场中的官员们维系派系的重要机制。

四、权力运行制约和监督的主体困境

（一）权力主体的“平庸之恶”

阿伦特解释艾希曼之“罪恶的浮浅性”时，提出“平庸之恶”的概念。阿伦特所说的“思维的匮乏”中思维是一种活动，这种思维的作用是“揭露一切未经审问明辨之意见的偏颇，继而铲除了那些我们习以为常，而且经常顽冥不化之价值、学说、教条，甚至是信念的偏执迷妄”②。另一方面，思维活动亦酝酿出良知，这种良知是道德情感，让人们在当下的行动处理中能立即分辨善恶、对错。可见，不思考的人为恶称之为平庸之恶，源自思想的匮乏，失去了主观判断，在盲目中失去了理性，失去了明辨是非的能力，思想的匮乏贫瘠陷入盲从信仰的假象之中，如井底之蛙认为自己生活在最大的世界一样，陷入一种思维匮乏的无知当中。计划经济向市场经济转型过程中，市场经济的功利主义思潮对权力主体产生影响，使得廉洁教育、制度、组织等影响因素都出现了一些问题，贪腐行为虽然被认为是一种恶，但在一些领域一些空间里却被认为是一种“成功”，诸如“一人得道，鸡犬升天”意识、“笑贫不笑娼”等。贪腐之恶裹挟在市场经济之中深入现代化进程不受限制地扩散。“当恶行没有令人心生懊悔，当恶行犯下之后旋即被忘却，这时，

① 谭同学．双面人：转型乡村中的人生、欲望与社会心态［M］．北京：社会科学文献出版社，2016：231.

② ［美］汉娜·阿伦特．反抗“平庸之恶”［M］．陈联营，译．上海：上海人民出版社，2014：8.

它就是不受限制的。"① 虽然个体不一定能抵制但可以预防恶行、拒绝恶不被恶行所引诱。党的十八大以来，查处惩治了一大批贪污受贿人员，这些贪腐行为主体就存在这样一种恶的平庸性，内心的良知理性的匮乏缺位，内在的自律慎独被遏制遮蔽，因而新时期廉政建设不仅仅停留在权力的制约和监督上，还要更进一步解决"人"这个权力腐败的主体性问题，不仅仅停留于教育教化，而要对权力主体进行廉洁自觉的启蒙，对利用公权力谋取私利的恶进行反省批判，将外在教育教化与自我反思自我批判结合起来，达到廉洁自觉。倪星对利益关联时和行动选择时腐败容忍度进行大数据分析认为，"腐败在本质上是对公共利益与公共权力的侵蚀，倘若作为公共权力所有者和委托人的社会公众倾向于容忍腐败，对腐败对象视而不见、不以为然，不愿意采取行动去反对腐败，那么即使政府层面的反腐力度再大，也很难彻底根除腐败"②。事实上根治腐败，既需要对公共权力主体手中掌握的公权力进行制约和监督，也需要来自社会公众的力量制约和监督，还需要权力主体的廉洁自觉。只有公众都坚持严格自律、不参与腐败，从内心排斥腐败，不容忍腐败，才能形成廉洁的政治文化氛围，增加潜在腐败者的法律风险和道德成本，进而铲除滋生腐败的土壤。

（二）权力主体内心良知遮蔽心态失衡

社会转型与结构调整带来社会心理的震荡与人们价值观念的调整变化。一方面，经济在计划经济体制向市场经济体制转型过程中，经济行为不规范，法制不健全，管理上还存在很多漏洞。一些党政领导干部轻视自我教育、党性教育，放弃了自我思想文化的改造提高，采取形式主义应付的态度，摆花架子走过场，不在抵制各种腐朽文化的侵蚀上下功夫。一些人追求物质利益的积极性被刺激发挥，西方资产阶级自由化思潮泛滥，出现了否定或贬低大公无私、公而忘私、情操高尚的英雄模范人物的现象，影响社会道德评价价值认知、思想是非和道德标准。在这些不良社会思潮和社会现象的

---

① ［美］汉娜·阿伦特．反抗"平庸之恶"［M］．陈联营，译．上海：上海人民出版社，2014：23.

② 倪星．利益关联、行动选择与公众的腐败容忍度——基于G省的实证分析［J］．武汉大学学报（哲学社会科学版），2017（4）：118-127.

影响之下，就出现了一些心理不平衡者，谓之曰：“他能富，我为什么不能?”先或有些心惊肉跳，而后便是坦然取利。一旦唯利是图的思想占据了他们的头脑，贪婪便张开了巨口，权力腐败就这样产生了。有学者分析腐败心理走向腐败行为过程中涉及的心理状态时指出有“铤而走险心理、忘乎所以心理、伪装心理、紧张害怕心理、决心中止心理、负罪心理等”①。因而，权力主体要注意保持上进心、正义心、责任心、自尊心，清醒地认识自私心、虚荣心、嫉妒心的危险，树立正确的权力观、地位观、利益观。另一方面，商品经济的各种经济法则，如利益法则、竞争法则等，会引起人与人、人与社会交往关系的变化以及生活方式的变化等。旧的价值观念、道德体系、行为模式被解构而新的道德观念和价值观念体系尚未形成，加之多种社会思潮影响，使得廉洁文化的主导力和整合力出现一定程度的淡化和弱化。一些领导干部在价值观上发生了扭曲，进而蜕变成一种完全的利己主义观念、拜金主义、享乐主义、极端个人主义、金钱交换，不择手段地获取个人私利，成为他们的价值选择和价值取向。因此，要加强对权力主体心理因素的关注与心理调适，唤醒权力主体内心的良知。

第三节　权力运行制约和监督“失灵”的发生机理

权力腐败发生是控权失灵的结果。从权力腐败行为发生机理来看，腐败行为涉及权力主体、公共权力和利益三个范畴。当权力主体利用公共权力谋取个人私利时权力腐败行为便已发生，当权力主体利用公共权力谋取公共利益时，不能称之曰腐败行为。马克思主义强调“人”是一切社会生产活动的根本要素，而决定“人”行为的种种因素中，内因才是决定性、根本性的。长期以来的反腐败实践往往聚焦于“权”而忽视了“人”，导致诸多设计精良的控权措施并没有发挥预期的效果，利益冲突无法调适与治愈。有学者将腐败成因主要划分为激励因素与机构因素。同时，个人道德感在其中也必然

① 刘纪舟．落马贪官的腐败心理——腐败心理学研究［M］．北京：中央党校出版社，2013：156-168.

起着一定作用。腐败发生源于三方面因素的共同作用：特定情境下的激励因素（收入、权力垄断、自由裁量、缺少问责）、影响范围覆盖全社会的机构（政治结构、法律框架、法治意识、文化观念）以及个人道德感。① 因而，从掌握权力的"人"这个主体出发，分析权力制约和监督"失灵"的发生机理，就显得尤为重要。

一、"人"：权力主体之"恶"

马克思主义对人性的认识也并不否认人性恶的一面。"人来源于动物界这一事实已经决定人永远不能完全摆脱兽性，所以问题永远只能在于摆脱得多些或少些，在于兽性或人性的程度上的差异。"② 列宁也曾指出："各政党各阶级的任何代表，作为个人是可能犯错误的。"③ 处于权力关系中的权力主体容易受到人性之恶、人情之私、人伦之别等主体性因素影响，进而影响公共权力的正当运行，产生寻租或设租行为。权力失去制约必然会导致权力滥用和权力腐败，而要防止权力滥用就必须让权力得到制约和监督。

（一）"人性"影响权力制约和监督

公权力运行既受外部权力运行制约机制的影响，又受权力主体个人意志的作用影响。当公权力行使者总是有意识或无意识地把私人目标、个人好恶、个人意志和愿望渗透到权力行为中，使权力运行背离了组织的公共目标和集体利益。"腐败产生于任何机会和心理倾向并存的地方"，"通过有效的预防、执法、威慑和问责机制，可将'高回报、低风险'的状况变为'低回报、高风险'，因此可减少腐败的心理倾向"④。理想信念是共产党人精神上的"钙"，理想信念不坚定就会党性修养缺失，就会精神上缺钙。时间一长，他们就"只讲金钱，不讲信仰；只要实惠，不要主义；只说套话，不办实事"，丢掉理想，忘掉信念。针对领导干部理想信念和党性修养问题，习近

---

① ［美］苏珊·罗丝-阿克曼，［美］邦妮·J. 帕利夫卡．腐败与政府［M］．郑澜，译．北京：中信出版社，2018：29.

② 马克思恩格斯选集（第三卷）［M］．北京：人民出版社，2012：478.

③ 列宁全集（第十六卷）［M］．北京：人民出版社，2017：331.

④ ［新西兰］杰瑞米·波普．制约腐败——建构国家廉政体系［M］．清华大学公共管理学院廉政研究室，译．北京：中国方正出版社，2002：18.

平总书记强调“坚定理想信念，坚守共产党人精神追求，始终是共产党人安身立命的根本”①，这明确了理想信念在共产党人生存发展中的根本作用。然而，随着社会转型与体制转轨带来社会心理的震荡与人们价值观念的调整变化，一些党政领导干部理想信念动摇，片面地认识和理解党的路线、方针、政策，把经济建设这一中心工作当成唯一工作，轻视自我教育、接受教育和抓思想文化教育工作，在对待上级党组织提出的开展防腐拒变的思想文化建设的问题上，对自己采取关门主义的态度，拒绝接受洗礼，放弃了自我教育的改造提高；对党组织安排的理论学习采取形式主义的态度，摆花架子走过场，不从根本上提高自身思想政治觉悟和党性修养水平，不在抵制各种腐朽文化的侵蚀上下功夫。其结果是思想防线虚弱，文化免疫力下降，导致政治上变质、经济上贪婪、道德上堕落、生活上腐化，堕入“贪权、贪财、贪色”的深渊。同时，市场经济盛行的各种诸如利益法则、竞争法则、等价交换法则等，会引起人们追求目标和利益动机的变化，进而触发权力主体的心理动机和欲望，影响人们之间社会交往关系和生活方式的变化等。

1. 权力主体的心理动机影响

权力主体的行为具有可控性，既包括外在力量的控制，又包括主体内在的自我控制。改革开放以来，党员干部思想队伍建设数量和质量不断提升，受功利主义、个人主义等多元思潮影响，也在一定程度上出现了贪污腐败问题，贪污腐败的出现从某种程度上而言就是党员领导干部忘记了公权力应有的属性，公私越界，将私利置于公利之上，不能正确处理公与私的关系，缺乏正确的是非观、义利观、权力观。在社会关系互动过程中，出现了权钱交易、权色交易、权权交易等腐败行为，其共同的特征就是利用公共权力谋取个人私利。腐败机会既促使腐败动机转化为实际腐败行为，也会强化权力主体的腐败动机。权力主体在运用公权力的过程中，腐败心理一旦产生，就容易影响和决定权力主体的外在行为。权力腐败的产生依据“需要—欲望—动机—行为—结果”的心理轨迹，腐败心理受主体欲望、腐败认知、腐败条件和腐败动机等客观事物或事情影响触发后产生腐败行为。当然也存在一些公

① 中共中央文献研究室．习近平关于全面从严治党论述摘编［M］．北京：中央文献出版社，2016：57.

权力主体的腐败心理制约，即是否实施腐败行为，受到权力主体对其行为的理性判断、情绪意志、心理状态等多元因素影响：如果腐败机会成本小于腐败收益，就有可能放弃腐败行为的实施；如果腐败机会成本大于腐败收益，则会推动腐败动机实现腐败行为。要分析权力主体人性趋利避害的心理动机，加强腐败惩治的威慑阻断，"扩大追惩范围，将腐败的剥夺效应扩及至腐败受益的主体，剥夺腐败的一切收益可能"①，加强教育警示的正面引导作用，可以有效促进腐败心理不良动机的良性转化。

行使公共职权的人面临着以权谋私的诱惑，如果没有外在他律或内在自律，那么在权力运行过程中，权力主体就可能在一些合适时机完成腐败行为。这里面就涉及腐败动机②和腐败机会成本的双重影响问题。即主要受权力主体内在的心理动机的影响。斯密分析利己主义原则时指出，"在人类社会这个大棋盘上每个棋子都有它自己的行动原则"③。人的不健康心理主要表现为：自私贪婪、虚荣攀比、猜疑嫉妒、悲观自卑、吝啬狭隘、偏执自负、孤独恐惧、懒散犹豫、逆反报复等④。权力腐败行为主体心理主要有"侥幸心理、失衡补偿心理、从众心理、投机心理、弄权心理、造福子孙思想、享乐心理"⑤ 等，影响权力主体行使公共权力。一是贪婪心理。贪可以解释为人的需要，爱财曰贪，爱食曰婪，体现该类需要不合理，有鱼和熊掌不可兼得的冲突。权力腐败分子对权力毫无敬畏之心，不知边界，听不进别人的意见，凭借手中的权力，随心所欲，追名逐利，实现权力利益化、利益最大化，滥用职权、贪污受贿，最终走上违法犯罪之路。我们常说的官德，就是

---

① 魏昌东．腐败治理体系法治化发展的一般原理［J］．南京大学学报，2020（3）：92-104.

② 注：权力主体实施腐败行为的精神刺激、心理动力等。如权力主体较高政治社会地位与其他从业者之间的收入差距、取得重大成绩之时、临近退休之际、亲友圈子影响、突发事件等是诱发腐败动机的因素。其中最根本的是世界观、人生观、价值观、权力观等出现了问题。

③ ［英］亚当·斯密．道德情操论［M］．蒋自强，朱钟棣，钦北愚，等译．北京：商务印书馆，1997：303.

④ 刘纪舟．落马贪官的腐败心理——腐败心理学研究［M］．北京：中央党校出版社，2013：24-26.

⑤ 苏满满．腐败心理预防论［M］．北京：中国方正出版社，2015：16-20.

"为官之德"，作为一名官员、行政人员应当遵守的道德规范，具有依法执行公务的法律义务以及严于律己、尽职尽责的伦理责任。然而，腐败分子由于个体的贪婪，不仅没有恪尽职守，反而中饱私囊、假公济私、以权谋私，割裂利己与利他的一致性，以满足自身需要作为行使权力的回报，利用公权力谋私，不仅违法也违反了职业道德，必将受到法律的制裁与伦理道德的唾弃。二是法不责众的侥幸心理。由于集体腐败牵涉面积大，案情复杂，查处存在更大的难度，腐败窝案这些年频繁爆发出来。究其根源，在"法不责众"思维定式的惯性支配下，一个群体内部，容易形成互相关照、互相利用、互相掩护、分享腐败所得的生存机制，进而产生群体性腐败或"塌方式"腐败。当然，党的职能部门如纪检、宣传、组织部门里的一部分理想信念淡薄的人也容易遭到侵蚀，走上违法犯罪的道路。因而要对这些"从众"和存在法不责众的侥幸心理者进行严肃惩罚，使之不敢腐。三是心理失衡的"补偿"心理。马皑等关于心理失衡原因的总结有以下几类：（1）认为自己的付出与收益不成正比；（2）社会比较特别是自己生活圈子能力不及自己的人都比自己风光，曾得到自己帮助的人反而发财致富的时候，原本淡定的心态失去平衡；（3）感受到边缘化，能够承受赞美与荣誉，却无法面对批评与挫折。有的腐败分子心理失衡，与民争利，围绕小团体、个人利益做文章，平时想的不是老百姓的难处、难事，而是个人的好处，权钱交易，贪赃枉法，损害群众利益。有学者指出："当物质财富成为判断人生成败的重要标准，收入增长速度远不及欲望增长；当诚意、正心之类的价值被当作奚落、鄙夷的对象，有意识的人格消失得无影无踪，意志和辨别力也不复存在。"①这就导致一些党员干部在对待人与物的关系的心态发生变化，世界观、人生观和权力观、政绩观发生了偏差，"吃亏""补偿"的心理最终取代了全心全意为人民服务的理念，从而容易产生贪腐行为。当然，还有"寒门巨贪"等论调，认为从小苦日子过怕了，内心对富裕生活有向往，将贪腐归结于痛恨贫穷，而试图获得理解从而放弃灵魂深处的反省。历史与现实证明，唯有权力主体注重理想信念修炼，将内在自律与执政为民统一起来，才能抵制外部

① ［法］古斯塔夫·勒庞．乌合之众：大众心理研究［M］．冯克利，译．北京：中央编译出版社，2004：33.

诱惑和主体欲望的“围剿”。

2. 人性的集体无意识对权力运行的影响

阿伦特在分析“思维的匮乏”时提出“平庸之恶”的概念，认为思维是一种“人之自我反思”活动，思维活动亦酝酿出良知，这种良知是道德情感。“当恶行没有令人心生懊悔，当恶行犯下之后旋即被忘却，这时，它就是不受限制的。”① 在权力运行过程中，存在多元利益主体，当其中一些利益主体存在这种“平庸之恶”观念时，就容易对显而易见的贪腐行为不加遏止甚至直接参与。一是权力主体的思想认知因素。由于社会因素和主体心理因素权力主体存在着对廉洁从政的一种“思维匮乏”，缺乏对“廉荣贪耻”价值观念的正确认知，缺乏对贪腐行为的自我反思、自我反省、自我管理。一些基层干部学历学识相对较低，主体素养不足，他们在思想上存在误区，“认为自己掌点小权，平时干不了大事，平时行个职务之便，吃点收点或捞点，既上不了纲，又触不了法，最多算生活小节”②。因为不注重自身思想锤炼和道德修养，久而久之就会自律意识弱化，法纪观念淡薄，从而在思想作风、工作作风上严重脱离群众，进而出现官僚主义、主观主义、命令主义等，损害人民群众利益。二是公众舆论沉默失位。大众容易将自己作为一个“看客”，对腐败行为一方面持咬牙切齿的愤怒之感；另一方面对一些腐败行为却持有一种观望态度，等着看其他人怎么做、怎么评价，却不愿意去实际参与或是作为一分子去参加反对权力腐败的行动，秉持“事不关己，高高挂起”的心态。三是公众主体参与不足。由于公共参与的冷漠和不足，基层群众的个性和主体性发展大都局限于私人领域之内，他们对群体和其他个人的义务与责任感日趋消亡。有学者在分析基层乡村治理的“项目制”时提出，“国家通过转移支付，替农民出钱搞合作医疗、办义务教育、建养老保险、修各种公共设施，等等，都是国家在办，而农民则消极地等待根本就没有参与，农民成了‘国家帮助农民’的旁观者”③。基层群众的这种消极性与冷

① ［美］汉娜·阿伦特．反抗“平庸之恶”［M］．陈联营，译．上海：上海人民出版社，2014：23.

② 中共中央纪律检查委员会，中共中央文献研究室．习近平关于党风廉政建设和反腐败斗争论述摘编［M］．北京：中央文献出版社，2015：83-84.

③ 贺雪峰．新乡土中国［M］．北京：北京大学出版社，2013：286-287.

漠性影响严重，当个人无视对公众或他人的义务与责任，从而变成了“无公德”的个人时，会进一步导致公众舆论对基层权力运行本应具有道德制约功能的缺位。

（二）“人情”影响权力制约和监督

“关系”是人与人之间社会交互偏好非正式、友好的社会人脉，而非双方关系疏远、受规则限制的交易。人们一面对腐败现象表现出深恶痛疾的态度，谴责社会靠“关系”办事，大力呼吁反腐败；又一面吹嘘自己曾如何寻找“关系”和“后门”获得某些好处，无意中使自己成为腐败行为参与者。在中国的熟人社会中，人情成为维系人际关系的支柱，上下级、亲戚朋友，老战友，老同事，老同学关系比较融洽，成为中国社会文化的重要特征。同时，人情关系社会是沿着血缘、地缘、学缘和业缘等不同纽带扩张出来的关系网络和社会网络，在利益驱动上大多倾向于按照关系方式运作改善自身利益，这就使得人情容易介入法律和权力领域带来问题，甚至会带来严重的问题。如社会上有一些人信奉“章子不如条子，条子不如面子”“有关系走遍天下，没关系寸步难行”的潜规则。这些潜规则听起来悖情悖理，却可畅通无阻，成为腐蚀党员干部，败坏党风政风的沉疴毒瘤。一些地方和单位，正常的人际关系被扭曲，情感发生异化，干部为人情和关系所累，党性原则和群众感情淡漠。职能部门靠行政权力“卖人情”“给面子”；权力主体靠公共权力“卖人情”“给面子”；科研机构靠学术资源平台“卖人情”“给面子”……部门与个人越来越倾向于将权力、职位、资源优势发挥到极限，部门利益化、职位利益化、资源利益化、交往利益化成为基本的心理预期。由于人情面子观与市场要素的相互苟合，那张巨大的人情关系网和“圈子文化”，既有形又无形，消极影响逐渐显现，逢年过节、婚丧嫁娶中你来我往，形成还不清的人情债；社会领域盛行竞相找圈子、入圈子、织圈子，把人际关系搞得越来越庸俗，圈子内部的买官卖官、拉票贿选、利益输送等不良现象，极易引发权力腐败，恶化政治生态，影响社风和民风。

1. 经济性人情交换僭越权力运行

在一般性的人情关系中，人与人之间的交往活动是通过“人情”实现的，可以分为两种类型：一种是经济性的交换行为，一种是社会性的交换行为。在经济性的交换中，交换者通常以钱为媒介，基于可以计算的市场交换之价值，人的情感因素被冻结。血缘是身份社会的基础，地缘是从血缘关系基础上发展出来的社会关系或交换关系。正如费孝通先生所指出的，“在亲密的血缘社会中商业是不能存在的。这并不是说这种社会不发生交易，而是说他们的交易是以人情来维持的，是相互馈赠的方式。……当场算清是陌生人间的行为，不能牵涉其他社会关系的。商业是在血缘之外发展的”①。随着市场经济的不断发展，人情渐渐也被染上了利益牵扯，这时的人情交往已不再是单纯的情感交流，而是通过交换各自的社会资本，达到互惠互益的目的。“作为一名政府官员，理应按照公务所要求、所规定的行为规则办事，但作为一名亲情关系网络中的村民，又习惯于按照血缘亲疏与感情深浅作出有差别的不同处理。这两种行为原则交织在一起，且往往是人情关系战胜公务关系，从而造成有法不依、执法不严的内在原因。”② “在以差序格局为主调之伦理关系的文化逻辑下，社会道德是支持特殊主义化的关系的，亦即是支持‘人情’的。事实上，人情像一种社会‘舆论’，使一个人对‘自家人’都要予以帮助，对于越是亲密或关系越特殊的‘自家人’，则越有帮助的义务。由于文化逻辑的性格如此，因此，对亲戚朋友的帮助成为人情上‘应然’之事，这未尝不是中国社会常有因‘私’循‘公’，有‘人情味’而少‘公德心’的原因，因为不帮助亲友是一种‘无人情’的表现，而‘无人情’则不啻是罔愿社会舆论或社会规范的。”③ 因而，社会道德与法治关系发生失衡。东方社会结构与道德普遍性和平等性的西方社会形成鲜明对比，从而导致重私德轻公德、重人情关系轻规则制度的传统社会心态长期存在。中国传统经济形式强调道德诚信，强调道德规范和自律，借助个人的自我道德约束来规范个人行为，市场经济是契约社会的产物，强调以法律规范为社会行为的准绳，在社会共同的法律规范之内并不苛求个人的自我约束。随着市场经济改革的深入，集体主义的“虚假意识”发生转变，逐渐转向拜金主义和享乐主义，陷入价值冲突和价值危机的困境之中，主体内在的道德

① 费孝通．乡土中国 生育制度［M］．北京：北京大学出版社，1998：76.
② 曹锦清．黄河边的中国［M］．上海：上海文艺出版社，2001：454.
③ 杨国枢．中国人的心理［M］．北京：中国人民大学出版社，2012：75.

自我约束和道德伦理的效用并不明显。

2. 社会性人际关系的“人情困境”僭越权力运行

社会性交换中，人与人之间的“人情关系”则显得极为重要，“在这类社会交换中，人情可以说是媒介，也可以说社会性交换①是靠人情来维持的。我们常听人说‘卖个人情’‘送个人情’或‘讨个人情’‘求个人情’，这都表示人情的‘交换’性格。”② 在许多情况下，资源支配都不得不遵循人情法则，给予对方特殊的帮助。尤其对方掌握权力时，更是如此。③ 人们之间的信任建立在宗族亲属层面的个人关系之上，是一种凭借血缘共同体的家庭优势和宗族纽带而形成和维系的特殊信任，交往模式以血缘、地缘为纽带和保证，形成一种“亲而信”的信任模式。随着社会转型，乡土社会的“亲而信”信任模式向“利相关”转向。这其中既有来自关系约束力量的减弱，如生意圈子中“杀熟”现象的常见，削弱了熟人信任的效应；又有来自社会流动的影响，传统人际关系逐渐被易变的、短暂的、匿名的交往模式所取代，人际信任的风险由此而生。“基层干部将片面强调当下物质欲望满足的逻辑，贯彻到地方发展中，虽然可带来物质财富快速增长，但是只能‘变通’绕过乃至直接违反宏观政策和国法‘掘地’。结果，这种类型的财富增长越快，基层官场的‘私’欲、物欲越是得到更好的满足，国法就越是被虚化、破坏。”④

当处于“人情困境”中的权力主体，如果以关系的亲疏以及请托事项的难易程度作为权力寻租的量化指标，一旦偏离公平公正法则，人情法则占据自己主观思想的主流，则容易发生权力腐败行为。对披着“人情往来”的面纱行权钱交易的“人情腐败”进行监督的机制、监督网络还不健全，监督起

① 注：社会性人情关系包含亲戚、邻居、师生、同学、同事、同乡等不同的角色关系，这些彼此认识的一群人，构成了一张张复杂程度不同的社会关系网，这些关系网彼此交叉重叠，构成了复杂的人际关系网络。

② 杨国枢．中国人的心理［M］．北京：中国人民大学出版社，2012：72.

③ 黄光国，胡先缙，等．人情与面子：中国人的权力游戏［M］．北京：中国人民大学出版社，2010：11-12.

④ 谭同学．双面人：转型乡村中的人生、欲望与社会心态［M］．北京：社会科学文献出版社，2016：360.

来难度不小。关键是“面子”背后是“里子”，如社会礼俗文化、节日文化庸俗化，人际关系和社会交往功利化，由“礼尚往来”演变为“礼贿难分”。不少地方出台了关于人情腐败的规定与办法，然而“人情腐败”依然频发，一个重要原因就是讲究“与人为善”，不讲认真、不敢监督，“事不关己，高高挂起”，对违规行为睁一只眼闭一只眼，不批评、不纠正，让“人情网”架空了“监督网”。习近平总书记针对有的领导干部由于交友不慎而跌入腐败犯罪的泥坑现象，借用中国文化里耳熟能详的比喻指出，“孙悟空把唐僧放在那儿，用金箍棒画一个圈，妖魔鬼怪就进不来了，自己要给自己画一个圈”，“要坚决远离各种‘小圈子’‘小兄弟’，坚决杜绝低俗的投桃报李的行为”。① 领导干部要强化对人情往来的正确认知，做到自重自省自警自励，慎独慎初慎微慎友，做到忠诚干净担当。

3. 情感性人际关系的“亲情困境”容易僭越权力运行

随着我国社会快速转型，市场经济促进经济发展活力的同时，其逐利性也导致拜金主义、享乐主义和极端个人主义滋生，金钱和权力成为一些领域和行业社会系统运作的主要媒介和逻辑。情感性关系通常是指那些像家庭、密友、朋辈、团体等群体间密切的人际关系。“亲密社群的团结性就依赖于各分子间都相互地拖欠着未了的人情。……欠了别人的人情就得找一个机会加重一些去回个礼，加重一些就在使对方反欠了自己一笔人情。来来往往，维持着人和人之间的互助合作。”② 情感关系中的权力主体彼此以需求法则交往且分配资源，但容易产生“亲情困境”。习近平总书记指出，不可低估领导干部利用公权力为子女非法牟利行为的危害，“不少领导干部不仅在前台大搞权钱交易，还纵容家属在幕后收钱敛财，子女等也利用父母影响经商营利、大发不义之财”③。在有的党组织关系中，有的干部信奉拉帮结派的“圈子文化”：“有的只对领导个人负责而不对组织负责，把上下级关系搞成人身依附关系；有的办事不靠组织而靠熟人、靠关系，形形色色的关系网越

---

① 习近平．办公厅工作要做到“五个坚持”［J］．思想政治工作研究，2014（8）：6-7.

② 费孝通．乡土中国 生育制度［M］．北京：北京大学出版社，1998：73.

③ 习近平．习近平谈治国理政（第二卷）［M］．北京：外文出版社，2017：165.

织越密，方方面面的潜规则越用越灵。”① 一些地方和单位那些背靠权势、缔结“关系”、阿谀逢迎、不学无术、说谎邀功的人大行其道。一些领导干部一人得道，鸡犬升天等特权思想还有不小的市场，利用职权，违规办事，谋取私利，侵占公共利益等现象时有发生。

（三）“人伦”影响权力制约和监督

传统儒家文化的宗族主义、普遍主义伦理文化影响权力运行。一方面是建立在“亲亲尊尊长长”和“三纲”等基础上的私有制特殊主义家族伦理，容易导致人伦关系之中的权力运行异化；另一方面又包括建立在“五常”、内圣外王等基础上的普遍主义德性伦理，催生出一种德性伦理和自律自觉，从而对权力腐败行为发生形成一定程度的内部制约和主体矫正。

1. “群己”公私界限不清影响权力主体的公平法则

群己关系偏差和公私关系失衡容易导致劣币驱逐良币现象。钱穆先生也曾指出：“中国人很早便确定了一个人的观念，由人的观念中分出己与群。但己与群都已包含融化在人的观念中，因己与群全属人，如何能整凝一切小己而完成一大群，则全赖所谓人道，即人相处之道。”② 群己关系的考量涉及权力主体公私界限和公正法则。费孝通讨论私的问题就对整个社会结构的格局作出分析。“说起私，我们就会想到‘各人自扫门前雪，莫管他人屋上霜’的俗语。……说是公家的，差不多就是说大家可以占一点便宜的意思，有权利而没有义务了……”③ 衡量党性强弱的根本尺子是“公私”二字，“作风问题都与公私问题有联系，都与公款、公权有关系。公款姓公，一分一厘都不能乱花；公权为民，一丝一毫都不能私用。领导干部必须时刻清楚这一点，做到公私分明、克己奉公、严格自律”④。习近平总书记提出“公权力必须姓公、为公”的思想强调公权力运行的公共性本质。然而在社会现实生活中，有的领导干部，任人唯亲，任人唯利，以权谋私，贪赃枉法，为自己

① 中共中央文献研究室．十八大以来重要文献选编（上）［M］．北京：中央文献出版社，2014：765.

② 钱穆．民族与文化［M］．香港：新亚书院，1962：6.

③ 费孝通．乡土中国 生育制度［M］．北京：北京大学出版社，1998：24.

④ 习近平．习近平谈治国理政（第一卷）［M］．北京：外文出版社，2014：394.

和小团体谋取私利。还有人说现在不要讲大公无私了，因为干部的合法合理利益也要承认，应该是“大公有私”[①] 等谬论。因此，要注意处理好群己关系、集体与个人、公与私等关系。

2. 科层等级制“礼节”僭越权力运行

基于“亲亲尊尊长长”和“三纲五常”基础上的等级制与传统礼法制度造成一种根深蒂固的等级制观念和特权意识，尤其是公权力或官员的特权意识，表现出更多的功利主义、特权主义现象，亦为公权力寻租提供了某种隐秘和变相的形式。改革开放以来，社会生活中出现了借助于“干亲”而进行腐败的腐败文化。一些官员通过血缘关系之外结“干亲”，成为一种新型的腐败方式，使得权钱交易变得理所应当，毫无血缘关系的“干亲”贿赂成为亲情之间的礼尚往来。现实生活中，一些官员借口“正常的人情往来”或“礼尚往来”而大肆索贿受贿[②]，吃拿卡要，进行各种权力寻租和权钱交易活动等。同时，权力主体在行使权力过程中，一些权力主体并不依法依纪行使公共权力，而是遵循另一套人情潜规则，进一步导致党纪国法规训作用的虚置化问题，影响权力制约和监督制度执行效能。

3. 内外亲疏有别的伦理交往原则影响权力运行

人们之间的社会关系根据血缘的亲疏远近衍生出来地缘、学缘、业缘等多元社会关系，产生了“脸面”“情面”“场面”等人情关系伦理，进而表现出不同的权利义务关系和不同的对待原则。家庭血缘关系圈子对权力主体的腐败行为发展产生的影响主要表现在：激活权力主体的腐败动机强化腐败行为。如一些家庭成员不经意地抱怨或暗示，甚至直截了当地表达“如今哪个不以权谋私”“有权不用过期作废”等世俗观念，会刺激权力主体的腐败

① 注：如何理解大公无私和大公有私的争论。“大公有私”就是一个谬论，干部的合理合法的利益当然要承认，要保障，但这种私心、私利、私欲不是同一个概念，不能混为一谈。人际交往随意僭越公私界限，就会导致人情社会与人情文化中“报”与“礼尚往来”的交往原则的合法性的丧失。作为党的干部，要全心全意为人民服务，诚心诚意为党和人民事业奋斗，要有正确的是非观、义利观、权力观、事业观，就是要讲大公无私，公私分明，先公后私，公而忘私。

② 注：值得关注的是，从中央到地方接连出台规范领导干部办理婚丧嫁娶等方面的制度规定，对领导干部本人及家庭成员婚丧嫁娶、庆生祝寿、升学庆贺、乔迁新居等事宜作出规定。

动机，最典型的表现是“亲亲相隐”原则扩展为对于亲朋好友或内部人等的包庇纵容、徇私舞弊，在家庭内部激发腐败动机，强化腐败行为。如父子联手腐败、夫妻搭档、家族腐败等。当然，家庭在预防腐败行为发生方面也能起到重要作用。如家庭亲属情感因素、正向影响、心理暗示、监督作用对于权力主体廉洁自律有潜移默化的作用。

二、“公权力”：权力运行异化机理

一段时间以来，存在着一些将不敢腐、不能腐、不想腐机制简单化约为反腐败体制机制的三个过程或三个阶段的现象，这不仅在理论上是错误的，而且在实践操作中也是有害的。从权力腐败涉及的“权力主体、公权力、利益”三个范畴来看，不敢腐、不能腐、不想腐作用机制建设状况影响遏止权力腐败发生状态。一体推进不敢腐、不能腐、不想腐的实践机理，如表 4-1 所示。

表 4-1　一体推进不敢腐、不能腐、不想腐的实践机理

外控他律 / 内控自律	权力制约与监督的制度、组织建设科学	权力制约与监督的制度、组织建设不足
权力制约与监督的文化建设合理	“廉洁自觉”：不敢腐、不能腐、不想腐实现 a. 权力主体：他律和自律统一 b. 权力运行：合乎道德与法治 c. 权力腐败行为：不发或少发	“廉洁自为”：不想腐 a. 权力主体：自律 b. 权力运行：合乎道德与法治或违反道德与法治两种状态与结果 c. 权力腐败行为：自律状态下少发或非自律状态下常发

续表

外控他律 / 内控自律	权力制约与监督的制度、组织建设科学	权力制约与监督的制度、组织建设不足
权力制约与监督的文化建设不合理	“廉洁他律”：不敢腐、不能腐实现 a. 权力主体：他律 b. 权力运行：合乎道德与法治 c. 权力腐败行为：在长期他律机制中少发，一旦他律机制作用减弱，腐败行为频发	“廉洁自发”： a. 权力主体：无他律无自律“自为” b. 权力运行：容易违背道德和法治 c. 权力腐败行为：权力腐败蔓延，权力主体运用公权力谋取个人私利

（一）廉洁自觉状态

廉洁自觉是权力主体产生内在心理机制、精神结构和道德力量，通过从源头上遏制腐败，实现外在与内在道德的一致。廉洁自觉是指在廉政制度、廉政文化建构科学合理的情况下，营造“不敢腐”的高压态势，扎紧“不能腐”的制度笼子，“不敢腐、不能腐、不想腐”作用机制形成并发挥作用，在制度保障之下形成“不想腐”的公共政治文化生态。其作用机理表现如下：建构科学合理的廉洁制度建设和廉洁文化建设形成廉洁文化生态，通过反腐高压态势形成惩戒机制遏制腐败增量，发挥对权力主体的廉洁警示教育作用，形成“不敢腐”的高压态势；通过廉洁制度建设扎紧“不能腐”的制度笼子，发挥对权力运行的制度规约作用；通过廉洁文化建设，形成“廉荣贪耻”廉洁价值观和道德基础，发挥对权力主体的道德教化和社会心理的舆论引领作用，使掌握公权力的公权力主体形成廉洁从政和遵纪守法的观念，自觉将掌握的公权力运行合乎道德规范和合乎法治要求，进而为社会大众谋取公共利益。“权力制约权力”“权利制约权力”“法律制约权力”大都表现为限制性约束，其效能是遏制腐败，却难以弘扬“善为”“敢为”和“乐为”。而在廉洁自觉文化生态和主体自觉精神状态中，由于外在他律机制的作用和权力主体的自律机制作用，权力主体形成廉洁从政的自觉，公权力在阳光下运行，合乎社会公共利益，权力腐败行为逐渐得到遏制，“干部清正、政府清廉、政治清明”的政治生态逐渐形成。

(二) 廉洁他律状态

廉洁他律是通过法律规则、社会舆论等权力制约监督的外在制约力的约束形态。廉洁他律状态是指在廉政制度建设合理，廉政文化建设不合理的情况下，营造“不敢腐”的高压态势，扎紧“不能腐”的制度笼子，“不敢腐、不能腐”作用机制形成，但由于缺乏廉洁自律机制，“不想腐”作用机制缺乏。当权力失去制约和监督时，就容易产生腐败行为。其作用机理表现如下：建构科学合理的廉政组织、廉政制度建设，打造反腐高压态势形成惩戒效应，发挥对权力主体的警示教育作用，形成“不敢腐”的社会舆论氛围和个体从政心理，反腐惩戒警示作用明显；通过廉政制度、廉政组织建设扎紧“不能腐”的制度笼子，发挥对权力运行的制度规约作用，不敢腐、不能腐的廉政他律机制建立，反腐惩戒警示作用明显，对权力腐败行为的遏制起到作用。权力腐败虽然在一定时间内得到遏制，但由于不想腐的内在自律机制缺乏，呈现治标不治本的效果。如果缺乏强有力的外控他律机制，那么仍然会造成权力主体运用公权力谋取私利结果，腐败行为仍然会出现反弹。同时，由于缺乏廉政文化建设，社会上缺乏“廉荣贪耻”廉洁价值观和道德基础，只有对腐败行为刚性的“硬”约束，缺乏权力制约的“软”约束，长此以往，将会影响权力运行的治理效率，影响权力主体的廉政自觉，缺乏反腐的正本清源作用。

(三) 廉洁自为状态

廉洁自为是通过提升权力主体的道德认知、道德情感和道德意志，使其将外在的伦理道德准则内化为自身的廉洁责任，从而自觉地进行自我教育、自我约束和自我管理，抑制权力腐败行为的发生。廉洁自为状态是指在廉政制度建构缺位，仅仅建构廉政文化的情况下，公权力运行的社会公共空间中缺乏“不敢腐”的高压态势，“不能腐”的制度规约效应不足，“不敢腐、不能腐”作用机制缺位，腐败行为发生仅仅依靠权力主体的主观意识存在或自主决定的“自为”状态，“不想腐”作用缺乏硬约束和保障。其作用机理表现如下：廉洁制度建设缺位，反腐高压态势形成的惩戒警示作用缺乏，进而导致权力腐败的制度规约作用不足，权力腐败制约的外在他律机制缺乏，导致权力腐败遏制仅仅凭权力主体主观的廉洁自律①。这样，在公权力运行缺乏外在他律机制，“廉荣贪耻”廉洁从政的价值观占主导地位的社会生态中，仅仅凭借内在的廉洁从政自律机制发挥作用，具有廉洁从政廉洁自律信仰的公权力者行使公权力时，会使公权力真正为公共利益服务，做到“权为民用，利为民所谋”。但当权力行使者本身所具有的“经济人”角色使其趋向于追求公共利益最大化的动力不足，不能正确处理权力的公共性与私人性的矛盾带来的公利与私利的冲突时，权力具有的私人性容易使权力主体意志受到谋私利最大化的影响。当公权力运行时，如果既缺乏外在他律机制，又缺乏权力主体的廉洁自律时，那么，权力运行将难以实现公共利益的维护，权力主体非自律状态违反道德与法治行为容易产生或多发。

（四）廉洁自发状态

廉洁自发主要是指在廉政制度、廉政文化建构缺位失位的情况下，由于缺乏权力制约和监督的他律机制和自律机制，权力主体运用公权力依据自身的公私利益关系而自然产生的状态。其作用机理表现如下：由于廉政制度和廉政文化建设的缺位，“廉荣贪耻”廉洁价值观和德法兼治基础尚未形成，权力主体的惩戒警示作用、权力运行的制度规约作用、合法利益的文化保证作用缺位。由于道德信念的蜕化、外部他律的缺失和组织环境的衰微，权力主体行使公共权力可能会出现无他律无自律的“自发”状态。在以人情关系为主的社会中往往会陷入“亲情困境”和“人情困境”之中，而导致权力运行容易违反道德规范和法治要求，容易导致权力主体利用公权力为个人谋取私利。当公权力运行既缺乏外在他律机制，又缺乏权力主体的廉洁自律时，那么，权力运行将难以实现公共利益的维护，权力腐败行为将难以避免，权力腐败在社会的蔓延程度空前。

可以看出，当一体推进不敢腐、不能腐、不想腐作用机制形成并发挥作用表现为“廉洁自觉”状态，权力主体知晓公私、是非、对错，在良好的他律和自律机制作用下行使公共权力，公权力运行合乎道德与法治，形成风清气正的良好氛围。当“不敢腐、不能腐”作用机制形成而“不想腐”作用机制缺乏时

① 注：正确处理公与私、腐与廉、俭与奢、苦与乐等关系对于廉洁自律具有重要积极作用。

表现为“廉洁他律”状态。权力主体能够合乎道德与法治行使公权力，但当“不敢腐、不能腐”作用机制减弱和消失，就容易出现因权力主体的多元性、主体性而发生腐败行为，并没有达到治本的目的。权力运行的不平等性、权威性和获利性等特征，权力主体的道德自律不强，追求公益最大化动力不足的情况，由于缺乏硬约束和制度保障，为权力主体利用公权力谋取私利提供了机会和条件，公权力运行表现为自律状态下不发或者非自律状态下自为。当“不敢腐、不能腐、不想腐”作用机制都缺位时表现为“廉洁自发”状态，公权力运行缺乏外在他律机制的权力主体的自律机制时，公权力运行的自利腐败行为将难以避免，腐败行为容易多发。因此，要正确理解不敢腐、不能腐、不想腐运作机理，将其作为一个整体来推进，建构立体形式反腐败体系，纪法协同、德法并重、标本兼治，一体推进不敢腐、不能腐、不想腐体制机制。

三、“利益僭越”：谋取私人利益

防止利益冲突是防止公职人员公权私用、以权谋私（或以职谋私），保证廉洁从政应有之义，是防止公权私用，抑制腐败，保证清正廉洁的重要渠道。

（一）政治权力谋取经济利益

政治权力是指政治主体凭借一定的政治资源，为实现某种利益或原则而在实际政治过程中对一定政治客体的强制性的制约能力。政治权力实质意义上是阶级统治的权力，表现形态是合法的公共权力。经济权力是生产、交换、分配和消费过程中对劳动者和劳动产品的支配权、控制权。政治权力源于经济权力，经济权力决定政治权力。① “而寡头政治却不能理解下面这一简单的事实：政治权力只不过是经济权力的产物；迫使寡头政治让出经济权力的那个阶级。”② 亨廷顿也指出：“一方用政治权力去换取金钱，另一方则用金钱换取政治权力。”③ 在资本主义社会，商品经济和社会化大生产占据主导地位，经济取

① 注：生产力的发展是政治权力产生的客观前提，私有财产的存在是政治权力面世的历史条件，经济关系是政治权力建立的物质基础。参见王沪宁．政治的逻辑：马克思主义政治学原理［M］．上海：上海人民出版社，2016：213.

② 马克思恩格斯全集（第十二卷）［M］．北京：人民出版社，1998：80.

③ ［美］塞缪尔·P. 亨廷顿．变化社会中的政治秩序［M］．王冠华，刘为，译．北京：上海世纪出版集团，2008：51.

代了血缘门第和社会特权而成为获得政治权力的根本条件，政治权力对财富的支配才演化为财富对政治权力的支配，经济权力才成为政治权力的重要基础。①随着社会转型，市场经济体制不完善，国家放宽对资源的控制、经济快速发展促使越来越多的资源涌入市场，这也为某些官员利用行政权力获得私人利益提供了“机会”，或为腐败行为提供了滋生的“土壤”②。

利益与需要关系。需要是社会学和生物学范畴，表明一切生物有机体对外界的一种依赖关系。而利益是专属于人的社会范畴，是人们对物的需要而形成的利害关系。人类要生存和发展，首先要满足对衣、食、住和其他东西的需要。需要刺激生产，生产促进需要，需要构成了物质利益的基础。人们的政治思想、意志、道德、宗教的基础和根源也是经济利益，“如果多数人的思想和意志在社会上占据主导地位，那么，他们的利益也就成为或被说成是社会的普遍利益”③。如果缺乏有效的权力制约和监督机制，所带来的后果会是一种“公地悲剧”：“在一个信奉公地自由使用的社会里，每个人追求他自己的最佳利益，毁灭是所有人趋之若鹜的目的地。”④ 伴随着社会利益的重新分配，我国社会结构发生急剧变革，利益结构和利益主体多元化趋势日益明显，这种利益格局的转变中产生的部门利益和私人利益与公共利益的对立面逐渐加大，某些政府部门及其个人在向社会提供公共产品和服务时，容易受部门利益和私人利益的影响，一旦政府部门在公共政策中过多考虑私人利益，行政权力就会成为谋取私利的工具。资本主义市场经济交换原则的社会

---

① 王沪宁．政治的逻辑：马克思主义政治学原理［M］．上海：上海人民出版社，2016：215-216.

② 有学者提出“公权悖论”现象：一方面，现代化中的政府主导模式，强化了政府在由计划经济向市场经济转型中的支配作用，权力决定利益分配的格局，抬升了权力的交换价值，也提高了腐败萌芽、生成乃至猖獗的风险；另一方面，公共权力在不断扩张其对社会经济、政治、文化领域与范围支配能力的同时，囿于社会转型中制度建构的滞后性、社会治理体系建设的异步性，为腐败的“大流行”创设了必要的机会、条件与环境。参见魏昌东．腐败治理“中国模式”的立法发展与理论探索［M］．上海：上海人民出版社，2019：2-5.

③ 王沪宁．政治的逻辑：马克思主义政治学原理［M］．上海：上海人民出版社，2016：217.

④ ［美］埃莉诺·奥斯特罗姆．公共事务的治理之道［M］．余逊达，等译．上海：上海三联书店，2000：11.

化，使得“像德行、爱情、信仰、知识和良心等最后也成了买卖的对象”①，淹没在利己主义打算的冰水之中，一切精神的或物质的东西都变成交换价值。在这样的情境下，当权力失去监督时，利用权力谋取私利就成为一种强烈的增加收入和报酬的腐败行为。

（二）“权力饥饿”主导下的谋“私”

韩庆祥运用“结构转型”的视角来分析中国问题，他将中国历史形成并遗留下来的社会层级结构所蕴含的权力运作方式之特征概括为：“政府主导、权力至上、自上而下、逐级管制。”② 在权力运行制约和监督过程中，因为“官本位”历史思想文化的因袭和惯性遗留，人情文化中的负面因素和主体私欲膨胀，借助传统“人情”的幌子，混淆普遍主义德性伦理和特殊主义家族伦理之间的界限和关系，混淆利益关系，僭越公私界限，肆意进行公权力寻租和贪腐活动。正如费孝通先生所言：“中国的道德和法律，都因之得看所施的对象和‘自己’的关系而加以程度上的伸缩。”③ 在差序格局中孝、悌、忠、信都是私人关系中的道德要素，并没有一个超乎私人关系的道德观念，这种超己的观念必须在团体格局中才能发生公私关系错位。要防止公权力主体利用职务之便、公权力影响力谋取个人私利。党员干部的道德标准和廉洁从政行为准则强调大公无私、公私分明、先公后私、公而忘私。习近平总书记强调，“公款姓公，一分一厘都不能乱花；公权为民，一丝一毫都不

① 马克思恩格斯全集（第四卷）[M]．北京：人民出版社，1958：79-80.

② 注：这种权力运作方式有其存在的历史必然性与合理性，但同时也有一定历史局限性，即，政府主导作用有余而民众主体作用不足；权力至上有余而能力建设不足；自上而下有余而民众表达权益不足；行政权力管制有余而公共服务不足。这种社会层级结构是产生中国问题的“根”，因而强调实现社会层级结构转型政治权力、经济权力和社会权力相互制约、相辅相成的新型社会结构。参见韩庆祥，王海滨．中国总问题：“结构转型”与“力量转移”[J]．哲学动态，2013（2）：5-8.

③ 注：“我见过不少痛骂贪污的朋友，遇到他的父亲贪污时，不但不骂，而且代他讳隐。更甚的，他还可以向父亲要贪污得来的钱，同时骂别人贪污。等到自己贪污时，还要以‘能干’两字来自解。这在差序社会里可以不觉得是矛盾；因为在这种社会中，一切普遍的标准并不发生作用，一定要问清了，对象是谁，和自己是什么关系之后，才能决定拿出什么标准来。”参见费孝通．乡土中国 生育制度[M]．北京：北京大学出版社，1998：36.

能私用"①。领导干部必须时刻清楚并做到公私分明、克己奉公、严格自律。

然而，一些腐败问题的发生，很大程度上是公私关系边界失位导致权力运行异化。正如费孝通先生运用"差序格局"分析这种"内外有别"的现象："中国的道德和法律，都因之得看所施的对象和'自己'的关系而加以程度上的伸缩。"② 腐败行为主体借助传统人情的幌子，僭越普遍主义德性伦理和特殊主义家庭伦理之间的公私界限，滥用公权力为己谋取私利，出现权力为己谋私自肥、为亲友谋利的贪腐行为。"贪婪过高估计贫穷和富裕之间的差别；野心过高估计个人地位和公众地位之间的差别；虚荣过高估计湮没无闻和闻名遐迩之间的差别。"③

（三）权力主体成本收益得失的理性计算

我国经济已进入由高速增长阶段转向高质量发展阶段，资源多边流动裹挟着社会治理的不确定性，信息技术的传导力度和公众信任危机导致一系列政府治理过程中的法律风险、行政风险、考评风险、道德风险等风险挑战。党的十九大报告提出的"坚持质量第一、效益优先"的原则，对依据经济增长来考核和提拔下级官员的"官员晋升锦标赛"机制而言，将会带来官员任命的转变与考核指标的进一步科学化。但仍然不可忽视这种转型过程中的"惯性"，"公权力主体的权力运行邀功行为更多地体现在政治晋升追求，围绕以经济增长为主要考核内容的官员晋升的锦标赛"④。由于政策漏洞和腐败机会，作为理性"经济人"的公权力主体通过比较个体成本与收益而进行权力运作与决策。当运行公权力获得的合法经济利益、政治利益和社会利益等与付出的政治成本、经济成本、社会成本及机会成本等出现偏差，即付出的成本大于获得的利益时，权力主体的理性计算会影响公权力主体行使公共权利的后果。加之基层干部身处联系服务群众的"最后一公里"，工作纷繁冗杂而责任重大，从征地拆迁到招商引资，从精准脱贫到社会维稳，从污染防

① 习近平．习近平谈治国理政（第一卷）［M］．北京：外文出版社，2014：394.
② 费孝通．乡土中国 生育制度［M］．北京：北京大学出版社，1998：36.
③ ［英］亚当·斯密．道德情操论［M］．蒋自强，朱钟棣，钦北愚，等译．北京：商务印书馆，1997：183.
④ 乔坤元．我国官员晋升锦标赛机制：理论与证据［J］．经济科学，2013（1）：88-98.

治到风险防控，工作千头万绪，压力较大。特别是一些基层岗位政治上发展空间小、经济上工资待遇低，在一定程度上影响了基层干部的工作心态和发展预期，不公平感、从众心理、侥幸心理和补偿心理等导致他们心态失衡，产生了“有权不用，过期作废”的私心杂念。

腐败成本是腐败者在腐败过程中所付出的机会成本①。腐败行为选择是权力主体进行成本收益的价值权衡的决策行为，当收益大于成本时，就可能发生腐败行为，反之则不会。因而，要通过改革权力运行制约和监督体制机制，提高腐败行为被发现的风险及事后被严厉查处问责的可能性，使腐败成为一种“高风险、低回报”的活动。同时，增加腐败的边际成本和反腐败成本，包括政治成本、经济成本和社会成本构成以及这些资源的机会成本等。“法律威慑力的大小取决于犯罪行为被查处的概率和惩罚力度。惩罚的内容既包括明确的法律制裁，又包括更加隐蔽的成果，如羞耻感、名誉损失等。当犯罪分子预期自身很可能被警方逮捕时，低惩罚力度仍可对犯罪分子起到一定的威慑作用。”② 因此，要增加边际法律成本，加大惩处力度，不仅要体现在人身限制上，同时也要体现在财产权上，直至让腐败者“倾家荡产”。

（四）辩证看待“高薪养廉”

经济学家发现在发展中国家边际生产率取决于工资，工资越高，“偷懒”的机会成本越大，“偷懒”行为发生的可能性就会下降。因此，较高的工资

---

① 注：对于腐败成本的界定，学界也是众说纷纭，有的指腐败者在腐败过程中所需支付的现实成本和机会成本，分为预付成本、直接成本、交易成本、风险成本；有的则仅指机会成本，即一旦被抓后付出的经济成本、政治成本、心理道德精神名誉成本。腐败收益则是通过权力主体的腐败行为非法获取的权、钱、色、物等的利益。如果腐败所付出的经济成本、政治成本、心理道德精神名誉成本低，而所获得的权、钱、色、物等的利益收益大，就自然使得权力主体对腐败行为麻木不仁、心存侥幸，甘愿铤而走险，反之，如果腐败成本高、收益小，则权力主体对腐败行为心存芥蒂、战战兢兢，不愿轻易以身试法。参见徐玉生，马阿米娜，陆奕君．腐败与反腐败及其经济学发生机制分析［J］．河南社会科学，2016（1）：19-25.

② ［美］苏珊·罗丝-阿克曼，［美］邦妮·J. 帕利夫卡．腐败与政府［M］．郑澜，译．北京：中信出版社，2018：214.

有利于减少工人偷懒的倾向。新加坡是透明国际清廉指数排名最高的国家之一，可以说“高薪养廉”功不可没。因而，在社会上我们常常会听到两种观点：一种“高薪养廉”论，持这种观点的人认为，“高薪养廉”作为一种治理腐败的手段和方法在理论上行得通，实践中也能发挥作用。然而，也有另外一种观点是“高薪不能养廉”论，这种观点认为，那些局级干部一辈子生活无忧，退休后也有保障，他们继续腐败不是钱的问题，而是贪欲的问题。公婷等通过实证分析结论也表明“以薪养廉更多的只是一种良好愿望而不是事实”：“公务员薪酬高低和腐败没有直接的线性关系”，“腐败发生与发展的势头并没有随公务员工资上升而减弱。”① 如此，通过提升公职人员薪金待遇的方式来抑制腐败（高薪养廉）就是绝对可行的吗？答案是否定的。高薪养廉的实行并非简单地给公务员以高薪，还要配合制度监督、教育以政治生态、社会生态环境改善才能达到预期的效果，否则只能助长官员的贪欲。实证研究表明，“通过上述将公职人员绝对收入、比较收入和地区差距收入与腐败犯罪之间关系的比较，可以大致得到如下的结论：公职人员收入水平越高，腐败犯罪的案发比例也就越低。但从具体的数值来看，此种关系仅在一定区间限度内成立。当公职人员的收入水平达到一个较高程度时，其收入状况对抑制腐败的影响将会降低”②。之所以出现这种情况，是因为当公职人员的收入水平较低时，提升薪金待遇对公职人员的影响（包括家庭生活、社会交往等）较大；但当薪金待遇提升到一定程度时，再提升薪金待遇则边际效用将大大减小。“只有当德才兼备的人被吸引到公共事业，且报酬丰厚使他们不至于被迫腐败来维持与他们社会地位和头衔相匹配的生活标准时，廉政才能维持。”③ 从我国当前进行经济发展水平和各行业的薪金待遇分配角度

---

① 公婷，吴木銮．关于以薪养廉有效性的探讨：基于中国的经验［J］．经济社会体制比较，2012（5）：117-129.

② 梅锦，徐玉生．薪金收入在职务犯罪成本中的构成比例与高薪养廉措施的应然定位分析［J］．领导科学，2015（11）：4-7.

③［美］杰拉尔德·E. 凯登，［加］O·P. 德威维迪，［美］约瑟夫·捷波朗．腐败：权利与制约［M］．王云燕，译．北京：人民日报出版社，2017：3.

看，一味提升公职人员的薪金待遇水平，既不合理①也不可行。而是应根据具体情况，因地制宜地提升公职人员的薪金待遇水平，使其形成良好的机会成本意识，从而尽可能抵制腐败行为的发生。正如有学者分析指出，“腐败是一个复杂的社会现象，反腐败不能夸大公务员薪酬的作用，而应形成制度反腐、法律反腐和组织反腐的有机结合”②。

综合之，权力腐败与权力主体、权力腐败与权力运行、权力腐败与公私利益三个维度的分析如下：第一，从权力运行与权力主体作用因素分析，权力腐败主体内心良知遮蔽产生的心态失衡、法不责众的侥幸心理、党性修养、官德政德素养缺乏等因素，引发心理上的失衡和思想上的混乱，从而导致腐败行为乘虚而入。经济性人情交换、社会性人际关系的“人情困境”、情感性人际关系的“亲情困境”容易僭越权力。第二，从权力腐败与权力运行因素分析，特权思想对权力正当运行的僭越导致特权腐败行为常有发生。同时，权力制约与监督制度体系建构“缺位”，制度执行监督的“错位”，廉政制度执行主体积极性的“缺乏”，廉政制度体系功能“失位”，导致制度执行与制度反腐权威的弱化，严重削弱了制度反腐的应有功能。不敢腐、不能腐、不想腐体制机制建设状况影响公权力运行的状态和结果，具体呈现为“廉洁自觉”“廉洁他律状态”“廉洁自为状态”“廉洁自发状态”的四种状态。第三，从权力运行与公共利益维护因素分析，市场经济资本权力媾和、社会心理对权力运行谋取“群己”利益的包容、公私关系处理中容易导致公共利益的僭越是权力腐败行为产生的不可忽视的利益因素。

---

① 注：“提高公务员待遇虽然压低了公务员受贿的价值，却无法将这种受贿的价值完全挤掉。高工资或许只会促使公务员要求提高贿赂金额，以弥补潜在的失业风险。这样，公务员就可能从‘两袖清风’变成‘贪得无厌’。”参见［美］苏珊·罗丝-阿克曼，［美］邦妮·J. 帕利夫卡．腐败与政府［M］．郑澜，译．北京：中信出版社，2018：184.

② 范允奇，徐玉生，曹文轩．公务员薪酬、腐败与经济增长——基于 SVAR 模型的实证研究［J］．人文杂志，2014（10）：40-46.

第五章

健全权力运行制约和监督体系架构

健全权力制约和监督体系的必要性与可能性已经具备。从人性的弱点、代议制民主本质、腐败行为负面影响等要求对权力进行制约和监督；权力运行本体的有限性、权力运行过程的可控性、权力行使范围的相对性等特征使得权力制约和监督成为可能。第一，从领导中心来说，惩治和预防腐败体系的构建虽然要以政党为中心，各级党委以及纪委也要发挥主导作用，但惩治和预防腐败的工作必须依靠国家政权以及全社会的力量来进行。第二，从权力主体角度来说，将权力主体与权力运行的监督结合起来。众所周知，公共权力是把双刃剑。就负面效应而言，公共权力的支配性为腐败提供了手段支撑，公共权力的扩张性使得遏制腐败成为公共权力与生俱来的一项任务，公共权力的可交换性使得腐败滋生具有了温床。腐败治理体系由“四大支柱”构成，“基础支柱：国家政治权力结构；核心支柱：腐败治理的主体及其体制；重点支柱：腐败治理机制体系建设；关键支柱：腐败治理立法体系建设”①。建立监督权力运行的制度并规范了运用制度的组织，其日的旨在规范权力运行、防范公权私用。而权力是由“人”行使的，“人”对于权力的合规性运用具有直接和根本的影响。进一步说，对权力制约监督不仅要对权力运行进行制约监督，还要对权力的一般运行主体即领导干部进行制约监督。“国家权力机关集中和代表人民的意志和利益，制定法律和决定国家的重大问题；由国家行政、审判、检察等机关负责贯彻执行，并接受国家权力机关的监督。”② 公共权力运行必须受权力、权利的监督和制约，决定了社会必须

① 魏昌东．腐败治理体系法治化发展的一般原理［J］．南京大学学报，2020（3）：92-104.

② 中共中央文献研究室．十四大以来重要文献选编（上）［M］．北京：人民出版社，1996：937.

通过多种途径来监督、制约权力运行。这就从理论上提出了监督掌握公权力的主体的必要性。中国共产党一直强调党的干部是人民公仆，应全心全意为人民服务，接受人民群众监督，为最大多数人谋取幸福和美好生活。第三，从框架结构来说，建构“民主、法治、党纪、伦理”四位一体的权力运行制约和监督体系。“跳出以腐败惩治为主要着眼点的框架，通过建立规则、传播价值观和营造社会的清廉氛围，从而实现善治。”① 按照“结构合理、配置科学、程序严密、公开透明、制约有效”的总体目标，以机制建设为抓手，构建起由权力配置、程序控制、信息公开、复合监督、责任追究五大机制组成的“管权、管事、管人”的权力制约和监督体系。按照“权力科学配置—程序有效控制—信息充分公开—制度强力阻断—主体党性自律”的运行机理，健全中国特色权力制约和监督体系的立体式架构②。

“通过制约权力和惩治滥用权力行为来保证权力的正确运行，是监督和纪律的最主要功效。”③ 构建“正人治权”的权力制约和监督体系建设，实现从源头上科学有效地防治腐败和让全党全体人民来监督权力。实际上“正人治权”的中心是“人”，围绕“人”构建权力制约和监督的制度设计主要应体现在三个方面：权力主体的行为、权力方体对权力的行使、权力运行指向公共利益。从权利主体自身的行为来说，就是要防止利益冲突——滥用公权力谋取私利，其路径：一是加强反腐败法制建设建立外部控制机制；二是加强廉政文化建设和创新廉洁教育，构筑权力主体的合规用权的内省自觉机制；三是保障权力主体的合法利益，系统推进不敢腐不能腐不想腐体制机制。

---

① 杨丽天晴，公婷．寻求善治：反腐败的大格局［J］．河南社会科学，2020（10）：50-57.

② 注：笔者认为，要从以下几个方面进行系统化、体系化建构，（1）科学分权为核心，健全纵横向、上下向权力运行的权力制约监督；（2）内部控权为补充，健全权力运行的责任制约监督；（3）规范用权为保障，健全权力运行的法治制约监督；（4）公开行权为补充，健全权力运行的社会制约监督；（5）党性治权为根本，健全权力运行的伦理制约监督。

③ 习近平．之江新语［M］．杭州：浙江人民出版社，2007：70.

第一节 健全权力运行制约和监督体系的实践逻辑

腐败是受被腐蚀的政治与经济作用治理失败的结果。问责制和透明度是良好治理的基本要素，并提供强有力的组织机构执行和科学的制度体系保障。要进行科学程序性立法，为权力制约和监督体系建设提供法治保障；要制定惩治和预防腐败行为或滥用权力的制约和监督机制；要加强制度化建设，健全责任追究制度；要加强廉洁文化建设，提升官德政德。

一、健全权力运行制约与监督体系的系统思维

权力腐败治理的传统“控权”范式，主要是从西方语境来研究“权力制约权力”“社会制约权力”“道德制约权力”“法律制约权力”等多种研究范式，主要侧重的是法律规则、制度约束等规范分析，关注权力制约的应然状态。中国特色社会主义进入新时代，新形势新任务新要求把权力运行制约和监督体系建设的理念创新问题尖锐地提出来了。正如马克思指出，“人们的观念、观点和概念，一句话，人们的意识，随着人们的生活条件、人们的关系、人们的社会存在的改变而改变”①。要运用整体视野和系统思维，从我国国情出发、从经济社会发展实际出发。

（一）运用系统观念推进权力运行制约与监督的“整体性治理”

传统权力运行制约和监督模式局限于“条块分割”的思维定式与利益部门化束缚，容易产生“九龙治水”式治理困境，也容易出现“碎片化治理”，影响权力腐败治理。健全权力运行制约与监督体系要运用系统观念和辩证思维，将权力运行制约和监督纳入治国理政的总体布局和战略布局之中，将全面深化改革与权力腐败治理重大举措相配套，既强调权力运行系统内部权力制约和监督力量的协同，强调放权、分权、控权机制的协同耦合；又强调吸收社会力量、舆论力量的制约和监督作用，坚持依法治国与依规治党的结

① 马克思恩格斯选集（第一卷）[M]．北京：人民出版社，2012：419-420.

合。习近平总书记指出，“道德使人向善，是纪律的必要前提和基础；纪律用来惩恶，是道德的坚强后盾和保障”①。法治以其权威性的强制性手段规范社会成员的行为，德治以其感召力和劝导力提高党员领导干部的思想认识和觉悟。坚持党纪严于国法、自律与他律相结合，既发挥道德感召力，又强化纪律约束力。一方面，绝不放松惩治这一手，坚持利剑高悬、震慑常在，坚持抓早抓小、动辄得咎、快查快结，守住党的纪律这条底线；另一方面，以先进的党内政治文化引领党内政治生活，使党员干部正心修身、涵养文化，筑牢思想道德这条高线。要坚持治标与治本的统一推进系统性、整体性治理。党的十八大以来，通过“打虎”“拍蝇”“猎狐”等系列行动推动高压反腐，保持高压态势不放松，坚决遏制腐败蔓延势头；深化党的纪律检查体制改革，坚持用制度管权管事管人，强化党内监督，严肃责任追究，让权力在阳光下运行，为“不敢腐”的状态向“不能腐、不想腐”的标本兼治廉政新常态指明了工作方向和具体目标。从标本兼治的角度来看，通过建章立制，既建立不能腐的预防机制，又确立不敢腐的惩处机制，还包括培育提升领导干部的理想信念和品德修养水平，营造不想腐的政治生态。

（二）运用辩证思维健全权力运行制约与监督体系

党的十八大以来，针对权力制约监督失灵现象，中国共产党健全中国特色的权力运行制约和监督体系建设，创新从以权力为中心的架构向以“人”与“权”并重为中心的“正人治权”权力制约和监督模式转型，既通过“控权”挤压权力腐败空间和挤出腐败收益，又通过“正人”加强权力主体廉洁教育与廉洁自觉，从外部控权和内部自律两个维度，从整体性、系统性上防止权力滥用，减少腐败存量遏制腐败增量。

一是惩治与预防相统一。习近平总书记提出“老虎”“苍蝇”一起打，通过大案震慑、巡视巡察、内部审计、司法衔接等，做到有腐必反、有案必查，通过党内制度的健全、行政体制、司法制度等的改革，“把权力关进制度的笼子”。二是民主与法治的互动。法律具有依据性、程序性、强制性和规范性等特征，能起到抑制、防范、制约、监督和惩处腐败的作用。民主是

---

① 中共中央纪律检查委员会，中共中央文献研究室．习近平关于严明党的纪律和规矩论述摘编［M］．北京：中央文献出版社，2016：65-66.

社会主义制度的典型优势，“社会主义根本经济和政治制度的优越性得到了显示，人们的制度权威意识不断提高，制度权威日益成为社会权威的主导形式”①。要加强法治教育和党纪党规教育，使制度法规成为社会公认行动准则，使制度的执行得到执法者和守法者的共同认可与支持，树立制度的权威。三是坚持个人利益和社会责任的统一。“社会主义，集体主义，不能离开个人的利益”②，要承认和尊重基层党员干部的正当权益，保障合理权益，同时也要引导公民自觉履行宪法和法律规定的各项义务，积极承担家庭责任、职业责任和社会责任。四是外部他律和内部自律的统一。律，代表“规范”和“约束”。因约束的原动力不同，有内在的“自律”和外在的“他律”。外部约束的他律，可使党员干部严守政治纪律和政治规矩。但严以律己的自律，更为深层持久。因此需要自律和他律的有机结合。“一方面要管住乱用滥用权力的渎职行为，另一方面要管住不用弃用权力的失职行为。”③将法律、制度的外在、有形的“硬”约束上升为内化于心的自我“软”约束，将“硬约束”的正式制度与“软调控”的价值观、伦理道德和风俗习惯等结合起来，行为从“他律”转变为“自律”时，形成公职人员不愿贪、不想贪的心理机制。培育社会的廉洁精神。五是思想建党与制度治党相统一。习近平总书记深刻指出，“从严治党靠教育，也靠制度，二者一柔一刚，要同向发力、同时发力”④。一方面，高扬党的理想信念教育，推动理想信念教育常态化、制度化，连续开展党的群众路线教育实践活动、“三严三实”专题教育、“两学一做”学习教育和“不忘初心、牢记使命”主题教育活动等，着力推动理论武装和党性教育常态化制度化，使党员、干部凝心铸魂、补钙壮骨。另一方面，抓紧建章立制，堵塞制度漏洞，把巡视作为党内监督的战略性制度安排，最大限度压缩消极腐败现象生存空间和滋生土壤，使管党治党更加科学、规范、长效。

---

① 李松玉．制度权威研究：制度规范与社会秩序［M］．北京：社会科学文献出版社，2005：264.

② 建国以来重要文献选编（第五册）［M］．北京：中央文献出版社，1993：494.

③ 习近平．在新的起点上深化国家监察体制改革［J］．求是，2019（5）：4-9.

④ 习近平．在党的群众路线教育实践活动总结大会上的讲话［N］．人民日报，2014-10-09（2）．

二、健全权力运行制约与监督体系的法治基础

必须完善法律法规体系，运用法治治理腐败。法律是现代政治制度的基础，也是政治秩序的稳定器。通过完善相关立法及对于行政组织公务人员廉政的法规和相关规定，从法治的角度对反腐败进行控制和打击。坚持走法制化的道路，必须切实加强法治，"以法律来规范国家的治理，以法律来限制、控制权力的运作和操作，以法律来监督统治者，以法律来界定其权限和职责"①，不断完善权力监督制约制度与反腐败的预防惩治制度，提高立法的质量和反腐败法的效力，规范权力设置，公开权力运行，形成按制度办事、靠制度管人、用制度规范权力的机制，发挥制度反腐的制度规约作用。

从权力腐败行为现象分析看，权力拥有者是腐败的主体，权力是腐败行为的载体，可以说党员干部的腐败行为都离不开权力这个因素。在政治权力自上而下运作过程中，如果在逐级管制中缺乏有效监督和制约，就容易导致和产生权力腐败行为。② 要坚持走法治化的道路，切实加强惩治和预防腐败体系的法治体系建设，以法律来规范廉政文化的治理，以法律来限制、控制权力的运作和操作，以法律来监督行政权力的行使权限和职责，规范权力设置，公开权力运行，发挥制度反腐的制度规约作用。中国共产党就注重加强惩治和预防腐败体系的法制建设③。早在 1924 年，党历史上首次惩治贪污腐败分子的《关于坚决清洗贪污腐化分子的通告》颁布了。改革开放以来，党中央领导集体坚持从严治党的方针，从严从重惩治腐败，以党章为核心、以监督条例为主干、以配套规定和其他监督规范为重要补充的党内监督法规制

---

① 何勤华．西方法学史［M］．北京：中国政法大学出版社，2003：26.

② 侯勇．中国共产党反腐范式的历史演进、基本经验与现实启示［J］．甘肃理论学刊，2012（6）：49-54.

③ 注：1938 年，党中央制定了《关于中央委员会工作规则与纪律的决定》，把党的纪律建设和纪律检查工作向前推进了一步。针对出现的领导干部特殊化的现象，1979 年中共中央正式颁布实行《关于高级干部生活待遇的若干规定》对领导干部住宿、房租、出差、出国、休养、送礼、用车、服务人员等安排作出明确规定。1980 年，党的十一届五中全会通过了《关于党内政治生活的若干准则》，要求党的各级干部自觉接受党和群众的监督，并对领导干部在组织权限、个人待遇等方面作了具体规定。

度体系初步形成。党的十八届四中全会强调，加强党内监督、人大监督、民主监督、行政监督、司法监督、审计监督、社会监督、舆论监督制度建设，形成科学有效的权力制约和监督体系。

三、健全权力运行制约与监督体系的组织建设

任何政党都必须具有一定的组织形式和组织原则。严密的组织体系，是马克思主义政党的优势和力量所在。马克思和恩格斯明确规定了同盟的组织机构和组织制度。列宁强调“要为实现工人阶级的理想而进行胜利的斗争，必须组织起来，为了巩固以重大损失和艰苦奋斗换来的一切成果，也必须组织起来”①。除了具有严密的组织形式外，无产阶级政党还应有具有严格的组织纪律。“谁哪怕是把无产阶级政党的铁的纪律稍微削弱一点（特别是在无产阶级专政时期），那他事实上就是在帮助资产阶级来反对无产阶级。”② 邓小平也强调：“如果没有强有力的集中领导和严格的组织性纪律性，如果不大力加强稳定社会政治秩序的工作和教育……就可能出现一些本来可以避免的大大小小的乱子。”③“腐败的所有形式都体现在侵蚀，破坏和违背所有的民主元素上。它体现了反民主思潮，因为它包含了自私、自我为中心、特殊主义、不公平的特权、利用弱点和漏洞、不择手段地利用弱者、有利可图的人和手无寸铁之人以入黑幕交易的所有方式。”④可见，反腐组织可以通过廉政制度影响产生的行为主体行为前预期引导行为主体从事相关的准备工作，

---

① 列宁全集（第三十四卷）[M]．北京：人民出版社，2017：439.

② 列宁全集（第三十九卷）[M]．北京：人民出版社，2017：24-25.

③ 邓小平文选（第二卷）[M]．北京：人民出版社，1994：162.

④ [美] 杰拉尔德·E. 凯登，[加] O·P. 德威维迪，[美] 约瑟夫·捷波朗．腐败：权利与制约 [M]．王云燕，译．北京：人民日报出版社，2017：212.

以更好保障权力顺畅运行以及防止权力不当使用。要建立健全严密的组织体系①，推动权力运行制约和监督的组织体系建设。

民主集中制是无产阶级政党和国家的根本组织原则。在共产主义者同盟和第一国际的组织章程里就强调坚持所有成员一律平等，坚持少数服从多数，“生活方式和活动必须符合同盟的目的”，必须“服从同盟的一切决议”② 等，坚持集中统一的领导。列宁也强调，“如果没有正式规定的党章，没有少数服从多数，没有部分服从整体，那是不可想象的”③，“加入共产国际的党，应该是按照民主集中制的原则建立起来的”④。实行民主集中制的原则，即在高度民主的基础上，实行高度的集中。民主与专政的统一，民主与集中的统一。毛泽东强调，民主集中制“是民主的，又是集中的，将民主和集中两个似乎相冲突的东西，在一定形式上统一起来”⑤。毛泽东一针见血地为违背民主集中制的人作了“画像”，“他们忘记了少数服从多数，下级服从上级，局部服从全体，全党服从中央的民主集中制”⑥。“又坚持严格的民主集中制，既反对不正当地限制民主，也反对不正当地限制集中。”⑦ “它是民主的，又是集中的，就是说，在民主基础上的集中，在集中指导下的民主。”⑧ “这种民主和集中的统一，自由和纪律的统一，就是我们的民主集中制。”⑨ 要把我们党的一切力量在民主集中制的组织和纪律的原则之下坚强地

---

① 注：习近平总书记强调指出，中央和国家机关是贯彻落实党中央决策部署的“最初一公里”，不能出现“拦路虎”；地方党委是贯彻落实党中央决策部署的“中间段”，不能出现“中梗阻”；基层党组织是贯彻落实党中央决策部署的“最后一公里”，不能出现“断头路”。各级党组织要提高政治领导力、思想引领力、群众组织力、社会号召力，把广大人民群众紧紧团结在党的周围。引自习近平总书记2020年6月29日在十九届中央政治局第二十一次集体学习时的讲话《贯彻落实新时代党的组织路线 不断把党建设得更加坚强有力》，《求是》，2020年第15期。

② 马克思恩格斯全集（第四卷）[M]．北京：人民出版社，1958：572.

③ 列宁全集（第八卷）[M]．北京：人民出版社，2017：387.

④ 列宁选集（第四卷）[M]．北京：人民出版社，2012：254.

⑤ 毛泽东选集（第二卷）[M]．北京：人民出版社，1991：383.

⑥ 毛泽东选集（第三卷）[M]．北京：人民出版社，1991：821.

⑦ 毛泽东选集（第三卷）[M]．北京：人民出版社，1991：985.

⑧ 毛泽东选集（第三卷）[M]．北京：人民出版社，1991：1057.

⑨ 毛泽东文集（第七卷）[M]．北京：人民出版社，1999：209.

团结起来。坚持在民主基础上进行集中，坚持党总揽全局、协调各方的原则，加强党内民主建设，实行民主监督，坚持民主与集中、自由与纪律的统一。党的领导是党和国家事业不断发展的“定海神针”，党内民主和人民民主都是在无产阶级政党的领导下实现的，都是受党纪和国家的法律约束的。民主集中制是民主和集中的辩证统一和有机结合。列宁强调：“因此必须弄明白，民主集中制一方面同官僚主义集中制，另一方面同无政府主义有多么大的区别。”① 坚持民主集中制就必须防止官僚主义和无政府主义，“这样才能做到：一方面，确实扩大了党内民主生活；另一方面，不至于走到极端民主化，走到自由放任主义”②。

党的纪律检查体制和国家监察体制改革推进权力运行制约和监督组织运作。党的纪律检查体制和国家监察体制改革着眼于一些领域权力制约和监督机制不够完善，滥用职权、以权谋私、“同体监督” 难题等现实问题，从组织形式、职能定位、决策程序等方面优化纪检监察机关的治理能力。一方面，将分散于各级人大及其常委会、政府、纪委及其机关、行政监察机关、预防腐败局和检察机关等国家监察力量重新整合，建立覆盖全体公职人员的国家监察体制。通过改革消除反腐败机构建设的阻碍，形成传统司法部门与审计、监察、舆论媒体和社会团体等的协调合作，保证反腐败的效率和质量。另一方面，监委与纪委合署办公，能够有效地将执纪和执法贯通起来，实现党内监督和国家监督、党的纪律检查和国家监察有机统一，提升依规治党执行力和依法治国的法治化水平。加强廉政组织成员的专业化和职业化，在审计监督和舆论监督方面，加强纪检监察的审计及审计监察人员的专业素质，保证廉政组织自身的绝对纯洁。“独立反腐机构成功运作的必要条件包括：最高层及中层政府官员的政治支持、明确的反腐法律、有效的执法机构、相关行政及司法部门协调合作，以及足以支撑反腐机构实现中期发展的财政经费支持。组建独立的反腐机构应当是公共领域改革的组成部分，并且

① 列宁全集（第三十四卷）［M］．北京：人民出版社，2017：139.
② 建党以来重要文献选编（1921—1949）（第十五册）［M］．北京：中央文献出版社，2011：647.

应当获得民众、媒体及非政府组织的支持。”①

四、健全权力运行制约与监督体系的制度保障

制度是一定历史条件下形成的政治、经济、文化、社会等规范体系，也是一定范围内要求人们共同遵守的办事规程或行动准则。制度的生命力在于执行。“各项制度制定了，就要立说立行、严格执行，不能说在嘴上，挂在墙上，写在纸上，把制度当‘稻草人’摆设，而应落实到实际行动上，体现在具体工作中”②，“该强化的要强化，该修订的要修订，该废止的要废止，特别要盯住那些腐败问题的多发领域和重要部位……把反腐倡廉工作的关口前移，使党内监督和纪律处分的各项制度更为完善、更加健全、更具实效。”③ 正如习近平总书记强调指出：“形成靠制度管权、管事、管人的长效机制。”④ 在具体实施中，制度治党需要制度建设与制度实施的相结合，这就意味着制度治党包含两重含义：一是制度建设，这是制度治党的关键所在。制度建设涉及制度的构架与建构，在这一过程中，必须要有广泛的调研和民主参与，保障制度的合理化和符合民意，以形成一个内容完备、结构合理、功能健全、科学管用的制度体系。二是制度实施，这是制度治党的核心。制度建设的目的是要保障制度的实施，完善制度的执行体系是保障落实全面从严治党，构建党的作风建设长效机制的重要实践保证，明确制度的执行者、执行程序、执行责任以及制度实施后的评估体系，才能保障制度的有效力和可行性。制度治党中，制度往往容易被虚置或执行不力，而将制度建设与制度实施相结合是保障制度执行力的关键所在。

从权力运行制约和监督体系的制度建设来看，主要包括三方面内容：第一，领导制度，即权力运行制约和监督体制机制。如何逐步建立和完善政党、国家、社会“三维一体”的制度反腐文化，推进“廉洁他律”的负向阻

---

① ［美］苏珊·罗丝-阿克曼，［美］邦妮·J. 帕利夫卡 . 腐败与政府［M］. 郑澜，译 . 北京：中信出版社，2018：415.

② 习近平 . 之江新语［M］. 杭州：浙江人民出版社，2007：71.

③ 习近平 . 之江新语［M］. 杭州：浙江人民出版社，2007：68.

④ 习近平 . 在新的起点上深化国家监察体制改革［J］. 求是，2019（5）：4-9.

断机制，防止以权谋私，是首先需要考虑的问题。在权力运行制约和监督制度方面，以权力制约为中心，健全权力反腐、权利制约权力制度体系建设，制定落实党内监督条例的各项配套措施，建立和完善巡视制度，完善对违纪违法行为的惩处制度建设。要保持惩治腐败高压态势，坚持有案必查、有腐必惩，严肃查办发生在领导机关和领导干部中滥用职权、玩忽职守、贪污贿赂、腐化堕落案件，加大力度严打“老虎”“苍蝇”，严厉惩处腐败分子，使领导干部“不敢腐不能腐”。第二，健全组织制度和干部选任制度。公权力运行制约和监督主体是权力主体，公权力行使是通过党和国家特别是各级领导干部来实现的。权力主体的素养、培养、选聘等直接关系到公权力运行，直接关系到党风廉政建设，也是“正人治权”的权力运行制约和监督体系建设的核心环节。第三，监督制度，要健全以德法兼治为基础，加强惩治和预防腐败体系的监督保障体系建设，确保权力正确行使。综合运用多种监督形式，强化审计监督，强化行政监察职能，加大惩治和预防职务犯罪力度。创新社会参与机制，发挥民众、非政府组织、网络新媒体力量等多元社会主体性作用，把自上而下的政府监督和自下而上的社会监督结合起来，强化社会舆论监督的抑制腐败作用，营造反腐败大环境。建立健全监督、党内监督、民主监督、行政监督、社会监督体系建设。坚持走法制化的道路，以法律来限制、控制权力的运作和操作，综合运用多种监督形式，切实发挥人大及其常委会的依法监督作用，发挥政协特邀监督员在反腐倡廉中的作用；强化审计监督，强化行政监察职能，健全公安、审判、检察机关相互配合和制约的工作机制；创新社会参与机制，鼓励公众的参与，强化社会领域人民大众的舆论监督的抑制腐败作用，营造反腐败的社会文化大环境，真正使领导干部“不敢腐、不能腐、不想腐、不愿腐”。

五、健全权力运行制约与监督体系的治理效果

强化思想理论教育是消除滋生腐败和以权谋私思想根源的治本之策，是提高广大党员干部拒腐防变能力，增强反腐倡廉实效性的坚实基础。“领导干部要注重加强自身修养，慎小事，拘小节，防微杜渐，两袖清风，筑牢思

想道德和党纪国法两道防线。”① 加强警示教育和廉洁从政教育，筑牢“不想腐”② 的思想防线。

第一，持续深入地开展廉洁从政教育，使“不想腐”成为党员干部的思维习惯和价值取向。“正确行使权力，掌权为公、用权为民，则群众喜、个人荣、事业兴；错误行使权力，甚至滥用权力，掌权为己、用权于私，则群众怨、声名败、事业损”③，使得权力主体认识到一旦被抓政治前途尽毁、经济上竹篮打水、精神道德一切尽丧，在价值权衡上自觉意识到腐败不划算。要强化底线意识，守住清白为官的底线，守住踏实处事的底线，守住秉公用权的底线，守住择善交友的底线；强化敬畏意识，敬畏党纪国法，敬畏道德，敬畏群众，敬畏权力；强化宗旨意识，心系群众、密切联系，解放思想、开拓进取，转变职能、优化服务；要强化自律意识，在学习教育中强化自律意识，在树立正确观念中强化自律意识，在自觉接受监督中强化自律意识；强化担当意识，履职尽责，团结高效，勇于负重。在教育对象上分类分层，对不同类型、不同层次的党员干部进行教育，应注意因地、因时、因岗、因人制宜，根据不同情况、不同层面提出不同要求，选择适当的教育内容和教育方法。在教育内容上分类分层，加强包括理想信念教育、反腐倡廉形势任务教育、职业道德教育、公仆意识和权力观教育以及党纪政纪、法律法规教育等，把培育廉洁价值理念与社会公德、职业道德、家庭美德、个人品德教育有机结合起来，使权力主体形成“廉荣贪耻”的廉洁价值观和道德基础，“不断增强政治定力、纪律定力、道德定力、抵腐定力”④，使领导干部“不想腐”，实现“干部清正、政府清廉、政治清明”的政治建设目标。

---

① 习近平．之江新语［M］．杭州：浙江人民出版社，2007：38.

② 注：斯密认为，具有最完美德行因而我们自然极为热爱和最为尊重的人，是这样的人，他既能最充分地控制自己自私的原始感情，又能最敏锐地感受他人富于同情心的原始感情。那个把温和、仁慈和文雅等各种美德同伟大、庄重和大方等各种美德结合起来的人，肯定是我们最为热爱和最为钦佩的自然而又合宜的对象。参见［英］亚当·斯密．道德情操论［M］．蒋自强，朱钟棣，钦北愚，等译．北京：商务印书馆，1997：186.

③ 习近平．之江新语［M］．杭州：浙江人民出版社，2007：260.

④ 中共中央党史和文献研究院．十九大以来重要文献选编（上）［M］．北京：中央文献出版社，2019：440.

第二，解决权力制约和监督的问题，既要注重规范惩戒、严明纪律底线，又要发挥理想信念的正向引领作用。一要充分发挥党的思想教育的传统优势，增强工作责任感和使命感，树立“为官应为”理念。思想建设是党的基础性建设，要坚定干部理想信念，解决好干部的世界观、人生观、价值观这个“总开关”问题。新时代要加强习近平新时代中国特色社会主义思想和党的十九大会议精神的学习贯彻落实，不断增强干部的政治修养、理论修养、纪律修养、作风修养、道德修养、能力修养，抓好党性与人民性的统一，抓好思想道德建设这个基础，补足精神之“钙”。二要提升干部能力素质，树立“为官要为”的理念。针对干部岗位要求与能力不足、本领恐慌的问题，优化党员干部的教育培训工作，提升党性修养与执政水平。一方面，教育引导干部不忘初心、牢记使命，强化“四个意识”，坚定“四个自信”；另一方面，抓好干部履职能力培训为重点，把政策法规、专业知识等作为干部教育培训的重要内容，开展精准化理论、政策、管理、法规、科技等方面的培训，加强岗位学习交流，提高“八个本领”，提升干部的实践能力，尤其是抓经济工作和做群众工作的能力。

第三，健全考核评价机制。一是完善干部任用考核内容。坚持全面性原则和针对性原则，考核内容除了涉及干部的工作能力之外，还要考虑干部的思想、作风等方面，突出政治考核、实绩考核、作风考核。抓住干事担当这个核心，进行岗位确责、履责、督责、考责、问责，强化过程管理，把“考人”与“考事”相结合，把干部管理工作做精做细，为推进干部能上能下夯实工作基础。二是适当加入社会舆论评价。领导干部是否“有作为”，是否“勤而廉”，老百姓最有发言权。网络问政风生水起，特别是近年微博、微信等新媒体在反腐工作中发挥了不可小觑的作用。增加民意调查在征集考核中的比重，提升干部考核的真实性科学性，引导干部从实际出发，强化“权为民所用，情为民所系，利为民所谋”的意识。利用媒体舆论评价对干部的德才素质和担当作为表现掌握更全面深入，改变以人考人、只考核优点亮点的干部考核习惯思维，注重考核干部的缺点和不足，让那些政治上不强也不踩红线的“两不先生”、敷衍塞责得过且过的“撞钟先生”、八面玲珑滥竽充数的“南郭先生”暴露在阳光下，倒逼领导干部积极认真履职。三是强化考核结果运用。将履职尽责管理与干部能上能下联系起来，既发挥干部履职尽责而受到重用或提拔的激励作用，又发挥因为履职尽责不力而受到惩处的震慑作用。对那些履职能力不足的干部加强培养锻炼，增强“善为”本领；对精神缺钙“不想为”的干部加强教育引导，促进“愿为”；对不担当不作为甚至乱作为的干部果断采取“能下”措施，形成对“不作为”的约束机制；对履职尽责、干事创业表现突出的干部大力表彰奖励和提拔重用，树立“有为”导向。通过充分发挥考评机制识别干部、激励有为、淘汰平庸的作用，把好干部精准地识别和使用起来推动“能上”，把不忠诚不干净不担当的干部精准识别出来推动“能下”，防止“劣币驱逐良币”的逆淘汰现象，促进政治生态的风清气正。

第二节　健全权力运行制约和监督体系的创新架构

习近平总书记强调：“强化对公权力的监督制约，督促掌握公权力的部门、组织合理分解权力、科学配置权力、严格职责权限，完善权责清单制度。”① 建构一个多层面、立体式的权力制约和监督体系架构，其中关键措施包括：第一，加强权力制衡强化权力腐败的权力制约。科学减权和合理分权，发挥市场在资源配置中的决定性作用，实施市场有效和政府有为的辩证统一。第二，加强制度建设强化权力腐败的制度制约。规范用权，以制度约束权力。第三，加强法治建设强化权力腐败的法治制约。坚持依法治国、依法执政、依法行政共同推进，法治国家、法治政府、法治社会一体建设，实施依法治国、依法治党、依法治官、依法治民。第四，加强舆论约束强化权力腐败的社会制约。公开行权，强化社会监督、群众监督和舆论监督的作用，强化权利监督权力。第五，加强廉洁教育强化权力腐败的道德制约。加强党性和人民性教育，以权力主体的道德自律与内部约束来制约权力，实现伦理抑权。中国特色的权力运行制约和监督体系架构体现了党中央领导集体

---

① 习近平．在新的起点上深化国家监察体制改革［J］．求是，2019（5）：4-9.

的改革决心，体现改革的系统性、整体性、协同性，建设制度化体制机制，又强调道德伦理制约，建构起廉政治理体系。

一、科学分权强化权力运行的权力制约

一般认为，“以权力制约权力”① 的权力构架主要有三种模式：首先，从横向上，将权力划分给不同的主体，这些主体之间地位平等、权力独立，从而实现彼此制衡，避免某一主体过于强大而滥用权力，正是各个权力主体在微观层面上的权力消长、彼此牵制才使得各种权力在宏观层面保持了均衡局面；其次，在纵向上，将权力分为中央权力和地方权力，它们各自有各自的权力行使范围，在中央和地方两个层次上又对权力进行配置和划分，这样形成中央和地方的分权制衡；最后，在中央和地方的各个权力体系内部再设置上下级组织之间的彼此制约关系，抑或在一个组织内部专门设置一个监督制约部门。比如，美国政府的联邦人事管理局中设置了廉政署，其权力相对独立，向国会负责，专门监管包括总统在内的所有美国政府部门和工作人员的行政行为。当然以权力制约权力在不同的国家有不同的实现形式。在资本主义国家，以“三权分立”作为制权方式，在我国则以民主集中制为原则，通过民主选举，把权力集中到国家机关，既有最高国家权力机关，也有对最高权力机关进行监督的机关，是一种层次性的结构组合，极大地发挥了“以权制权”② 的效用。只有对权力进行恰当分割，对权力的边界进行科学的界定，对权力的运行进行严密地控制，我们才能保证行政权力的行使在预设的

① 法国思想家孟德斯鸠说：“为了防止滥用权力，必须通过事物的统筹协调，以权力制止权力。”所谓的“以权力制约权力”就是指，要将权力划分为若干个部分，然后，将这些划分后的不同部分交予不同的主体行使。这样就会在不同的权力主体之间形成一种权力制约关系：权力主体之间既保持相对独立，又能彼此牵制和相互监督，最终形成一种相对均衡的关系，从而达到遏制权力急剧膨胀和防止权力异化的目的。[法] 孟德斯鸠．论法的精神（上卷）[M]．许明龙，译．北京：商务印书馆，2009：166.

② 注：用权力制约权力，是对权力运行规范的肯定和保护，对权力偏离轨道的防范与纠正。为了真正实现权力制约权力，首先，要解放权力，形成互相制约的权力结构。其次，要强化权力，即主要是强化纪检监察部门的监督权力。最后，要削减权力，即放权给市场和基层。

轨道范围内而不至于出轨。我国权力制约和监督体系建设中，蕴含三个层面的分权制衡：第一，横向上分权制衡，包括政党与政府、国家与社会之间的分权制衡；第二，自上而下与自下而上的分权制衡，包括中央与地方、地方与基层之间的分权制衡；第三，权力运行过程环节上的分权制衡，包括审查与批准、决定与执行、承办与监管之间的分权制衡。新时代要通过完善国家层面权力制约和监督机制、完善国家内部权力制约和监督机制、完善政府内部权力制约和监督机制、完善社会内部权力制约和监督机制，将决策权、执行权和监督权相互制约相互协调，压缩权力寻租空间，规范权力运行。

二、规范用权强化权力运行的法治制约

绝对的权力会产生绝对的腐败。权力需要制约，邓小平同志不主张照搬西方那套权力制约体制。他早在党的八大中就明确指出："从各方面加强党的领导作用，并且从国家制度和党的制度上作出适当的规定，以便对于党的组织和党员实行严格的监督。"① 制度设计往往从反面认识权力的消极作用，对人性作悲观的估计，即对为政者的品格不应该百分之百地信赖，应该作必要的防范，以便在这些人不够清正廉明或者不再清正廉明时有应变的准备。这就需要建立良好的制度，对为政者进行强制性的制约，由于这是一种外在的"硬约束"，有其普遍性和相对恒定性，因此不管是"好人"还是"坏人"均能受其制约。

以制度制约权力，要建立完善的权力制约和监督制度。以制度制约权力，要坚持和完善已有的行之有效的制度，加强民主建设。"政府在一切行动中都受到事前规定并宣布的规则的约束。"② 政府的强制权力只能够在事先由制度限定的那些情况下，增强政府权力行使的可预见性。首先，加大巡视巡察制度建设，深化运用"四种形态"，健全党政纪检、监察监督特派员制。其次，探索党政纪检、监察体制改革的新途径，实行省级以下的垂直管理，打破地方纪检、监察机关与地方政府之间的利益关系，确保监督的有效性。

---

① 邓小平文选（第一卷）［M］．北京：人民出版社，1994：215.

② ［英］弗里德里希·奥古斯特·哈耶克．通往奴役之路［M］．冯克利，译．北京：中国社会科学出版社，1997：73.

再次，克服司法机关地方化、行政化的倾向，进行人民法院和人民检察院垂直管理体制探索，打破地方保护主义倾向，避免过多的地方党委和政府组织的干预。另外，建立和完善对决策权实施监督的制度。各级党委和政府领导干部在重大项目安排特别是重要人事任免事项的决策过程中，要建立一套科学、民主、行之有效以及可操作的制度，保证决策的科学化、民主化和透明度。最后，健全领导干部特别是“一把手”权力的制约制度，使领导者逐渐养成遵守规则的习惯，把制度的约束化作内心的操守，始终保持“赶考”的清醒，保持对“腐蚀”“围猎”的警觉，时刻自重自省自警自励，形成廉洁从政自觉。

以制度制约权力，要建立权力制约的民主监督制度。早在1945年夏，黄炎培和几位参政员访问延安，曾经与毛泽东有段窑洞对话。① 民主革命时期，民主监督是防治执政党腐败变质的保鲜膜、防腐剂，有效地防止了党员干部贪污腐化现象的滋长和蔓延。要推进党内民主制度建设，探索保障党员民主权利、发挥党代表作用、改进党内选举、完善党内民主决策机制的有效制度形式；要加强对党委领导班子和党员干部的制度约束，健全干部教育、培养、选拔、管理、使用制度和廉洁自律规定；要健全群众参与、舆论监督、社会评价等制度规定，健全违纪违法行为惩处制度和勤政廉政激励办法，为提高反腐倡廉建设科学化、制度化水平奠定基础。一是坚持走政治民主之路，跳出历史“周期率”。早在中共七届二中全会上，毛泽东就及时告诫全党，要警惕资产阶级用糖衣裹着的炮弹的袭击。在从由西北坡赴北平的“进京赶考”的途中，他又表示“决不当李自成”。二是坚持走党外民主之路，将党和政府置于人民群众的监督之下。民主党派的监督是不能忽视的。毛泽东指出，党外人士与我们长期共存，互相监督，这对我们党和政府的工作很有好处。群众监督不仅体现在报刊上的公开批评，而且还要从制度上加以建

① 注：毛泽东对历史周期律的问题早已深思熟虑，成竹在胸。“我们已经找到新路，我们能够跳出这周期律。这条新路，就是民主。只有让人民起来监督政府，政府才不敢松懈。只有人人起来负责，才不会人亡政息。”黄炎培先生对毛泽东的回答大为惊叹，点头称赞，说：“这话是对的。”“只有大政方针决之于公众，个人功业欲才不会发生。只有把每一地方的事，公之于每一地方的人，才能使地地得人，人人得事。把民主来打破这周期律，怕是有效的。”

立。如各级党组织建立和健全人民来信来访制度；在企事业单位实行技术人员、工人、干部三结合的管理形式和职工代表大会制，这是一种具有内在监督机制的群众管理方式。三是坚持走党内民主之路。反腐败仅仅依靠人民群众的监督是不够的，还必须加强党的自身建设，通过党内民主达到自我净化的目的。为此，必须从两个方面着手：首先，必须坚持党的民主集中制原则；其次，必须坚持经常性的整党整风，借助于整党整风的形式，坚持思想整顿和组织整顿相结合，坚持批评和自我批评的正确方法，坚持动员群众、组织群众、依靠群众解决问题的群众路线，在全党形成一种强烈的民主氛围。

以制度制约权力，要建立完善的法治制度。郭道晖在谈到近代的法治时，曾指出三点基本要求："一是任何人的权力都是来自宪法和法律；二是任何权力都要受立法与司法的制约；三是法律的作用既要治民，更要治吏，制约政府。"① 权力的相对性、支配性和权威性决定了它必须有既定的规则作为其正常运行的保证，同时又要求法律对权力进行制约。以权力制约和权利保障为基础和核心的现代法治要求公权力主体服从既定的法律。完备而严厉的法律是威慑腐败的重要力量和打击腐败的合法依据，它为一个社会消除腐败和走向廉政提供了有力的保障。法是制约国家权力和社会自卫的武器，法律是具有国家强制力的一种特殊的社会规范。对权力主体来说，只有在法理的约束和规范之下，权力才能在既定的轨道上运行而不至于越轨和扭曲，制约权力异化，阻止权力滥用，也防止权力懈怠。总之，要通过行政、司法、党纪等多个职能机构的功能运作，从行政程序上阻断腐败主体汲取资源，以法律惩治阻断腐败主体汲取资源；从党纪思想上阻断腐败主体汲取社会资源，综合运用纪检机关的党纪处分、监察机关的行政处罚、人民监察院的司法量刑，使其合力发挥作用提高腐败成本，缩减腐败空间存在与扩张的可能性。

三、公开行权强化权力运行的社会制约

随着社会的发展，人民大众的权力意识不断觉醒，在客观上形成了对公

---

① 郭道晖．民主·法治·法律意识［M］．北京：人民出版社，1988：23.

权力的约束，被称之为“以社会制约权力”。托克维尔认为，仅有制度的安排不足以保证个人和社会不受国家权力的侵蚀。一种由各种独立的、自主的社会团体组成的多元社会，各种中立和自由的媒介如报刊、出版物和新闻等可以对权力构成一种“社会的制衡”①。所谓的以权利制约权力，就相当于承认公民权利是根本前提。其以实现和保护公民的权利为旨归。权利是权力制约的理念根源，也是权力制约的根本途径。为了更好地理解权利制约权力的观念，我们必须厘清权利、权力二者之间的区别和联系。

首先，从权力和权利的分属领域和范畴来看，权力属于国家领域，是公共领域范畴，代表了国家所掌握的管理社会公共事务的强制力；而权利则属于社会领域，是私域的范畴，它以每个公民为依归，代表了公民在社会领域中获取利益分配的资格。这也就是说，权力的实施以不能侵犯公民的基本权利为前提，要求国家权力不能为所欲为、要以保证公民权利的完整和实现为基础。

从权利和权力的关系来看，国家权力的存在是以维护一定阶级、集团和人们的权利为前提和目的的，国家权力的产生要经过公民的授权。公民之所以让渡一部分权利给政府，就是为了让政府代替自己行使管理国家事务的职能，更好地实现自身的利益。如果政府不能很好地服务于公民社会，那么公民有权利通过各种方式罢免政府的权力。这就意味着，政府权力本身并没有独立意义和终身价值，它的实现必须以维护和实现公民的权利为目的和归宿，即公民权利是国家权力的来源。这就构成了权利对权力的积极制约。

通过进一步考察，我们发现，权力之间的相互制约依然是权利在起作用。首先，现代国家理论认为，横向的立法、行政和司法三大权力以及纵向的中央和地方政府权力来源均为公民的授权，所以他们各权力主体之间的地位是平等的，进行权力牵制享有充分的政治合法性支持。其次，各个权力主体如果想继续拥有权力，就必须得到公民的信任和继续授权，因此，各个权力机关直接相互牵制、彼此警惕，很大程度上是出于主动履行监督职责，满足公民期望，从而争取续存自己权力的机会。由此，各个权力主体在基于自

① ［法］托克维尔．论美国的民主（上卷）［M］．董果良，译．北京：商务印书馆1999：67.

身的利益而展开博弈的过程之中也实现了公民权利对权力的制约。

四、党性抑权强化权力运行的伦理制约

以党性制约和监督权力是中国特色反腐败的独特优势。相比于西方国家的反腐败，我国具有他们无可比拟的独特优势：以党性制约和监督权力，在我国公职人员中，中国共产党党员占有绝大多数，党性对他们的基本要求是自觉学习、遵守、贯彻、维护党章。推动党和国家机构改革，设立国家监察委员会，加大对全体公职人员制约和监督全覆盖，具有鲜明的制度优势。所谓的“以伦理制约权力”则是强调，权力主体要将外在的价值规范内化为自身的价值追求和道德自律。在道德认知、道德素养以及道德意志得到培养和强化之后，权力主体对于自我的权力约束和监督能力和意愿会得到极大提升，从而实现对权力的制约，防止权力腐败。①

西方文化崇尚个人的自主和独立，而东方文化强调以家庭或家族为中心。我国传统社会结构与道德普遍性和平等性的西方社会形成鲜明对比，从而导致重私德轻公德、重人情轻关系规则制度的传统社会心态长期存在发挥作用。中国传统价值观念基本上是由儒家文化发展而来，逐渐形成了家族观念、纲常礼序和敬重道德与学问的三大支柱性传统观念。② 中国传统经济形式强调道德诚信，强调道德规范和自律，借助个人的自我道德约束来规范个人行为，市场经济是契约社会的产物，强调以法律规范为社会行为的准绳，在社会共同的法律规范之内并不苛求个人的自我约束。随着市场经济改革的深入，集体主义的“虚假意识”发生转变，逐渐转向拜金主义和享乐主义，

---

① 注：斯密认为，“真正坚强和坚定的人，在自我控制的大学校中受过严格训练的聪明和正直的人，在忙乱麻烦的世事之中，或许会面临派系斗争的暴力和不义，或许会面临战争的困苦和危险，但是在一切场合，他都始终能控制自己的激情；并且无论是独自一人或与人交往时，都几乎带着同样镇定的表情，都几乎以同样的态度接受影响。在成功的时候和受挫折的时候、在顺境之中和逆境之中、在朋友面前和敌人面前，他常常有必要保持这种勇气。”参见［英］亚当·斯密．道德情操论［M］．蒋自强，朱钟棣，钦北愚，等译．北京：商务印书馆，1997：179.

② 周晓虹，等．中国体验——全球化、社会转型与中国人社会心态的嬗变［M］．北京：社会科学文献出版社，2017：46.

陷入价值冲突和价值危机的困境之中。主体内在的道德自我约束和道德伦理的效用并不明显。从一定的意义上来看，权力主体的道德自律无疑是实现对权力运行制约和监督最为有效的途径。因此，通过诸如人生观、价值观、纪律观、道德教育和信念激励的各种奖励，强化道德领域的公民道德规范、公务道德规范以及个人道德规范，营造和建立权力主体的社会荣誉感和职业情操，使他们提高自己的需要层次和道德境界，最终实现权力的运行是出于公共利益而非实现个人私欲。

虽然，道德教化和个人自律看起来是一种理想的制约权力的方式，但是，它却不具有强制性，还具有很大的或然性，这使得其作用的发挥受到了极大的限制。因此，在价值日益多元化的今天，以道德这种软约束工具来防止权力腐败，首先面临的一个重大困难就是，很难构建起一套行之有效的道德考核和激励办法，这就导致以道德制约权力的成本很高，由于权力冲破道德底线而产生的后果也十分严重，在这种情况下，有学者提出，要实现道德制约，一条可行之道就是道德法制化。但是，这在很大程度上来看，已经不属于道德制约，而属于权力制约权力，诸如，一部分国家出台的《公务员道德法》等，其实质已是权力与权力的制衡了。邓小平也曾指出："克服特权现象，要解决思想问题，也要解决制度问题。""制度好可以使坏人无法任意横行，制度不好可以使好人无法充分做好事，甚至会走向反面。"① 所以，由于权力的强制性，仅仅依靠道德软约束是不够的。同时，我们不能完全否认道德制约权力所具有的独特价值及其必要性。这是因为目前世界上还找不到没有任何漏洞的制度安排，在权力规范还不周全的环节上，仍然要靠权力主体日常的道德修养和意识形态积累来进行自我约束。

以党性制约权力，这是我国的独特优势。中国共产党是执政党，有9000多万党员，公职人员中共产党员占有绝大多数，如果这些党员特别是其中的公职人员具有坚强的党性自觉、牢固的宗旨意识、坚定的组织观念，那么"上有政策、下有对策"将不复存在，以权谋私也将失去生存的土壤。以党性制约权力就是要求自觉学习党章、遵守党章、维护党章，做到党章规定什

① 邓小平文选（第二卷）［M］．北京：人民出版社，1994：333.

么就坚决维护什么，党章禁止什么就坚决纠正什么。自觉加强党性修养，增强党的意识、宗旨意识、执政意识、大局意识、责任意识，切实做到为党分忧、为国尽责、为民奉献。坚持依规治党与以德治党的深度融合。《中国共产党廉洁自律准则》和《中国共产党纪律处分条例》是坚持以党章为根本遵循，坚持问题导向，坚持纪严于法、纪在法前，为党员领导干部确定了权力运行空间边界。《中国共产党廉洁自律准则》作为行为高线，具有鲜明的倡导性，从应然形态追求什么、应该做什么；《中国共产党纪律处分条例》作为行为底线，具有强烈的惩治力，明确禁止做什么，必须摒弃什么。《中国共产党廉洁自律准则》以政治道德为导向，围绕“公私”“廉腐”“俭奢”“苦乐”的关系，强调公私分明、先公后私，克己奉公；坚持崇廉拒腐，围绕从政、用权、修身、齐家四个维度，强调严以用权严以修身严以律己，做到廉洁从政、廉洁用权、廉洁修身、廉洁齐家。《中国共产党纪律处分条例》强化纪律刚性约束，实现纪严于法、纪在法前、纪法分开的工作要求，从政治纪律、组织纪律、廉洁纪律、群众纪律、工作纪律和生活纪律 6 个方面制定具体条款，为权力运行明确行为底线。

第三节 健全权力运行制约和监督体系的运行机理

“徒法不足以自行。”我国自古以来就不断地与腐败现象作斗争，并建立了一系列复杂的监察制度，但为什么制度的总体运行效果并不令人满意，关键仍然在于制度的运行动力机制问题没有得到根本解决。“通过制约权力和惩治滥用权力行为来保证权力的正确运行，是监督和纪律的最主要功效”①，解决权力运行的正人、治权、追责的闭合性问题。

一、权力科学配置：完善监督制约体系扎牢制度笼子

有学者总结分析反腐败范式时，提出“国家中心主义”路径，即认为腐

① 习近平．之江新语［M］．杭州：浙江人民出版社，2007：70.

败的主要原因是国家制度的腐化、滞后或不完善，反腐败应主要以完善国家法制和强化国家自我约束为指向，其措施包括完善各种反腐败的法律制度并强化执行力度、提升政府治理水平、加强对公务员队伍的规范与教育、依靠国家打击各种腐败行为和惩戒腐败分子等。①

（一）廉洁制度强化导向功能遏制权力主体动机

习近平提出“老虎”“苍蝇”一起打，以坚决的行动、高压的态势，遏制腐败蔓延的趋势。通过大案震慑、纪委巡视、内部审计、司法衔接等，做到有腐必反、有案必查，“以治标为治本赢得时间”，在高压之下逐渐树立起新的党风政风，在理顺诸多体制性及非体制性障碍后，转换权力结构和监督模式，通过党内制度的健全、行政体制、司法制度等的改革，“把权力关进制度的笼子”。通过一系列的规章制度来规范、约束人们的行为，倡导人们以廉为荣，以贪为耻，形成巨大的舆论，给腐败行为者造成心理压力。同时通过道德伦理关系准则等道德规范来引导、影响人们的行为，将规范的要求变成人们自觉的行为，督促他们常怀律已之心，常思贪欲之害，常怀为民之情，为权力运行制约和监督工作的开展形成良好的外部环境。

（二）廉洁制度强化规约功能规范权力运行

越来越多的学者从西方政治思想和反腐理论出发，研究权力制约和监督，强调对权力制约是宪法和法律，而不是伦理。这有其合理性，但这并不是万能的，并不能解决所有问题。不能忽视在中国国情之下特有的传统文化生态下的“伦理道德制约权力”的作用。廉政制度约束功能主要通过制度外在规约和主体内在自律作用发挥，特别是通过廉洁文化社会舆论、风俗习惯和内心信仰来发挥作用，但这种作用发挥对权力主体的素质和能力具有一定的依赖性，这就导致廉洁制度约束功能发挥的不稳定性。而廉洁制度具有根本性、全面性、稳定性和长期性的特征。通过廉洁制度将廉洁文化所倡导的要求以制度的形式固定下来，使廉洁文化规范化、程序化、法治化。廉洁文化通过一系列的规章制度规范、约束领导干部的行为，要求领导干部依照规章制度和法律法规行使手中的权力，以维护权力的公共性和廉洁性。

---

① 肖滨，黄迎洪．发展中国家反腐败制度建设的政治动力机制［J］．中国社会科学，2015（5）：125-144.

（三）廉洁制度强化激励功能保障合法利益

在权力运行制约和监督体系建设实践中形成以廉洁制度为基础，以廉洁理念为核心，在全社会形成崇德尚廉的舆论氛围和文化环境，潜移默化地熏陶人们，从而发挥对社会心理的舆论引领作用和对正当利益的道义保证作用。如果没有强有力的国家制度的介入，即国家政策法律的介入，没有强大的文化建设，廉政建设共同体组织就不可能维系。把权力关进国法和党纪这"制度笼子"主要包括国家法律制度的笼子和党内规章制度的笼子。社会主义法治体系不同于以前所说的单纯的法律体系，它是一个完整的法治体系结构，包括完备的法律规范体系、高效的法治实施体系、严密的法治监督体系、科学的法治保障体系、完善的党内法规体系。也就是说，这是一个包括国家法律体系和党内法规体系的完整系统。在这个完整的法治体系中，相对于国家法律体系来说，党内法规体系则显得更具中国特色。① 要完善权力监督和制约制度，建立一套科学、民主、行之有效的制度，保证决策的科学化、民主化和透明度。

二、信息充分公开：权力阳光运行挤压腐败发生空间

阳光是最好的防腐剂，权力运行不见阳光，或有选择地见阳光，公信力就无法树立。杨光斌等在分析基层村务公开时，提到村干部普遍有"三怕"："怕失去特权，不愿公开；怕受到查处，不敢公开；怕村民了解实情，搞假公开。"② 推进权力运行的公开透明，以舆论制约和监督权力是防止权力异化的重要手段。特别是在权力运行制约和监督向基层延伸的过程中，要将权力公开透明运行，依法公开权力运行流程，让广大干部群众在公开中监督，保证权力正确行使。

（一）权力阳光运行的应然要求和现实必要

个人信息的不公开刺激利益冲突中腐败行为的发生。其一，容易导致权力运行缺乏有效的监督。干部财产、个人重大事项的一定的透明度，是一项

① 虞崇胜．国法与党纪："双笼关虎"的制度逻辑［J］．探索，2015（2）：59-67.

② 杨光斌，李月军．当代中国政治制度导论［M］．北京：中国人民大学出版社，2007：211.

重要的监督机制。公职人员个人信息事项的公开，就可以使得各级组织、监察机关和广大社会公众对公职人员的财产、经营、家庭情况进行有效的监督，促使公权力的规范行使；这种舆论的压力、社会公众的监督，对于防止权力运行异化、权力出错的及时纠正都有极其重要的作用。其二，遏制权力运行腐败行为。公职人员个人信息的不公开，则意味着不但不能对权力进行有效监督，也意味着对腐败行为的发现、查处都较为不易。当腐败的查处比例较低、查处周期较长时，公职人员在利益冲突过程中实施腐败的动因就更加强烈。反之，个人信息的公开，则可以使社会很容易掌握公职人员的不当财产状况发现违纪违法行为，进而给予惩处。其三，影响权力规训制度建设。通过公职人员个人财产信息的公开制度运行和个人重大事项报告，可以知晓在哪些部门、哪些行业、哪些地区中，易于发生利益冲突的行为，如此就可以更有针对性地加以规范，并构建更为完善的廉政制度。反之，信息公开的缺乏，则不利于制度的完善，在利益冲突中容易滋生腐败现象。

（二）健全权力阳光运行的“互动治理”制度

权力运行异化的重要原因是人民群众参与权力制约和监督过程中的信息不对称问题。“要加强对权力运行的制约和监督，让人民监督权力，让权力在阳光下运行，把权力关进制度的笼子。”① 可见，建立以人民为中心的权力公开运行的互动治理制度设计和应用显得尤为重要。“权力公开的主体是政府部门，而公开的目的是让公众得以知情、参与和评价。”② 具体到基层一线的“互动治理”就要以群众最相关的民生领域为突破口，规范基层权力运行，接受群众的监督，强化权力运行的过程控制，加强风险点防控，查处基层侵害群众利益的不正之风和贪腐问题。在组织活动方面，严格政务、居务、党务公开等方面的操作程序和纪律，如实行听证和质询、线上线下行风评议等制度，扩大群众参与监督的知情权。摆脱传统的监督模式和思维定势，拓展监督的空间、范围和形式，从“8 小时的工作圈”和“8 小时外的

---

① 习近平．决胜全面建成小康社会 夺取新时代中国特色社会主义伟大胜利——在中国共产党第十九次全国代表大会上的报告［M］．北京：人民出版社，2017：67.

② 胡税根，翁列恩．构建政府权力规制的公共治理模式［J］．中国社会科学，2017（11）：99-117.

生活圈”的监督，向生活圈、社交圈延伸，推动权力阳光运行，挤压权力腐败空间。

（三）运用技术手段构建社会监督机制

推动权力监管制度化、信息化、公开化，利用现代信息技术抓紧建设覆盖纪检监察系统的检举举报平台，把电子监察、风险预警等科技手段融入风险防控、利益冲突、权力运行的制度设计和管理流程之中。人民群众是“蝇贪”的直接受害者，发动群众监督和舆论监督，充分运用好人民群众的力量。在信访举报方面，畅通社会监督渠道，积极运用开展新媒体工具，设立电子举报信箱、举报平台等，畅通信访举报热线，充分发挥群众监督作用。在舆论监督方面，积极推行电子监察，运用网络技术，规范工作程序，将各项法律法规和规章制度固化在各类行政监管网络系统中。在新兴媒体方面，网站、微博、微信等新媒体具有信息传输速度快的特点，可以在最短的时间内将腐败行为和案件迅速传播。但是因为新兴媒介的非理性化和可靠度不能有效保障，所以必须正确引导。政务公开也是社会舆论参与反腐败的一个重要方面，有效、有序地推进政务的信息公开，可以建立起群众参与的监督渠道，并且可以刺激行政部门在防止腐败行为的同时提升其行政效率。借助现代化信息技术及设备可以及时接受各类反腐败行为的举报，对社会公众关心的问题与情况进行及时的反馈。

（四）完善全过程预防腐败机制

规范公开程序，由事后公开向事前、事中延伸，推进公共资源配置、重大建设项目、社会公益事业等领域信息公开，发展民事调解、文化娱乐等社会组织，发挥基层群众自我管理、自我服务、自我教育、自我监督的作用。一是利用信访举报管理系统的预警监控作用，定期对举报问题进行专题分析，密切关注苗头性、典型性、普遍性问题，强化对违反政治纪律、损害群众利益等问题线索的分析向“前”拓展健全告诫预防机制；二是推动主体责任和监督责任向基层延伸，重点查处和纠正发生在群众身边的雁过拔毛、吃拿卡要、执法不公及违规收费、收取红包、截留私分扶贫资金等问题，调查分析一些带倾向性、苗头性的问题，提出针对性强的预防建议，向“面”拓展，健全系统预防机制；三是将一定时期内的案件进行纵向比较，对同一类案件进行横向比较，分析建议、预防对策方案等，向“后”拓展，健全协同预防机制，实现基层反腐败治理的事前教育防范和警示教育作用。公开权力运行方式，包括实体性公开和程序性公开两个方面。实体性公开要求对公权力的具体运行步骤进行公开，具体包括：在重要的事项决定前，相关部门应当将行为作出的原因、规划、将要达到的结果等向社会公众进行告知；在权力运行过程中，要及时将事项的具体运作情况（包括合作的对象、经费运用情况、项目进展情况）向公众说明；在权力运行之后，应当将具体事项的完成情况、与预期的差异等向公众予以说明。权力运行的程序性公开，主要是指借助技术性手段来使权力运行过程更加透明、直观。具体包括在权力的运行过程中，实行集中化办公、“网上在线办公”、处理事项随时追踪等。公开权力的运行方式并非从“权力数量的增减”对公权力进行压缩，而是通过“权力结构形态的改变”进行限制，这同样会引发“量变引起质变”的社会效果，在压缩权力空间的探索中应当引起足够的重视。

（五）健全领导干部个人重大事项报告制度

对新提任干部进行个人重大事项申报审核，涉及组织人事、监察、公安、金融、房产、工商、民政、审计等，需要多部门协作配合。应对这种部门狭隘的信息独享观念所导致的“信息鸿沟”“信息孤岛”等问题，应该及时对廉政组织内部信息交互进行全盘规划与部署。具体来讲：其一，建立合理分工又互相制约的运行机制。各级抽查领导小组在抽查工作中既要分工协助，各司其职，又要层层指导和督促。在抽查核实工作中，为了保证公正有效，应建立互相制约的运行机制。其二，初步实行有限、逐步、区别公开。对公开的领导干部的个人有关事项，组织纪检部门可按一定程序做技术性处理，注重保护其隐私和安全。可以先在领导干部所在的单位内部或局域网上公开，在其现在工作单位和以前工作单位公开，在领导干部生活所在社区公开，因为这些部门和地方的人们对于领导干部的情况较为熟悉，能够发挥监督作用。逐步实现通过新闻媒体、互联网等方式公开，或者通过实行经查询而公开的方式，再逐步扩大政府主动公开。可以考虑组织部门负责申报公开、纪检监察部门主要负责监督问责，这样分工比较符合实际，因为纪检监察部门的主要职责就是自己监督问责，可以避免既当运动员又当裁判员的情况。申报可以采取例行常规申报、离职申报、升职申报、个人事项发生重大变化临时申报相结合。

还需要提及的是，不仅要在考察提任时进行公示，还要在领导干部离任、离职时进行公示，最大限度地接受社会监督。然而，核查需要大量的投入，需要多个部门的协同配合，也就是通常所说的“高成本”，并且各地对于党员干部报告事项进行抽查核实的手段也很不完备。比如，房产、有价证券、股权、海外移民信息都未实行全国联网。在实际工作中，对申报内容公示的范围大多局限于本单位，社会上大多数群众往往不知情，甚至连与其朝夕相处的同小区人员都不知道。现在一些干部跨地区经商、购房、存款等现象比较多，群众监督鞭长莫及。因此，要发挥新闻传播媒介的监督，既要杜绝不良传媒新闻媒体的不正规、不道德报道行为，也要赋予其相应的自由和权利去揭露贪腐丑恶现象。要积极引导群众有效参与到权力运行制约和监督工作中来，使反腐败工作获得最深厚的群众基础。同时，推动领导干部个人事项申报制度和有关事项公开制度共同发展。当前，国内不少人认为，我国已经建立了领导干部个人事项报告制度，就无须再推行领导干部有关事项（包括财产）公开制度试点。从长远来看，这种观点还有待进一步商榷，一方面前一制度只是党内监督缺乏社会监督，而后一制度能够发挥社会监督；另一方面，前一制度目前从全国实践看主要是在处级及其以上级别干部中实施，而后一制度从我们调研情况看目前主要在科级干部甚至是科级后备干部中实施。两种制度相辅相成、相互补充，推动两者协同发展能够最大限度地发挥对领导干部的监督作用。

三、严格主体责任：权力运行制约和监督的权责统一

落实全面从严治党，要切实加强权力运行制约和监督体系建设。健全权力运行制约和监督体系是加强和规范党内政治生活的重要举措，是推进国家治理体系和治理能力现代化的重要内容。

（一）深化推进权力运行制约和监督的责任认知

强化主体责任，抓住“一把手”和“关键少数”。党委书记作为第一责任人，要担负起全面从严治党和党风廉政建设的政治责任和主体责任，对本

地区本单位的政治生态负责，做到真管真严、敢管敢严、长管长严。各级党组织及其负责人都是责任主体，要牢固树立不管党治党、不抓党的建设就是严重失职的观念，把纪律和规矩作为对党员日常管理监督的“戒尺”。党委书记要履行好从严治党第一责任人的职责，敢抓敢管，在以身作则上见表现，在遵规守矩上见行动，在整改落实上见实效，自觉克服不重视、不负责的倾向，使全面从严治党成为常态。

（二）落实权力运行制约和监督主体责任

一方面，加强党内自我监督。自我监督是执政党建设面临的普遍难题，是国家治理的“哥德巴赫猜想”。要强化党内监督主导作用，破解对“一把手”监督和同级监督难题，强化纪委监委专责监督，推动各类监督有机贯通。认真做好党组织内部的自我监督，加强党员之间的监督，坚持民主责任制度，强化责任担当。另一方面借助上级部门、民主党派和群众监督的力量督促全面从严治党责任落实。第一，落实党内监督职责。习近平总书记指出：党内存在一个突出问题就是不愿监督、不敢监督、抵制监督等现象不同程度存在，监督下级怕丢“选票”，监督同级怕伤“和气”，监督上级怕穿“小鞋”。[①] 党内监督缺位，必然导致党的领导弱化、党的建设缺失、治党责任缺位等问题。因此，要强化党内监督，强化责任担当。强化党委（党组）全面监督，明确党委（党组）在党内监督中承担主体责任，明确纪委是党内监督职责机关，承担执纪问责专责监督职能，坚持党的工作部门职能监督和党的基层组织日常监督、党员民主监督相结合，坚持组织监督和民主监督相统一，健全党内监督体系。上级党组织要加大基层落实组织生活制度的检查督促力度，督促基层党组织对存在的问题、解决办法、解决效果等并定期通报。全面落实党委（党组）、纪委、党的工作部门的监督责任，充分发挥基层党组织、广大党员的重要作用，形成监督合力。第二，强化巡视巡察监督。建立巡视巡察上下联动的监督体系，增强对公权力和公职人员监督的全覆盖。“重点检查是否存在党的领导弱化、主体责任缺失、从严治党不力等

---

① 习近平．习近平谈治国理政（第二卷）［M］．北京：外文出版社，2017：185.

问题，督促其担负起管党治党责任。”① 通过巡视巡察发现全面从严治党工作中在政治、组织、纪律和作风建设等方面存在的突出问题，发挥震慑警示遏制作用。第三，运用好民主监督形式。党内民主监督是党内监督的基本方式。要加强舆论监督，通过对典型案例进行曝光剖析，由案件监督管理室牵头，各纪检监察室、监督室、案件审理室、发案单位或部门党组（党委）配合，负责对案件进行分类剖析和研判，了解违纪方式、手段和经过，共同分析发案原因，查找漏洞。通过召开警示教育大会、组织发案单位党员干部座谈、由发案单位领导谈本单位案例、授课人员剖析案例以及有关涉案人员现身说法等多种形式，到发案单位开展预防违纪违法专题宣传教育，发挥警示作用，为全面从严治党责任落实营造良好舆论氛围。第四，发挥人民监督作用。利用现代网络技术和信息化手段，推动党务公开，畅通人民建言献策渠道和舆论监督渠道。习近平总书记强调：“只有织密群众监督之网，开启全天候探照灯，才能让‘隐身人’无处藏身。”② 让干部习惯于群众监督、舆论监督、社会监督下工作和生活。

（三）优化权力运行制约和监督主体责任的考核反馈

一是主体责任评价指标科学化的前提性澄清。围绕宣传教育、制度规训、责任追查、监督考核等方面指标，设计科学化操作性考核监督反馈指标体系，解决好有没有开展经常性的党风党纪教育、有没有抓制度建设、有没有抓“一把手”、有没有抓查处、有没有抓检查等问题。二是紧扣责任追究监督考核重点，加大对领导干部特别是主要领导干部、人财物管理使用、关键岗位的监督，健全问责、经济责任审计等制度，以及解决群众反映强烈的突出问题等情况，作为监督考核的重点。三是整合权力机关内部与社会监督资源，引入外部责任追究监督。发挥人大和政协监督作用，采取组织检查、专项检查、突击抽查等多种形式，强化政府专门机关监督和司法监督，拓展社会监督和舆论监督。加强责任追究工作的透明度和群众参与度，对应当问

---

① 中共中央文献研究室．习近平关于全面从严治党论述摘编［M］．北京：中央文献出版社，2016：210.

② 中共中央文献研究室．十八大以来重要文献选编（中）［M］．北京：中央文献出版社，2016：101.

责但未问责的情况建立相应的监督机制特别是外部监督机制。建立责任追究信息公开网络平台，对党员干部违纪违法问题的调查和处理情况进行监督与质询，引入第三方测评和增加群众测评等方式切实发挥社会监督和舆论引领作用，让群众代表全程参与监督。

四、健全参与机制：提升公众反腐败参与度

坚持依靠人民群众参与反腐败斗争。权力运行制约和监督要让人民来监督，让人民群众看到实实在在的成效。冯莉认为："人民是国家和社会治理现代化过程中的主力军，而在党和国家的反腐行动中，民众不仅是反腐的力量源泉，更是建设清廉文化、进行文化反腐并最终改变文化生态的主要承载者。"① 要注意整合自上而下的制度性力量与自下而上的社会性力量广泛而积极地参与腐败治理。根治基层腐败既需要对基层公共权力进行制约和监督，也需要来自社会力量的制约和监督。第一，人民群众是权力运行制约和监督体系建设的主体力量②。应充分吸取民意、凝聚民智，着力构建群众参与决策和监督执行的制度机制，构建群众参与纠风治乱的制度机制，激发群众参与反腐败的政治热情，由"自发参与"向"主动参与"转变，由"揭露腐败"向"预防腐败"转变。第二，提高公众反腐败意愿。倪星认为，"倘若作为公共权力所有者和委托人的社会公众倾向于容忍腐败，对腐败对象视而不见、不以为然，不愿意采取行动去反对腐败，那么即使政府层面的反腐力度再大，也很难彻底根除腐败"③。要培养社会对腐败零容忍文化，既通过加大反腐败力度、提高反腐败工作绩效，同时，也不断提升公众参与反腐败渠道的便利性、参与反腐败结果的有效性和参与反腐败行为的安全性，提高公众反腐败参与。如坚持和完善建言献策、批评监督和网络监察渠道，聘请特邀监察员、党风廉政监督员制度，组织人大代表、政协委员、特邀监察员、

---

① 冯莉．美国学者对腐败与文化关系的研究及对中国反腐的启示［J］．当代世界与社会主义，2017（5）：192-197.

② 注：北京有一批常年维护社会治安、打击各类犯罪的"朝阳群众"，权力运行制约和监督体系建设也需要"朝阳群众"。

③ 倪星．利益关联、行动选择与公众的腐败容忍度——基于 G 省的实证分析［J］．武汉大学学报（哲学社会科学版）．2017（4）：118-127.

党风廉政监督员等参与党风廉政建设工作考核评价，积极拓展群众参与途径。第三，提升公众反腐败获得感。一方面，提升公众的情感获得感。腐败案件的大量曝光容易产生清廉感知的负面评价现象。因此，在腐败案件的宣传报道时要注意策略，既让公众感受到政府的零容忍反腐败决心和力度，又避免让公众产生腐败越反越多的错觉。优化党风廉政宣传方式方法，引导公共舆论客观辩证看待反腐败问题与成效，注重主流媒体的公共空间发声满足公众的知情权，堵塞压缩小道消息、谣言的传播空间。另一方面，提升公众的反腐败实际获得感。重视公众日常生活中容易接触到的贪腐和执法不公等问题，解决一些地方权力不公开、管理不民主、办事不公正等问题，让群众感受到更多的反腐获得感。

五、加强队伍建设：提升廉洁从政自觉

“打铁还需自身硬。”无论德法兼治、纪法协同，还是依法依纪依规治党，都要靠人来实施和执行。反腐败的本质是防治权力滥用，而权力最终是由“人”来使用的，所以反腐败成效就不仅取决于“管权”，更重要的是“管人”。但是“管人”绝不是搞“运动”，而是要通过制度规范和约束“人”、通过教育教化和引导“人”、通过组织监督和纠正“人”。要紧紧依靠人民群众的支持和参与进行反腐败斗争，要通过加强基层党组织建设，以党组织建设来引领社会组织建设，健全群众通过组织参与的通道；要通过制度导引群众参与的秩序、通过教育提高群众参与的素养。

一是促进基层党组织切实担负起全面从严治党责任。作为组织、宣传、凝聚、服务群众“最后一公里”的基层党支部，应解决弱化、虚化、边缘化问题，把全面从严治党责任落实到每个支部每个党员，压紧压实党风廉政建设主体责任和监督责任。基层党组织在严格履行“一岗双责”中，既要担起业务岗位职责，也要扛起党风廉政建设责任。应完善以党的基层组织为核心，完善基层自治和监督组织为基础，选配好基层党组织“带头人”，加强基层党组织的领导和党组织建设，以党组织建设引领基层社会组织建设，完善各种经济社会服务组织为补充的基层组织体系。通过健全基层干部岗位权力清单、责任清单、负面清单常态化监管机制，推动基层党组织成为坚强堡

垒。坚持把严明纪律贯穿于日常教育监督管理中，建立廉政谈话提醒机制，对党员干部苗头性、倾向性问题，及时咬耳扯袖红脸出汗进行提醒。

二是健全领导干部的政治激励与经济激励的统一。坚持严管和厚爱结合、激励和约束并重。在依法依纪高压反腐提升贪腐官员被惩处的概率和强度使其不敢腐的同时，要健全不想腐、不用腐的激励机制。坚持党管干部的原则，坚持德才兼备，选贤任能。改进干部考核方法手段，把民生改善、社会进步、引领发展、生态效益等指标和实绩作为重要考核内容，特别是要防止论资排辈，平衡照顾，防止"劣币驱逐良币"的"逆淘汰"现象发生。同时，促进经济激励与人文关怀的统一。把严格管理干部与热情关心干部结合起来，既要严肃党的政治纪律和政治规矩，又要对基层干部政治上激励、工作上支持、待遇上保障、心理上关怀，让广大党员干部安心、安身、安业。

三是加强基层纪检监察干部的业务能力。中国共产党第十九届中央纪律检查委员会第四次全体会议上强调"加强思想淬炼、政治历练、实践锻炼、专业训练"①。一方面，推动人财物向基层倾斜，严把入口关。严把基层纪委班子成员选拔关，防止纪委领导班子成员选拔的随意性。加强对纪委书记、副书记兼职情况的督促检查，确保纪委书记、副书记专职专用。另一方面，深化党章党规党纪教育，强化理想信念教育和党性教育，解决好基层干部世界观、人生观、价值观这个"总开关"问题，健全基层干部教育培训和监督管理制度，对调入纪检监察队伍人员的专业学历、工作经历等严格把关，加强岗位适配评估，努力把懂经济、懂法律、懂政策的敢于担当、敢于负责、敢于监督的人员选调到纪检监察队伍中来。加强正面倡导和反面警示教育，充分发挥典型案件的警示教育功能；树立监督者必先受监督的理念，坚定纪检监察干部政治信仰，坚守理想信念，做合格党员，争当忠诚、干净、担当的纪检监察干部。

---

① 赵乐际．坚持和完善党和国家监督体系 为全面建成小康社会提供坚强保障［N］．人民日报，2020-02-25（3）．

六、建设廉洁文化：涵养廉洁政治生态

（一）廉洁文化强化导向功能实现自知

廉洁文化是指廉洁从政的精神理念、行为方式及其传承的物质载体和媒介为一体的文化体系，这一文化体系主要以崇尚廉洁、鄙弃贪腐廉洁理念为价值取向和精神导引，以宣传培植廉洁理念和形塑廉洁作风的廉洁介质为载体，以公正廉洁、淡泊名利、廉洁从政的作风为行为方式作用于廉洁制度发挥导向功能。发挥廉洁文化潜在的熏陶、引导、渗透、影响力量，需要建设一个讲究诚信、崇尚廉洁、尊重法制的社会文化环境，营造一种廉洁的文化氛围。一是创新廉洁教育方式，形成“廉荣贪耻”廉洁价值观和社会舆论道德基础，抑制腐败动机的产生，实现廉洁的内化；二是通过优化廉洁教育内容体系、目标原则、方法载体、评估反馈、条件保障等把握和了解与廉洁相关的法律法规，形成“廉荣贪耻”的观念；三是通过廉洁警示教育，建立廉洁教育的涵化机制、教化机制、内化机制、外化机制及强化机制等，彰显廉洁文化的先进性，激发廉洁自觉，营造权力规范运行的社会氛围，提高党员干部拒腐防变能力、从源头上预防和减少腐败。

（二）廉洁文化强化规训功能实现自控

廉洁文化强化廉洁制度规训功能，使得权力主体谋取私人利益行为得到遏制。瑞典著名经济学家冈纳·缪尔达尔在研究南亚的腐败现象时提出“腐败民俗学”概念，认为掌握权力的人利用公权力谋取个人私利，腐败成为一种习惯、风俗，“掌握权力的每一个人都可以为了自己的利益、他家庭的利益或他觉得应当忠于的社会集团的利益来利用权力”①，可见，腐败民俗化是腐败的一种极端现象，意味着腐败已经成为一种道德和文化并深入到人们的社会生活中，在社会上产生一种“文化不抵抗”的效应，使得腐败行为缺乏必要的道德约束。权力主体走上腐败之路不能不说作为外因的“文化”起着不可小觑的催化作用。清正廉洁的人如果触犯了看不见的“权势阶层”的利

---

① ［瑞典］冈纳·缪尔达尔．亚洲的戏剧：对一些国家贫困问题的研究［M］．谭力文，张卫东，译．北京：北京经济学院出版社，1992：144.

益，触犯了官场的“潜规则”与形成的“腐败氛围”格格不入，就会被当作众矢之的。这种“腐败氛围”会“垄断”一个地区、一个单位、一个群体的舆论，会制造各种各样的压力，让正义无法生存，最终形成“贪官蹑高位，廉吏沉下僚”的可怕后果。因此，面向现代化建设新征程中要进一步强化廉洁文化的规训功能，形成廉荣贪耻的社会文化氛围。

（三）廉洁文化强化反馈功能实现自律

制度反腐实践过程也是廉洁文化价值体系建立的过程。如果制度反腐缺少廉洁价值体系的引导，制度体系内各项制度在价值导向层面不能保持高度统一，那么必然会导致制度反腐的基石不牢，反腐的效果也不会持久。从本质上来讲，制度是一种理性工具，但在这种工具的背后起支持作用的是我们想要追求的价值理念。腐败虽然是一种行为，但行为来源于个人所崇尚的价值引导。当前，我国社会正处于转型期，拜金主义、享乐主义、形式主义、官僚主义等消极价值观对人们产生了巨大冲击。在不断加强制度的严密性、科学性、程序性、系统性，提高和拓展制度显性控制的力度和广度的同时，党中央也意识到制度约束是外在的刚性规定，有其局限性。只有当人们把“强制”当作一种自觉的“应当”，内化为义务感，其行为从“他律”转变为“自律”时，才能切实遵守法规制度。这就要深入开展中国特色社会主义和中国梦教育、理想信念和宗旨教育、社会主义核心价值观教育，从道德上、思想信念上筑起第一道防线。将法律、制度的外在、有形的“硬”约束上升为内化于心的自我“软”约束。正如曹锦清先生指出的，在大力推行市场经济的今天，人们纷纷从曾将他们约束其内的单位集体中走出来并在市场中追求自身的利益，在这样的时代，除了用法律的形式将个人权利与个人利益密切结合起来，借以减少人们之间的利益纷争和维持竞争秩序外，宣扬谦让、克己、利他、服从的传统道德对我们具有重要启示。① 只有把依法治国和以德治国结合起来，将“硬约束”的正式制度与“软调控”的价值观、伦理道德和风俗习惯等结合起来，才能形成公职人员不愿腐、不想腐的心理机制，培育社会的廉洁精神。

---

① 曹锦清．如何研究中国［M］．上海：上海人民出版社，2010：190.

营造风清气正[①]的良好政治生态，既靠依法治国和以德治国相结合，依法治国和依规治党有机统一的保障，又靠强化党员干部理想信念和党性教育，使党员领导干部明大德、守公德、严私德，铲除腐败滋生的土壤。一是强化政党廉洁教育作用。理想信念是精神之钙，精神上缺了钙，就会得软骨病，就会导致政治上的变质，经济上的贪婪，道德上的堕落，生活上的腐化。要大力加强廉洁教育和廉政文化建设，要抓好党性教育和党性修养、抓好职业道德教育和思想教育，健全警示教育机制，编制违纪违法党员干部忏悔录，以身边事警醒身边人，营造清正廉洁的“亲友圈”和“亲清”的“政商圈”，铸牢理想信念，锤炼坚强党性。二是发挥社会廉洁“教化”作用。大力整合基层村镇社区廉洁教育资源，积极打造以“石、路、桥、墙、亭、区、林”为基本元素的群众性、休闲式社会廉洁教化主题广场或主题公园，将文艺创作与廉政文化有机融合，形成“立党为公、执政为民”的社会文化，润物无声地融入基层群众社会生活之中。三是发挥家庭廉洁“教养”文化作用。家风败坏、私德沦丧往往是领导干部走向严重违纪违法的重要原因。要注重家庭家教家风，创新家风家训的现代转化与弘扬，签订《家属助廉承诺书》，推动廉洁教育进楼入户，引导党员干部廉洁修身、廉洁齐家，慎独慎微慎欲，自省自警自律。推动党员干部严肃私德，克己奉公，防止“枕边风”、防止人情腐败。四是引领网络空间“教治”文化作用。发挥网络空间媒介的舆论监督作用，运用“互联网+”宣传教育新模式，依托网站、廉洁教育馆、微博、微信等网络平台，开展线上线下廉洁教育互动，发挥网络廉洁教育与治理功能。五是推动榜样力量的“教示”文化作用。通过抓好“关键少数”，形成由内向外延伸的纪律网络，引导基层党员干部学习身边的道德模范、先进典型，以党风廉政建设和反腐败工作的新成效取信于民、造福于民。

① 注：从严治党，最根本的是要通过肃正风气、恢复和发扬党的优良作风取得人民群众的信赖和拥护。既要廉政又要勤政。参见习近平．摆脱贫困［M］．福州：福建人民出版社，1992：18.

第四节 健全权力运行制约和监督体系的独特价值

世界上不存在完全相同的政治制度，也不存在适用于一切国家的政治制度模式，政治制度不能脱离特定社会政治条件和历史文化传统来抽象评判，不能定于一尊，不能生搬硬套外国政治制度模式。中国特色社会主义政治制度之所以行得通、有生命力、有效率，就是因为它是从中国的社会土壤中生长起来的。作为新时代中国特色的权力制约和监督体系架构，具有典型的“中国特色”。

一、历史自觉：继承了中国特色的权力运行制约和监督经验

第一，深入分析权力制约和监督的新形式和新特点。通过深入探讨权力腐败的新形式和新特点，从多层次、多角度找出症结，提出针对性强、看得见、摸得着的对策措施。我们不能停留和满足于沿用计划经济时期反腐败的思路和办法去办那些习惯于办的传统案件，而回避当今大量出现的新情况、新问题，更需要主动深入到改革开放和经济建设的第一线，抓住一些突出的、普遍性的问题，本着促进市场经济健康发展的原则，查处违法违纪案件，从而达到以治标促治本的目的。

第二，把全面从严治党的方针落到实处。改革开放以来，我们党对权力腐败的打击是坚持不懈的，可谓决心大、要求严、指示多，取得了反腐败压倒性胜利，但腐败现象并未根除，有些方面甚至更为猖獗①。原因固然是多方面的，但很重要的一条就是在实际执行中“纪律废弛，治党不严”，“失之于软，失之于宽”。一些领导干部或认为反腐败“不可不抓，不可真抓，不

① 注：2018年，中央第一轮巡视通报指出，有些地方“官本位”思想根深蒂固，政商关系不清，甚至搞官商勾结。有的选人用人把关不够严格，跑官要官、买官卖官仍有市场，有的地方“小圈子”“小山头”仍然存在。2020年第四轮中央巡视通报指出，有的贯彻全面从严治党战略部署存在薄弱环节，主体责任和监督责任落实不够到位，压力传导递减，部分领域存在廉洁风险，整治“四风”韧劲不足，形式主义、官僚主义问题仍然存在。

可大抓”，真抓了大抓了会影响干部的积极性；或认为只要经济搞好了，其他都是枝节问题；或因为自己不廉洁，而瞒案不报，压案不办；或设置障碍，阻挠查处，致使腐败分子不能得到应有的惩罚，反而一次又一次受益。因此，从严治党关键在于狠抓落实，重视和发挥社会舆论在反腐败和权力制约工作中的重要作用，依法查办违纪违法案件，严厉惩处腐败分子，保持党同人民群众的血肉联系。

第三，抓住“关键少数”。领导干部地位高，权力大，违法乱纪的后果往往更严重，反腐败必须把重点放在领导干部身上。改革开放的历史表明，在发展市场经济的新形势下，腐败的诱发因素大大增多了，每一个党员干部都面临着更为严峻、更为直接的考验。如果放松对他们的思想教育，如果他们的自我要求不严，就会滑向危险的边缘。我们不能单纯地搞惩办主义，而应着眼于防范，立足于教育，强化思想政治工作，加强公职人员从政道德建设，帮助党员干部树立正确的世界观、人生观，增强廉洁自律的能力，使得掌权者真正懂得为谁掌权和怎样掌好权。这是保证绝大多数党员干部健康成长的一个根本前提，也是反腐败必须加快实施的一项基础性工程。

第四，强化权力监督制约机制。大量事实表明，权力腐败的发生，根本上是由于缺乏一个强有力的监督制约机制。依托经济、政治、文化、社会建设、生态文明建设“五位一体”总体布局，抓住行使权力这个关键，健全正确利益导向机制这个核心，抓住思想道德教育这个基础，紧紧依靠人民群众这个根本。要坚持走法治化的道路，加强和健全党内监督，重点是抓好对领导干部特别是高级干部的监督。干部权力越大，责任就越大，对他们的监督更要严格；同时，要注意把党内监督同其他各个方面的监督结合起来，把自下而上的监督和自上而下的监督结合起来，强化舆论监督的抑制腐败作用，形成强有力的权力监督体系。

第五，注重权力制约和监督的法治化。反腐败工作很容易受到来自权力阶层的干扰。一些别有用心的人很容易利用自己手中的权力对反腐败工作施加影响甚至制造阻力（这本身就是一种腐败），反腐败工作只是根据具体情况或领导人的个人意志来定，由此出现阶段性反腐、运动式反腐的不正常现象。“如果不信仰法治，没有坚守法治的定力，面对权势、金钱、人情、关系，是抵不住诱惑、抗不住干扰的。”① “充分发挥法治在制度性缺陷补缺、社会关系整合、治理秩序形塑等方面的‘理性宰制’机能，建立一套通过腐败犯罪法律治理体系及其有效实施以合理组织对腐败犯罪反应的治理机制”②，坚持纪法协同、纪严于法、纪在法前，强化法治中严肃党纪，使立纪与立法相呼应、遵纪与守法相契合、执纪与执法相协调，使权力运行制约和监督工作真正纳入有法可依、依法治理的法治轨道。

二、理论自觉：丰富了中国特色的权力运行制约和监督理论

中国特色的权力制约和监督体系从“五位一体”总体布局和“四个全面”战略布局的高度出发，围绕“人、权力、利益”三个核心范畴，抓住制约和监督权力这个关键，以德法兼治为基础，以主体规约为根本，以建立健全正确利益导向机制为核心，以政治建设为根本，不断完善思想道德教育，提高人的素质为基础，依靠人民群众的根本性力量，从内外两个维度围绕教育、制度、利益范畴一体推进不敢腐不能腐不想腐、中国特色权力运行的制约和监督体系。这一重要思想体系植根于中华民族深厚的文化血脉，充分汲取了中国历史文化的丰厚营养，继承和发扬了中华优秀传统文化的思想精华，蕴含着独特的中国智慧，既坚持马克思主义党建学说基本原理，又具有鲜明的中国特色、中国风格、中国气派。这一理论体系具有深厚的理论渊源，奠基于马克思主义党建学说、毛泽东建党思想和中国特色社会主义党建理论，体现了对马克思主义廉政理论的继承性与创新性的统一；具有宽广的理论视野，科学总结了我们党加强和改进自身建设的经验教训，吸收借鉴了世界其他国家政党特别是马克思主义执政党建设的经验教训；具有深邃的理论思维，深刻揭示了新时代加强和改进党的建设各方面工作的内在联系和本质要求；具有坚实的实践基础，植根于我们党管党治党的全部历史特别是党的十八大以来全面从严治党的丰厚实践。把反腐倡廉建设从并列的原五大建设中抽出来，专门以“反腐败斗争”加以表述，充分表明了我们党猛药去

---

① 中共中央文献研究室．十八大以来重要文献选编（上）［M］．北京：中央文献出版社，2014：719.

② 彭新林．腐败犯罪法律治理：内涵、思路与路径［J］．学术界，2020（7）：73-83.

疴、重典治乱的决心和刮骨疗毒、壮士断腕的勇气，反映了我们党对反腐败斗争这场“刀刃向内”的自我革命的艰巨性、复杂性、长期性的深刻认识；具有鲜明的系统思维，在布局上把全面从严治党纳入“四个全面”战略布局，使治党与治国高度融合、协调推进。

三、制度自觉：健全了中国特色的权力运行制约和监督体制

中国特色社会主义最本质的特征是中国共产党领导。纪律检查体制和国家监察体制改革是加强党对反腐败工作的统一领导的重要举措。坚持党对纪检监察工作的统一领导，在国家权力结构中设置监察机关，有利于推进全面从严治党、提高纪律检查和国家监察效率，推动反腐败斗争向纵深发展。

准确把握我们党的历史传统与现实状况，继承我们党历代中央领导集体管党治党的优良传统，适应新时代坚持和发展中国特色社会主义的新要求，针对中国共产党所处的历史方位、承担的历史使命、面临的风险挑战和存在的问题矛盾，进行了具有中国特色的探索实践，提供了一整套管党治党的中国方案。第一，从宏观层面上看，建立政党、国家、社会于一体的立体式反腐败体系，健全权力制约与权力制约、依法治国与依规治党相结合的权力制约和监督体系建设，完善巡视巡察制度建设和工作格局，用制度管权管事治吏，让权力在阳光下运行。第二，从中观层面上看，以权力制约和监督为中心，以健全决策权、执行权、监督权为核心，健全纵横、上下、内外相结合的权力运行制约监督体制机制。要以规范用权为保障，健全权力运行的法治制约和监督；以党性治权为根本，健全权力运行的伦理制约和监督；以公开行权为补充，健全权力运行的权利制约和监督。第三，从微观层面上看，从腐败行为的经济本质入手，建立健全正确的利益导向机制为补充，借鉴国外防止公职人员利益冲突的法治成功经验，针对容易引发利益冲突的事项，予以明确的、具体的法律规制，建立健全防止利益冲突制度，从经济欲望和利益源头上解决领导干部腐败行为产生的利益动因。同时，发挥公民、组织、网络新媒体等多元社会主体力量，把自上而下的权力监督和自下而上的社会监督结合起来，强化社会领域人民大众的舆论监督的抑制腐败作用，使权力主体形成“廉荣贪耻”廉洁价值观和道德基础，实现廉政自律。

四、文化自觉：创新了中国特色的权力运行制约和监督文化

一是适合中国国情。当前反腐败斗争形势依然严峻，要坚定不移地走中国特色反腐倡廉道路。反腐败的中国特色是什么？目前理论界对中国特色反腐倡廉道路的实践及其经验总结的研究成果丰富，也不乏专家学者们做了深入的研究，得出了非常有造诣的真知灼见，但总体来说在理论层面缺失“中国特色”。例如，以权力制约权力、以权利制约权力、以舆论制约权力、让权力在阳光下运行、加强关键领域风险点防控、建设廉政文化等，尽管我国在这些理论的运用上富有中国特色，但这些理论可以说在世界各国具有普遍的实用价值，有些还是我们“拿来”的，本书价值正在于探寻反腐败的“中国特色”，试图建构中国特色反腐败的理论内核。要坚持党的领导、依法治国和人民当家作主的有机统一，坚持在马克思主义指导下与时俱进地探索适合中国国情的制约和监督权力运行的体制、制度和机制。中国特色的权力运行制约和监督体系是按中国人的交往方式、行动逻辑、文化背景来描述和解释中国廉政建设问题，不脱离国情、不照搬他国模式，按照中国特色社会主义道路、理论、制度和文化来建构中国特色的权力运行制约和监督体制机制。这是源自中华民族优秀传统文化，源自社会主义监督理论的丰富发展，源自党的十八大以来以习近平同志为核心的党中央全面从严治党实践创新的总结凝练，是从中国社会发展实际出发建构中国特色的反腐败理论和实践创新。扎实推进中国特色的权力运行制约和监督体系建设，深化党的纪律检查体制和国家监察体制改革，构建集中统一、权威高效的中国特色国家监察体制，实现党内监督和国家机关监督、党的纪律检查和国家监察的有机统一，为世界反腐败提供了中国特色的权力运行制约和监督体系的中国方案。

二是超越西方模式。西方权力制约和监督方案设计主要是以西方理论和西方语境为本位，强调权力制约的必要性，在具体的制度设计上强调分权制衡的有限责任政府、公民权利实现和法治保障，有其共通性和合理性。但在分析建构中国权力制约和监督体制机制时，还需考虑权力腐败治理的特殊性，考量中国权力腐败发生的文化和社会生态背景，关注权力运行具体场域空间中存在权力主体、权力运行、社会文化、政治生态等因素。中国特色的纪检监察体制改

革就是在推进全面从严治党政治生态中，围绕“权力主体与权力运行”为核心的中国特色的权力制约和监督体系空间逐渐建构起来，强调将“权力关进制度的笼子”“让权力在阳光下公开运行”，形成了以“决策权、执行权和监督权相互制约相互协调”的整体性治理逻辑。一方面，围绕“权力”这个核心，坚持纪法协同策略，既深化党内法规建设，又注重党内法规与国家法律的衔接，阻断权力资本化通道；另一方面，围绕“权力主体”这个核心，提升权力主体党性和自律，完善利益激励和容错机制建设，建构以“人与权力”并重的“正人治权”治理模式，铲除腐败滋生的文化生态和制度漏洞，建立标本兼治、纪法协同的腐败治理体制机制，实现党性和人民性的统一、外部他律和内部自律的统一，实现新时代纪检监察工作整体性提升。

五、价值自觉：彰显了中国特色的权力运行制约和监督体系的人民情怀

人民立场是党的根本政治立场，人民群众是党的力量源泉，让群众满意是我们党做好一切工作的价值取向和根本标准。坚持执政为民、人民至上，为了人民、依靠人民，坚持全心全意为人民服务的根本宗旨，“把人民拥护不拥护、赞成不赞成、高兴不高兴、答应不答应作为衡量一切工作得失的根本标准，使我们党始终拥有不竭的力量源泉”①。这些务实管用、动情感性的论述，也彰显出总书记廉政思想的底色，就是扎根人民、服务人民的根本宗旨，以人为本、取信于民的公仆情怀。第一，站稳人民政治立场。人民立场是党的根本政治立场。“我们党来自人民、植根人民、服务人民，一旦脱离群众，就会失去生命力。”② 要站稳人民立场，贯彻党的群众路线，同人民想在一起、干在一起，坚决反对“四风”特别是形式主义、官僚主义，始终保持党同人民群众的血肉联系。一方面，坚持为人民执政，靠人民执政，坚持人民民主专政，坚持和完善民主集中制，以发展党内民主带动人民民主。另一方面，坚持立党为公、执政为民，维护人民群众最现实、最关心、最直接的

---

① 习近平．在党的群众路线教育实践活动总结大会上的讲话［N］．人民日报，2014-10-09（2）．

② 习近平．决胜全面建成小康社会 夺取新时代中国特色社会主义伟大胜利——在中国共产党第十九次全国代表大会上的报告［M］．北京：人民出版社，2017：66.

利益，坚决纠正各种损害群众利益的行为。同时妥善协调好各方面利益关系，处理好人民内部矛盾。

第二，维护人民根本利益。坚持人民性，就是要把人民根本利益和人民幸福作为出发点和落脚点。针对过去一段时期党内形式主义、官僚主义、享乐主义、奢靡之风比较严重的状况，习近平总书记强调“作为党的干部，就要全心全意为人民服务，诚心诚意为党和人民事业奋斗，就是要讲大公无私，公私分明，先公后私，公而忘私”①，“领导干部必须时刻清楚这一点，做到公私分明、克己奉公、严格自律”②。党员领导干部必须牢固树立人民群众是历史创造者的历史唯物主义观点，坚持人民主体地位，把人民对美好生活的向往作为奋斗目标，坚持人民群众是“阅卷人”标准，密切联系群众，代表群众利益，实现好、维护好、发展好最广大人民的根本利益。

第三，发挥人民监督作用。让人民监督权力，是把权力关进制度笼子的根本之策，是对新时代反腐败治本的基本定位。领导干部手中的权力都是党和人民赋予的，必须接受党和人民的监督。习近平总书记强调，“群众的眼睛是雪亮的，群众的意见是我们最好的镜子”，“人民群众中蕴藏着治国理政、管党治党的智慧和力量”③，必须坚持党的领导、人民当家作主、依法治国的有机统一，依法公开权力运行流程，畅通建言献策渠道、批评监督渠道，让广大干部群众在公开中监督，保证权力正确行使，充分发挥人民监督作用。这就明确了反腐败建设的主体力量，领导干部必须要接受党和人民的监督。

六、行动自觉：形成了中国特色的权力运行制约和监督体系的中国方案

科学的方式方法是实现工作目标的有效手段，必须坚持方法创新，不断提高有效惩治和预防腐败的能力。“坚持以党性教育构筑思想道德防线、以

---

① 中共中央文献研究室．习近平关于全面从严治党论述摘编［M］．北京：中央文献出版社，2016：155.

② 习近平．习近平谈治国理政（第一卷）［M］．北京：外文出版社，2014：394.

③ 习近平．在党的群众路线教育实践活动总结大会上的讲话［N］．人民日报，2014-10-09（2）．

法规制度建设刚性规范体系、以民主权利构建权力约束系统、以权力配置优化权力运行机制”①，坚持用法治的思维、科学的方法、系统的设计整体推进运行制约和监督体系建设。第一，以权力制约为中心，加强权力制约和监督制度体系建设。针对行政监察范围过窄、反腐败力量分散、纪法衔接不畅等问题，对权力制约和监督机制进行新的探索，走出一条基于深厚传统、符合历史逻辑、适应现实国情、保障发展需要的党内监督和国家监察协同的中国道路。以改革创新精神推进反腐倡廉建设，努力探索运用新学科、新技术、新知识等途径和手段推进反腐倡廉建设。建立完善信访举报、投诉处理、政行风评议、案件监督管理、预防腐败信息共享等系统，积极推进廉政风险防控机制建设，不断提高反腐倡廉建设科学化水平。

第二，以德法兼治为基础，加强权力制约和监督保障体系建设。着眼于决策、执行、监督等关键环节，建立健全监督、党内监督、民主监督、行政监督、社会监督体系建设。搞好纪法贯通，又实现纪法衔接，坚持党内监督与国家监察的结合，既盯住“关键少数”又管住“绝大多数”，坚持强化自我监督与加强外部监督的统一。

第三，以主体规约为根本，加强权力制约和监督的廉洁自律体系建设。通过反腐倡廉教育形成不能腐的防范机制，通过反腐倡廉教育使廉政文化深深扎根于灵魂之中，培育权力主体的廉洁自觉，树立正确的权力观和行政伦理，形成廉政文化，提升自律精神和道德自觉，使领导干部“不想腐”，实现“干部清正、政府清廉、政治清明”政治建设目标。

① 徐家林，徐业坤．新时代中国共产党对中国特色权力监督道路的新探索［J］．河海大学学报（哲学社会科学版），2020（1）：8-13.

第六章

健全权力运行制约和监督体系运行机制

健全新时代权力运行制约和监督体系的机制创新包括：权力配置机制，重点分析权力运行内部圈层政权内部决策权、执行权和监督权的相互制约相互协调关系，发挥党内监督、人大监督、民主监督、社会监督和舆论监督作用。程序控制机制，分析加强权力运行内部流程控制和廉政风险点监控机制建设，推进依法治国，依法治党、依法治官、依法治民的法治制约。问责阻断机制。以党政问责制度、纪检巡视制度为重点，分析内部控权强化权力制约和监督的制度阻断机制。信息公开机制，分析信息公开机制并依靠科技力量使行政权力网上公开透明运行，强化权力运行的社会制约以实现民主权利与执行权力间的制衡。主体自治机制。加强党的纪律建设研究，加强权力主体的廉洁教育机制，健全党性制约和监督权力。

第一节　健全权力运行制约和监督体系的权力配置机制

如何在坚持中国共产党的领导、人民当家作主与依法治国的有机统一基础之上，建立健全决策权、执行权、监督权既相互制约又相互协调的权力运行制约和监督机制，是推进国家治理体系和治理能力现代化的重要内容。“议行合一制”政权生态下健全中国特色的立体式权力制约和监督体系架构研究包含三个圈层的措施：第一，内部圈层。健全行政权力运行系统内部决策权、执行权、监督权相互制约与协调。第二，中间圈层。健全党和人大决策权、政府执行权、人大和司法监督权相互制约监督。第三，外部圈层。健全社会团体和公民对党政决策权、执行权和监督权的民主参与与监督分析。重点分析权力运行内部圈层政权内部决策权、执行权和监督权的制衡；分析中间圈层执政党与人大、政府、两院、民主党派之间的权力配置关系，发挥党内监督、人大监督、民主监督作用；分析外部圈层社会系统中公民和媒体的社会制约，发挥社会监督和舆论监督作用。

一、革新权力结构：强化公权力运行制约和监督

有学者总结分析从中华人民共和国成立到改革开放期间，我国纵向府际关系陷入“一统就死，一死就放，一放就乱，一乱就收，一收又统”的循环怪圈，这一时期权力配置关系表现为重国家、轻社会，重权力、轻权利，重集体、轻个体，重集权、轻分权特征。随着改革开放的不断深入，纵向府际权力关系实践呈现选择性集权、多元化分权和差异化放权的趋势。① 但由于“下管一级”体制下，上级具有较大资源分配权，上级直接控制下级政府人事权，具有业务指导权甚至“一票否决权”，下级通过诸如“跑官”“跑关系”等搞好与上级的关系，上级只能采取听汇报、检查工作等方式来获取下级工作绩效的信息，信息不对称，容易导致“有权者不知情，知情者没有权”的问题。“向上负责与向下负责的脱节，导致自下而上监督的缺位，自上而下的监督也因此受到削弱。”② 这种权力过于集中失去监督制约时容易产生腐败，因此要健全权力运行制约和监督体系，要强化制约和监督，科学配置权力，实现“决策科学、执行坚决、监督有力的权力运行机制，督促公正用权、依法用权、廉洁用权”③。

革新“一元与多体”协同发展的权力结构，坚持用制度管权管事管人，让权力在阳光下运行。权责法定，于法有据，明晰权力边界，严格职责权限，建立权力清单、责任清单、负面清单。一旦权力限制，明确权责关系，规范职责权限、职责定位。权力公开，依法公开权力运行流程与程序，推进决策公开、管理公开、服务公开、结果公开等政务公开。权力监督，强化自上而下的巡视巡察监督。第一，健全党内决策权、执行权、监督权既相互制约又相互协调的权力结构和运行机制。依托现有政治权力运行框架，实施由

---

① 陈国权，等．权力制约监督论［M］．杭州：浙江大学出版社，2013：144-145.

② 陈国权，等．权力制约监督论［M］．杭州：浙江大学出版社，2013：148.

③ 习近平．习近平谈治国理政（第三卷）［M］．北京：外文出版社，2020：548.

各级党代会行使重大决策权，各级党委和纪委分别行使执行权和监督权。第二，建立健全党和人大决策权、政府执行权、人大、司法和监委的监督权相互制约相互协调的权力结构和运行机制。在政党层面，在党的统一领导下，将处于领导地位的党的领导权力和以人民代表大会为核心的国家权力相结合，善于把成熟的政策主张通过人大立法转变为具有法律效力的国家意志，并通过人大督促"一府两院一委"在工作中贯彻落实党的路线、方针、政策。第三，健全政府内部决策权、执行权和监督权相互制约相互监督的权力结构和运行机制。要在政府部门机关内部适当分解决策权、执行权、监督权，使决策、执行、监督职能既相互分工负责，又相互制约协调。第四，健全人民群众和社会团体对党和国家决策权、执行权、监督权的民主监督和社会监督。要确保权力阳光运行，规范和引导群众监督和舆论监督。总之，要健全决策权、执行权、监督权既相互制约又相互协调的权力运行格局，提升党内以及党与国家机关之间多维监督合力，提升权力制约和监督的法治化水平。

二、分工制衡：健全权力配置机制的目标趋向

民主是一种国家形式或国家形态。恩格斯指出："首先无产阶级革命将建立民主的国家制度，从而直接或间接地建立无产阶级的政治统治。"① 在《共产党宣言》里也强调："工人革命的第一步就是使无产阶级上升为统治阶级，争得民主。"② 列宁把民主概括为："民主就是承认少数服从多数的国家"③，是多数人的统治。"民主是一种国家形式，民主是一种国家形态。"④同时，民主意味着公民的平等和参政的权力，是全体人民参与社会政治事务，"意味着在形式上承认公民一律平等，承认大家都有决定国家制度和管理国家的平等权利"⑤。民主还表明具有公平平等和参政权利的含义。工人在

① 马克思恩格斯选集（第一卷）[M]．北京：人民出版社，2012：304.
② 马克思恩格斯选集（第一卷）[M]．北京：人民出版社，2012：421.
③ 列宁全集（第三十一卷）[M]．北京：人民出版社，2017：78.
④ 列宁全集（第三卷）[M]．北京：人民出版社，2012：64.
⑤ 列宁全集（第三十一卷）[M]．北京：人民出版社，2017：96.

夺取政权之后，必须“立刻转到使所有的人都来执行监督和监察的职能，使所有的人暂时都变成‘官僚’，因而使任何人都不能成为‘官僚’”①。

通过社会主义选举民主和协商民主发展推进廉政建设。一方面发挥选举民主的反腐功能。通过实行差额选举，完善候选人的提名、介绍方式，提高和扩大直接选举的层级和范围，使人民代表真正由人民选出，人民能够真正监督代表，监督政府及其官员。另一方面发挥协商民主的防腐功能。当前，在我国基层治理领域正在进行协商民主治理的实践。基层协商治理是一种群众自治式的自我管理，这种治理由基层权力部门、群众自治组织等组织引导，通过群众及其代表就域内或部门涉及自身利益的公共事务、公共决策进行协商讨论并直接作出决定。这种由群众行使权力通过协商讨论直接作出决定的管理方式，真正体现了人民主权，实现了人民当家作主，避免了基层干部权力腐败的可能，会对权力主体及其权力行使产生一定程度的制约和监督。

三、权力运行机制：决策权、执行权、监督权相互制约相互协调

在孟德斯鸠看来，正确的做法应当是将国家权力分割为行政权、立法权和司法权，并赋予不同的部门，以达到这三者间相互制约，相互监督，达到一种动态的平衡。这种三权分立是西方政治体制尤其是美国当前政治制度的理论基础和精华所在。但是这种分析框架和制度设计对我国廉政制度的分析来说并不适合，因为没有包含中国共产党这一重要权力主体，也不适用于我国文化背景与政治生态。正如恩格斯所指，资产阶级理论家们“以其虔诚的心情把这种分权看作神圣不可侵犯的原则，事实上这种分配只不过是为了简化和监督国家机构而实行日常事务上的分工罢了”②。虽然这种西方宪政式的分权模式不适用于我国的具体国情，但是利用政治权力专业化分工来制约权力却是值得我们借鉴的，即基于权力分工的决策权、执行权、监督权的三分。

---

① 列宁全集（第三十一卷）［M］．北京：人民出版社，2017：105.

② 马克思恩格斯全集（第五卷）［M］．北京：人民出版社，1965：218.

我国传统的行政管理体制“强监督—弱制约”的控权模式使得制约制度的功能被削弱，而监督制度的固有缺陷被放大①。监督制度控权及执行更多依靠监督者而非制度，监督控权力量往往通过明察暗访、专项整治等方式开展，监督制度更多针对执行权而非决策权，在纵向权力关系方面难以启动问责，在横向层面表现为对主要领导人决策权的问责乏力。权力主体既是“运动员”，又是“裁判员”，形成“绝对权力”，既是决策者、组织者，又是监督者，容易产生权力滥用、官僚主义、贪污受贿等现象，造成“管得太多而又管得不好”的困境。党的十六大提出要建立结构合理、配置科学、程序严密、制约有效的权力运行机制。党的十七大报告强调建立健全决策权、执行权、监督权相互制约相互协调的权力运行结构。党的十八大继续强调，要确保决策权、执行权、监督权既相互制约又相互协调，确保国家机关按照法定权限和程序行使权力。党的十八届三中全会指出：完善决策权、执行权、监督权既相互制约又相互协调的行政运行机制。党的十九大报告也强调：“构建决策科学、执行坚决、监督有力的权力运行机制。”② 习近平总书记在十九届中央纪委四次全会上强调：“保证权力在正确轨道上运行，坚持民主集中制，形成决策科学、执行坚决、监督有力的权力运行机制，督促公正用权、依法用权、廉洁用权。”③ 可见，科学配置决策权、执行权、监督权的权限成为健全权力运行制约和监督机制的核心环节。

① 陈国权，等．权力制约监督论［M］．杭州：浙江大学出版社，2013：34.

② 习近平．决胜全面建成小康社会 夺取新时代中国特色社会主义伟大胜利——在中国共产党第十九次全国代表大会上的报告［M］．北京：人民出版社，2017：37.

③ 习近平在十九届中央纪委四次全会上发表重要讲话强调：一以贯之全面从严治党强化对权力运行的制约和监督 为决胜全面建成小康社会决战脱贫攻坚提供坚强保障［N］．人民日报，2020-01-14（1）.

我国建立的决策权、执行权、监督权①既相互制约又相互协调的权力运行制约和监督机制，建立在马克思主义关于人民主权的理论和建立在“议行合一制”下的人民代表大会制度之上。决策权涵盖了立法权，同时又包含了政党、政府、司法机关决策活动；执行权则不仅仅局限于政府的执行活动，同时，又包括了其他公共执行活动；监督权除了包括党内监督、司法监督之外，还包含了民主监督、社会监督等。决策权、执行权与监督权三分是决策活动、执行活动与监督活动的三事分工；是决策职能、执行职能与监督职能的三职分定；是决策责任、执行责任与监督责任的三责分置。这既符合新时代全面从严治党和加强党的领导的需要，又体现中国特色的权力运行制约和监督体制机制的本土性特征。

政府行政权力的“行政三分”。“传统体制下，我国政府部门集决策权、执行权、监督权于一身，自行决策、自己执行、自我监督，权力运行实质上处于没有任何有效监督的状态，这就为公权私用和贪污腐败提供了制度性漏洞。”② 为了打破“政府权力部门化—部门权力利益化—部门利益审批化”的行政权力怪圈，实现对政府权力、职能、权责的重新配置与结构调整，“行政三分”创新实践被推上政府机构改革的前沿。这不再是西方国家权力在立法、司法、行政宏观划分，而是在中国语境下的公共权力在行政系统内部的决策、执行和监督层面的制度性微观划分。早在2001年，中编办提出行政改革的思路是建立行政决策、行政执行、行政监督三者适度分开的政府管理方式。按照集中行使决策权、分散行使执行权、独立行使监督权的理念设

---

① 注：“三权”是指政府内部职权配置形式和相互关系，指行政系统内部的决策、执行、监督三种职能在相对分离基础上形成相互制约又相互协调的机制。决策部门把系统与行业事务按照科学化原则设置成若干个执行部门，重大决策由决策部门来制定，执行部门根据相关的规则来运作，履行法定职责，实现相应的目标与任务，进而形成纵向的制约关系。监督部门主要从事法律、纪律等方面的监督、政策性评价、审计方面的检查和绩效管理。从本质来说，是把行政权力通过相互制约的方式实现组织管理过程的协调与平衡，保证人民依法实行民主选举、民主决策、民主管理和民主监督。参见宋新玲．决策权、执行权、监督权的相互制约与协调——基于深圳市大部门制改革的思考［J］．岭南学刊，2015（6）：49-53.

② 唐亚林，鲁亚春，陈水生，等．让权力在阳光下运行：决策权、执行权和监督权互相制约与协调［M］．上海：上海人民出版社，2014：75.

计，把行政权力内部的决策、执行和监督三项职能相对分离行使三种不同的权力。需要注意的是，这不是国家政体类型和国家最高权力结构特征的体现，而是政府治理体制机制的纵向程序关系。“大部门领导机关主要负责决策，推动立法，制定政策；大部门下属司局机构按照有关法律法规和公共政策具体执行；设立统一的独立于大部门之外的监督机构。”① “行政三分”改革后的深圳市政府共设置七个委员会，“委”是承担制定政府、规划、标准等职能并监督执行的大部门；十八个局，“局”是主要承担执行和监管职能的机构；六个办公室，“办”主要协助市长办理专门事项。② 从功能定位来看，有利于打破职能分工的部门体制弊端，将政府决策与执行职能分开，纠正职能分工过细、部门过多的状况，同时，有利于提升决策的科学性，将一些可以由社会组织或公民个人完成的职能推向社会，减轻政府负担，达到精简职能、优化绩效的目的。有学者总结分析深圳“行政三分”改革成果、局限与启示时指出：从成果来看，深圳“行政三分”建立了决策权、执行权和监督权相互制约和协调的基本组织架构，促进了政策运行系统的完善，推动了政府职能的积极转变，推进了公共治理主体的多元化进行；从局限分析来看，没有明晰权力分合标准，缺乏明确的权责关系，没有形成有效的独立监督机制；从有益启示来看，要推进法治民主制度建设，建立独立外部监督机制，界定权力分合限度、明确权责关系。③

从运行来看，决策权、执行权、监督权既相互制约又相互协调的权力运

---

① 郑曙村．建立决策、执行、监督“权力三分”体制的构想［J］．齐鲁学刊，2010(6)：98-102.

② 注：“委”是承担制定政府、规划、标准等职能并监督执行，发展改革委员会、科技工贸和信息化委员会、市财政委员会、规划和国土资源委员会、人居环境委员会、交通运输委员会、卫生和人口计划生育委员会。“局”是主要承担执行和监管职能，包括教育局、公安局、监察局、民政局、司法局、人社局、农业和渔业局、文体旅游局、审计局、国有资产监督管理局、住房和建设局、药品监督管理局、统计局、城市管理局、气象局。“办”主要协助市长办理专门事项，不独立行使行政管理职能，包括政府办公厅、法制办公室、外事办公室、应急管理办公室、行政服务大厅管理办公室、金融发展服务办公室。参见雷颖剑．深圳市“行政三分制”改革研究［D］．中共广东省委党校，2011.

③ 唐亚林，鲁亚春，陈水生，等．让权力在阳光下运行：决策权、执行权和监督权互相制约与协调［M］．上海：上海人民出版社，2014：77-89.

行制约和监督机制，既强调制约权力，防止权力过分集中而产生腐败，更强调协调权力的协调运行，防止权力相互掣肘而损害运行效率。在权力配置方式上更加灵活：在顶层设计维度，可以采取分设独立机构的办法，分别行使决策权、执行权、监督权，如我国国家政权层面的权力制约和监督机构，如党委、政府、人大、政协、司法之间相互制约协调，特别是人大和“一府一委两院”之间权力配置问题。而在基础和具体部门内部化权力运行过程中，使决策权、执行权、监督权之间形成相互制约与相互协调的动态平衡运行效果。同时，这也是在坚持党的全面领导下权力运行制约和监督体系的自我净化、自我完善、自我革新、自我提升能力的体现。①

通过决策权、执行权、监督权相互制约相互协调，加强和巩固党的领导，提高治国理政能力。“监督控权为压力型体制所驱动，从控制和激励两个层面发挥着效率机制的作用。”② 要明确执行权对决策权负责，决策权、执行权都必须无条件接受监督权的制约，并通过法律和制度确定下来。“要健全组织法制和程序原则，对权力运行的各个环节都作出规定，确保权力行使有法可依，保证按照法定权限和程序履行职责，确保决策权、执行权、监督权在时间上相衔接，在空间上相协同。”③

四、执政党与人大、政府、两院之间的权力配置

发挥人大在反腐败中的作用。作为中国特色的民意机关和最高权力机

---

① 注：决策、执行、监督的三权模式不仅适用于政府，在现代社会还具有更为一般的、普遍的意义。例如，现代企业实行的也是决策、执行、监督的分权治理模式，即股东大会和它产生的董事会主要行使决策职能，经理人主要行使执行职能，而监事会（或独立董事）主要行使监督职能。村民会议（或村民代表会议）主要行使决策权，村民委员会主要行使执行权，村民监督委员会主要行使监督权。未来全面、具体的贯彻可以采取分步走的策略：第一步，先在农村基层进行试验。第二步，可以在党内进行试验。由于党的组织架构，即全体党员大会（或党代表会议）、党委、纪委，已很接近决策权、执行权、监督权制约与协调理论模式，因此，在党内试验应该并不复杂。参见任建明．决策权、执行权、监督权的制约与协调——十七大以来的理论与实践［J］．人民论坛（学术前沿），2012（11）上：52-64.

② 陈国权、毛益民，等．权力法治与廉政治理［M］．北京：中国社会科学出版社，2019：299.

③ 庄德水．反腐新常态［M］．北京：中共中央党校出版社，2016：13.

关，人大也应在反腐中发挥作用。人大应该而且可以在以下方面发挥出反腐的功能。第一，推进反腐败国家立法，研究修订行政监察法，依据《中华人民共和国监察法》推动国家监察体制改革，为反腐提供法制保障。第二，严把人事任命关，预防腐败。人大的任免权，是宪法和法律赋予人大或其常委会依照法定的权限和程序，对国家权力机关的常设机关或机构和国家行政机关、军事机关、审判机关、检察机关等的组成人员及有关人员的选举、任命和去职的权力。第三，发挥人大监督作用。全国人大对决策权的监督主要包括立法监督、政策监督和人事监督；对执行权的监督分为常规监督和特别监督；对监督权的监督分为系统内监督和系统外监督。“人大通过对重大事项和人事安排等重大决策进行审议，并通过备选方案的选择和合法化过程实现对决策权的监督；通过对预算执行、政府工作报告审议等实现对执行权的监督；通过对司法机关的工作审议，建立上下级人大的双向监督机制，实现对监督权的监督。”① 要完善党委创议、人大审议的程序设计，落实决策权的监督，改进人大监督工作方式，构建内部双向监督和外部监督网络的协同机制，把对“人”的监督与对“事”的监督有机结合起来，听取和审议专项工作报告，进行常规监督和特别监督，实践质询、询问、特定问题调查、撤职案等监督方式。

第二节 健全权力运行制约和监督体系的程序控制机制

健全权力运行制约和监督体制机制必然要求权力运行的程序化和透明化。健全加强权力运行内部流程控制和廉政风险点监控机制建设，推进依法治国，依法治党、依法治官、依法治民的法治制约。

一、权力运行程序的科学化

程序是对权力运行各环节包括权力赋予、权力行使、权力制约和监督的

① 陈国权、毛益民，等．权力法治与廉政治理［M］．北京：中国社会科学出版社，2019：336.

规制。法治的公正、有效实施都离不开科学设计的“程序”，严格的程序设置看似会束缚决策者的手脚，但反过来看，程序的存在对于保障人们的合法权利来说则是不可或缺的。但我国在党内政治生活的制度（尤其是党纪的层面）设计在程序性维度方面还需要引起重视。比如，关于党内政治生活，有许多肯定性和否定性规定，但这些肯定性规定如何具体执行，否定性规定又当如何加以制止，肯定和禁止的程度又当如何，等等。这些问题在我们的制度中缺乏相应的程序性规定，从而导致在实施过程中缺乏可操作性。再如，党内政治生活制度明确规定，党组织应当坚持民主和集中并重的原则，应当在广泛征询党员意见的前提下，才能作出相关决议和决定。但这里所谓的“广泛征询”究竟有多广泛？哪些人必须成为征询的对象？哪些人没有如此的硬性要求？究竟应当用怎样的方式和机制来征询意见等。这些问题在党内的相关政治生活条例中并没有详细的程序性规定。这样一来，本来具备实质性的内容由于失去了形式保障而不免在实施过程中变得随意化。

党的十九大之后，我国在国家权力机构设置上进行了重大变革，深化国家监察体制改革，建立了反腐败的专职机构——监察委员会。监察委员会在我国反腐败法治化的历史上，甚至是在我国的制度建设史上都是一件大事。在此之前，我国的反腐败机构主要有三个部门，一是党的各级纪律检查委员会，二是隶属行政系统的各级监察部门，三是各级检察院下设的反贪局。这三个部门，尤其是党领导下的纪委为当前的反腐败工作做出了许多贡献，但三个部门各自拥有自己的权力边界，同时由于缺乏更高级别的专门反腐败机构，三个部门之间的联动性在许多时候都有所欠缺。这样一来就给腐败行为留下了不少制度上的漏洞，会影响反腐败的直接效果。监察委员会即是在这种情况下成立的。该机构的成立整合了纪委、监察部门、反贪局的反腐败力量，使这三个部门可以进行横向联动，从而解决反腐败机构之间的协调性问题。另一方面，监察委员会的设立除了是从效果考虑，还是反腐败工作制度化、法治化的内在之义。作为反腐败的国家机关，既要保证自身权力的行使安放在法治的规导上，也要通过对其他各个部门的协调和规导使反腐败的整体工作合乎法治的精神和要求。从机构设置来看，监察委员会隶属于人大，其领导及成员由人大常委会核准。要在制度的制定和执行两端形成合力，不断加强制度本身的科学性和严肃性，以制度的严肃性引导、带动基层党组织的党内政治生活不断走向法治化和科学化。

二、权力运行程序的法定化

有学者在总结分析中华人民共和国成立以来反腐倡廉党内法规历史嬗变时指出，从1949—1978年定位相对模糊的探索，到1978—1992年由群众运动转向执政党自我纠偏，再到1992—2002年由“单项治理”转向“综合治理”，2002—2012年从侧重新立转向新立、修改、废止并举，2012—2019年注重整体谋划与高质量建设，形成了以党章为统帅，以准则、条例为主干，由预防腐败、查办腐败案件等类别组成的反腐倡廉党内法规体系，形成了党内法规和国家法律并行的治理结构。① 新时期推进权力运行程序法定化，就要明确哪些是“因为需要而亟待修改”，哪些是“因为缺乏而需要制定”，确立转化机制，将成熟的“先行先试”反腐倡廉党内法规上升为法律，推进党内法规和法律的协调发展。

对权力进行监督的目的和实质是规范权力的使用，使权力的使用法治化。因为有些权力，甚至是监督权力如果一旦离开对自身的监督，就会异化为自身的反面，不再是为了服务于国家和社会建设，而是为了使用权力为自我牟利。有些监督权力也会因此而走向异化，在监督过程中徇私舞弊，只对人不对事，甚至是“柿子只捡软的捏”，对级别较低的基层领导干部甚至人民群众颐指气使，对级别较高的领导干部则点头哈腰。这种监督，本质上是被异化的监督。这种监督一旦成为风气，就会造成十分恶劣的社会影响。之

① 注：有学者强调要协调反腐倡廉党内法规与《监察法》的关系。目前，监察委员会与纪律检查委员会采取合署办公的形式，由此必然产生党的机构和国家机构的合作、反腐倡廉党内法规和《监察法》的协同、党内执纪程序和国家监察程序的连接等诸多新问题，需要适时制定（修订）相关党内法规。权力运行包括决策、执行、监督、问责、反馈等环节，目前在监督多元、责任追究和有效执行方面，已经颁布了系列党内法规，但在科学决策和及时反馈方面还缺乏相关党内法规。同时还应将“网络反腐”等新形式的反腐机制纳入反腐倡廉党内法规建设的范畴。参见蒙慧．反腐倡廉党内法规建设：新中国成立70年来的历程与经验——以党内法规文本为考察对象［J］．探索，2020（2）：129-136.

所以会出现权力异化的现象，除了少数党员领导干部为民服务的初心和信念的缺失，更重要的原因是用主观意愿混淆了不同权力之间的边界。边界不确定，则权力运行就无法透明。因而要对权力运行边界程序进行纪法衔接的勘定。党的十八届四中全会指出，“加快推进反腐败国家立法，完善惩治和预防腐败体系，形成不敢腐、不能腐、不想腐的有效机制，坚决遏制和预防腐败现象”①，强调要“注重党内法规同国家法律的衔接和协调②，提高党内法规执行力，运用党内法规把党要管党、从严治党落到实处，促进党员、干部带头遵守国家法律”③。除了对协调性的进一步完善之外，党内相关配套性法规还需要依据实际情况来加以整合和清理，“有机整合党内法规制度知晓遵守机制、党内法规制度监督检查机制、党内法规制度解释机制、违反党内法规制度责任追究机制和党内法规制度实施效果评估机制”④，健全党内法规实施常态化机制，提高党内法规制度的执行力，增强党内法规的现实约束性和针对性，使党纪与国法协调起来。

三、权力运行程序的法治化

法治是通过强制措施来对人们实施“硬性”约束，而道德则是通过社会舆论等对人们施加“软性”约束，二者互为补充。在坚决惩治腐败的同时，更加注重治本，更加注重制度建设。“要充分发挥法治在制度性缺陷补缺、社会关系整合、治理秩序形塑等方面的‘理性宰制’机能，建立一套通过腐

① 中共中央关于全面推进依法治国若干问题的决定［M］．北京：人民出版社，2014：13.

② 注：有学者认为，党内法规是党的自治性规范，只能在党组织及党员中发挥作用，对于违反党内法规的相关组织和党员，只能通过党的内部处罚措施予以处理。而国家法律是国家强制性规范，所有组织和个人都必须遵守，如若违反国家法律，则要承担相应的法律责任。引自李斌雄，廖凯．正确认识和处理党内法规与国家法律的关系［J］．思想理论教育，2019（6）：74-78.

③ 中共中央关于全面推进依法治国若干问题的决定［M］．北京：人民出版社，2014：35.

④ 李斌雄，廖明．新时代中国共产党党内法规制度实施探讨［J］．马克思主义研究，2019（10）：95-106.

败犯罪法律治理体系及其有效实施以合理组织对腐败犯罪反应的治理机制。"① 以法律来规范国家的治理，"以法律来限制、控制权力的运作和操作，以法律来监督统治者，以法律来界定其权限和职责"②。党的十六大明确提出"使党风廉政建设和反权力腐败逐步纳入法制化轨道"③，推进反腐倡廉制度化、法治化，切实做到有法可依。通过宪法与法律对各种腐败现象实行更为严厉的制裁和打击。推进党内民主制度建设，健全群众参与、舆论监督、社会评价等制度规定，为以发展党内民主带动人民民主提供制度保证，将一些必要的党内法规制度上升到国家法律的高度。坚持依法从严治权、从严治官，按章办事，"既必须使我们的干部有充分而又有效的权力，又必须使行使权力的人严格依法办事，做'法律的仆人'"④。

第三节 健全权力运行制约和监督体系的制度阻断机制

"建立一整套系统、全面的制度以制约和监督权力的使用，这是杜绝腐败的根本性措施。"⑤ 以党政问责制度、纪检巡视制度为重点，分析内部控权强化权力制约和监督的制度阻断机制。

一、制度规训：健全权力运行制约与监督体系的他律机制

从权力腐败行为现象分析可以看出，权力拥有者是腐败的主体，权力是腐败行为的载体，权力主体对权力的追求是为了掌握对社会资源、财富、价值和权力的分配权益，可以说党员干部的腐败行为都离不开权力这个因素。在权力运作方式上，政治权力自上而下运作，在逐级管制中如果缺乏有效监

① 彭新林．腐败犯罪法律治理：内涵、思路与路径［J］．学术界，2020（7）：73-83.
② 何勤华．西方法学史（第二版）［M］．北京：中国政法大学出版社，2003：26.
③ 中共中央文献研究室．十六大以来重要文献选编（上）［M］．北京：中央文献出版社，2005：58.
④ 应克复，金太军，胡传胜．西方民主史［M］．北京：中国社会科学出版社，2003：154.
⑤ 习近平．摆脱贫困［M］．福州：福建人民出版社，1992：29.

督和制约就容易产生权力腐败行为。中国反腐败体系的表现形式必然是一套制度体系的建设，这一体系应有如下三个层面：一是党内制度体系层面；二是监督制度体系层面；三是管理制度体系层面，加强对权力的制约和监督。我们不难看出，从当前我国的国情出发，单一的制度建设、民主建设、高薪养廉、教育、监督等措施都不能对腐败起到正本清源的作用，于是多管齐下、齐头并进运用系统思维对腐败进行综合治理的战略就必然产生。此外，还要创新社会参与机制，积极地鼓励公众的参与，发挥民众、非政府组织、网络新媒体力量等多元社会主体性作用。注意把党内监督同其他各个方面的监督结合起来，加强廉政文化建设，营造反腐败的社会文化大环境；主动培育社会组织的社会监督能力，重视新兴媒体如网络反腐败作用发挥，把自下而上的政府监督和自上而下的社会监督结合起来，强化社会领域人民大众的舆论监督的抑制腐败作用，形成强有力、系统性、整体性的权力运行制约和监督体系架构。

（一）严明政治纪律和政治规矩

有学者分析执掌一方的省级党委书记的腐败行为特征，其共性特征主要表现为：拉帮结派，更容易结成腐败圈子；边腐边升，更容易潜伏腐败；权力外溢，更容易形成家族腐败；政经交织，更容易产生严重政治危害；贪图享乐，更容易形成腐败温床；“前腐后继”，更容易损害地方政治生态；跨省感染，更容易大面积蔓延，极易产生巨大且持久的蝴蝶效应。在其渗透污染下，扭曲政治文化的型构向度，污染政治生态植被；严重削弱政治制度的规制功能，腐蚀政治生态肌体；破坏权力运行的生态平衡，导致政治生态的恶化。① 可见，权力运行制约和监督体系建设既要净化地方政治生态，又要培育涵养新的政治生态。应健全完善制度体系，明规矩，破潜规则，促进权力规范运行，营造风清气正的政治生态。不解决制度问题，党的政治纪律和政治规矩也会面临挑战。“在严明党的政治纪律和政治规矩方面，建章立制是管根本、管全面、管整体、管长远的有效举

① 何旗．一把手腐败与政治生态污染及其修复［J］．理论探索，2020（1）：68-78.

措。"① 用制度管权、用制度管事、用制度管人是严明党的政治纪律和政治规矩的坚实保证。思想建党与制度治党分别为一柔一刚，把这二者统筹协调起来则刚柔并济，从而形成整体合力。关于党的政治纪律和政治规矩的成文规定，"准则"方面主要有《关于新形势下党内政治生活的若干准则》；在"条例"方面主要有《中国共产党党内法规制定条例》《中国共产党纪律处分条例》《中国共产党党内监督条例》《中国共产党巡视工作条件》《中国共产党问责条例》等；在"规则"方面主要有《纪检监察机关处理检举控告工作规则》《中国共产党纪律检查机关监督执纪工作规则》等；在"规定"方面主要有《党委（党组）落实全面从严治党主体责任规定》《中国共产党党内法规执行责任制规定》等；在"办法"方面主要有《干部选拔任用工作监督检查和责任追究办法》等。这些都明确规定了党员干部的权利和义务，也指明了对党员违纪违规行为的处理所应遵循的组织程序，所适用的规章条例和所参照的统一标准等。这些党内法规以党章为根本遵循，凸显管党治党的政治责任，着力解决一些党组织和党的领导干部呈现出来的突出问题，如党的领导弱化、党的观念淡漠、不担当等，对于坚持党要管党，全面从严治党，严明政治纪律和政治规矩，保持党的先进性具有重要意义。

完善执行政治纪律和政治规矩遵守的机制。纪律执行和规矩遵守面临的主要挑战还是在于执行机构、执行体制等方面存在一些不足。习近平总书记强调指出：必须保证各级纪委监督权的相对独立性和权威性②。通过制度改革，确保反腐败机构的独立、廉洁、专业和权威。要做到独立，至少在以下三方面有所体现，即机构设置的独立，人事安排的独立和预算划拨的独立。只有给予充分授权，反腐败机构权威性才能得到充分保障，如立案权、搜查权等。当反腐败机构得到有效的监督和制约，才能使其廉洁性得到充分保障。监督与制约需要建立内部的监督机制，外部监督机制更

① 王学俭，郭绍均. 严明党的政治纪律和政治规矩的方略探讨［J］. 中州学刊，2016（3）：6-10.

② 中共中央纪律检查委员会，中共中央文献研究室. 习近平关于严明党的纪律和规矩论述摘编［M］. 北京：中央文献出版社，2016：112.

加必不可少。只有这样，才能降低反腐败机构权力滥用的风险，确保其各种权力正常运行。

（二）健全立规为戒机制

提高党员领导干部拒腐防变能力和水平，不仅需要不断完善外在社会监督制度、体制，而且应加强领导干部的思想道德教育，强化其内心信仰，提高其自律能力。通过反腐倡廉教育建设廉政文化，为制度的制定、执行和监督的有效开展奠定思想基础和自律保障，营造和建立权力主体的职业道德和廉洁自觉。一是健全党员干部党性定期分析制度，完善民主评议党员干部制度和党代会常任制度，对于违法违纪、党性缺失的党员，给予相应的处理，强化党代会的日常监督作用；二是加强领导干部特别是“一把手”的监督。进一步完善巡视监督制度建设，健全党内巡视制度，建立专门巡视机构按照有关规定对下级党组织领导班子及其成员进行监督的制度；进一步完善党风廉政建设责任制，严格责任追究，一级抓一级，一级带一级，层层抓落实，维护党风廉政责任追究的严肃性。三是完善党规党纪，发挥党纪党规制约权力腐败的“前馈控制”作用。《中国共产党纪律处分条例》《中国共产党廉洁自律准则》《中国共产党问责条例》为“党要管党、从严治党”奠定坚实的基础。要进一步发挥党规党纪在制约权力和监督权力的独特作用，运用好“四种形态”进行监督执纪，确保领导干部心有敬畏、行有所止。四是继续完善制度化的党性修养提升机制，从“思想圈”“工作圈”“生活圈”和“社交圈”的情况入手，及时了解权力主体和监督对象的思想动态和工作生活动态，加强党员的纪律修养，积极参加党组织生活，自觉接受党组织的教育、管理和监督，把自己的思想和行动纳入党的组织纪律轨道。

二、健全容错纠错和激励机制

（一）健全担当免责机制

健全担当免责机制①主要包括两种形式：建立尽职免责形式和创新风险备案形式。首先，建立尽职免责处理机制，增强干部勤政作为的公平感。注重过程和程序公平，公允评估过失错误，保护那些作风正派、锐意进取的干部。在贯彻执行党委、党政府决策精神特别是改革创新中出现失误和错误，造成负面影响和损失，但符合决策程序，没有从中谋取私利，没有明知故犯、明令禁止后依然我行我素的违纪违法行为的情况可以申请容错免责。特别是在推行改革、先行先试中因缺乏经验出现失误和错误的；上级尚无明确限制的探索性试验中出现失误和错误的；推进改革发展出现无意过失的；因不可抗力因素导致工作过失的②。同时，应结合工作实际不断优化容错免责处理机制运行：一是申请。应在启动问责程序后，由所在单位党委（党组）按照干部管理权限向相应的纪检监察机关提出容错免责书面申请，包括申请人信息、申请时间、申请事由、申请单位党组织意见、纪检监察机关意见、党委审批意见等内容。二是受理。受理的纪检监察机关要严格按规定予以核实认定。对符合条件的，在明确工作日内告知申请单位党委（党组）；对不符合申请条件的，向申请单位党委（党组）给予答复解释。三是核实。纪检监察机关在特定时间内出具书面调查报告，提出初步意见。四是认定。纪检监察机关会同有关部门一定工作日内作出认定意见，报同级党委（党组）审批，认定结果于特定工作日内向申请单位反馈并予以答复解释。对一时难以

---

① 注：生活中常会见到这样一种“尴尬”，如果洗碗时打破碗就会受到处罚，那么洗碗越多的人，打破碗的可能性就越大，受到的处罚概率也就越大，这样一些人就可能为了避免打破碗受处罚而选择不去洗碗。这样一来，就容易形成干活的人越来越少，因而承担的责任也越来越少，久而久之形成了不担当、不作为现象。因此，要健全合理的容错机制和激励机制。

② 注：中办《关于进一步激励广大干部新时代新担当新作为的意见》也强调，“建立健全容错纠错机制，宽容干部在改革创新中的失误错误，把干部在推进改革中因缺乏经验、先行先试出现的失误错误，同明知故犯的违纪违法行为区分开来；把尚无明确限制的探索性试验中的失误错误，同明令禁止后依然我行我素的违纪违法行为区分开来；把为推动发展的无意过失，同为谋取私利的违纪违法行为区分开来。”

定论的，可以暂缓作出认定，但不得超过特定时间。其次，健全风险备案机制，保障领导干部用权的安全感。将风险备案机制作为尽职免责的重要补充。梳理改革发展中存在的风险点，对中、高风险进行重点监控，对于承担重大改革任务、上级尚无明确限制的探索性经验以及推进改革创新、先行先试的干部，必要时可以向相应纪检监察机关进行风险备案。其中在改革风险备案表中，主要包括备案单位、备案时间、备案事由、排查风险、备案单位党组织意见、纪检监察机关意见等内容。如建议在对容错免责处理作出明确规定：在党风廉政建设责任制考核中免予一票否决；在干部提拔作用和评先评优中不作负面评价；需追究党纪政纪责任的，可免予或从轻、减轻处分。特别需要指出的是，要结合实际，不断根据新时代条件变化，进一步健全纠错改正机制，"防止混淆问题性质、拿容错当'保护伞'，搞纪律'松绑'，确保容错在纪律红线、法律底线内进行"①，对失误错误及时采取补救措施。

（二）健全利益激励机制

社会现代化建设过程中，利益主体日益多元化，利益需求日益多样化，利益格局正发生重大变化，要求根据公平和正义原则对利益行为、利益分配、利益关系等进行重新规范。针对公权力主体缺乏科学激励、改革动力不足的问题，"对干部政治上激励、工作上支持、待遇上保障、心理上关怀"②，提升干部改革创新的激励感，更好地发挥奖励激励机制的侧向补充作用。一是强化政治激励的科学性。坚持党管干部的原则，坚持正确用人导向，改进干部考核方法手段，不简单地以 GDP 增长来评论。特别是要防止论资排辈，平衡照顾，防止"逆淘汰"现象发生。二是强化经济激励与人文关怀的统一。把严格管理干部与热情关心干部结合起来，既要求干部严格遵守党的政治纪律和政治规矩，又积极创造条件、提供支持和保障，让广大干部安心、安身、安业。三是发挥党性修养与干部保护机制。要明晰干部管理权限，明确干部管理的主体责任、直接责任，合理分配任务，加强绩效考核，加大治庸治懒力度，弘扬正气，狠刹歪风邪气。保护作风正派又敢于担当的

---

① 中共中央党史和文献研究院．十九大以来重要文献选编（上）［M］．北京：中央文献出版社，2019：440.

② 习近平．习近平谈治国理政（第二卷）［M］．北京：外文出版社，2017：225.

干部，调动他们的积极性、主动性、创造性。积极发挥规范言行、纠偏纠错工作的作用，发挥民主生活会“咬耳、扯袖、红脸、出汗”工作的作用，避免干部犯错误。四是提升领导干部党性修养。坚持党和人民的利益高于一切，坚持树立以人民为中心的发展思想，坚持群众路线，有求真务实的作风、有率先垂范的本领、有担当尽责的勇气，真正找准摸准企业发展中的堵点、痛点，老百姓关心关注的热点、难点，经济社会发展中的风险点、易燃点，着力帮助群众解决好工作和生活方面的现实问题。

（三）健全正确利益保障制度

物质利益是驱动人们行为的原初动机，“私人利益几乎是孤立的个人唯一的行为动机”①，这种“伊壁鸠鲁主义”需要成为腐败行为产生的原始冲动。从权力腐败现象的主要表现形式来看，公权力主体依靠人民赋予的公权力通过权物交易、权财交易、权色交易、权权交易等权力腐败形式，把人民的利益、整体的利益、集体的利益部分转化成个人、小团体的利益，在这一过程中，公权力逐渐异化为领导干部腐化者为自己和他人谋取私利的工具。因此，必须从腐败行为的经济本质入手，建立健全正确合理的利益保障。

第一，坚持挤出腐败收益与保障合法利益相结合。公共权力从社会中产生而又自居于社会之上，履行着政治统治与管理社会事务的双重职能。正是由于公共权力凌驾于社会之上而又有这种双重职能，决定了公共权力对于权力行使人员所具有的诱惑性、扩张性、侵犯性和排他性等腐蚀性特征。权力运用的过程也就是社会价值和社会资源的分配过程，因而权力关系也体现为经济关系，这种条件决定了谋取权力的直接的经济意义。对于每一个行使公共权力的人来说，都潜在地有将权力的运用所达到的公共目的或利益转化为他自己个人的目的和利益的可能。② 对于公共权力的这种腐蚀性，如果没有有效的制约或不加制约，有权就意味着享有个人的特殊利益，权力越大攫取的特殊利益也就越多，公共权力也就必然走向异化。因此，通过加大惩处挤

① ［法］古斯塔夫·勒庞．乌合之众［M］．冯克利，译．北京：中央编译出版社，2005：39.

② ［德］康德．法的形而上学原理［M］．沈叔平，译．北京：商务印书馆，1991：357.

出领导干部腐败收益的同时，还要加速公职人员工资制度改革以遏制经济类腐败行为。腐败现象大多表现为领导干部利用公共权力谋取金钱和物质利益。公职人员基于长期教育和训练成本而获得公务岗位，要给以较高的合法收入保障符合市场人才竞争的公平原则；同时，国家为避免公权力介入经济市场，禁止公职人员从事营利活动，亦应进行补偿。虽然高薪并不一定养廉，但公务人员工资过低，分配不合理，则很可能难以保廉。加快改革公职人员工资制度，打破平均主义，既使公务员工资得到提升、个人价值在经济上得以体现，又可以减少财政开支，利于廉政建设，激励公务人员的廉洁从政行为。

第二，建立领导干部不必腐的物质保障机制。高薪不一定养廉，但低薪很可能产生腐败。强调不能、不敢、不想腐，也要为领导干部提供必要的生活保障，使他们不必腐。当前一些领导干部特别是经济欠发达地区的基层领导干部承担着发展经济、“双决双胜”的繁重任务，但收入和待遇却与他们的付出不相称。一些部门行业没有什么付出却拿着不菲收入，而一些基层领导干部付出辛苦努力收入却很低。在现实面前，一小部分人进行社会交往特别是在同企业家接触时难免会有心理落差和不良情绪。这也是一些领导干部以权谋私的原因之一。因此，从实际出发，建立科学合理的收入分配机制以及与经济增幅相对应的公务员收入增长机制十分必要。此外，应根据工作的难易轻重情形对加班加点的公务员给予适当的津贴补助并严格执行。同时，也应建立相应的制度规范对在经济发展中做出重大贡献的公务员给予相应的奖励并严格执行。

三、严格惩处：制约和监督权力运行后果的根本手段

第一，健全制度笼子严格执纪问责。新时代要加强法治建设，促进法治与德治、依法治国与依规治党的统一，健全基层党委（党组）全面从严治党责任，制定责任清单，强化政治纪律和组织纪律，带动廉洁纪律、群众纪律、工作纪律、生活纪律严起来。破解突出的矛盾和问题，建立权力运行、程序公开、科技监督、责任追究“四位一体”的治理腐败的“廉洁效能”体系，加大对“小官巨贪”、侵吞挪用、克扣强占等侵害群众利益问题的查处

力度，加大对“村霸”和宗族恶势力的整治，开展扶贫脱贫领域不正之风和贪腐问题的专项整治，提高政策制度措施的精准度和操作性。通过信访核查、舆情分析、电子监察等多种手段，掌握党员干部违纪违规问题线索，综合运用约谈函询、诫勉谈话、组织处理、纪律处分等多种方式执纪问责。

第二，加强巡视巡察问责。党的十八大以来，在以习近平同志为核心的党中央的集中统一领导下，构建了新时代中国特色的党内巡视制度体系，“形成全面巡视和重点聚焦相统一的巡视布局，组织监督和民主监督相统一的监督模式，政治巡视与业务监督相统一的巡察内容，同体监督和异体监督相统一的监督机制”①，形成了巡视巡察上下联动的监督格局，成为推动权力运行制约和监督体系建设的重要战略举措。一方面，集中开展中央巡视。党的十八大以来，中央充分发挥党内监督优势，注重中央巡视主体的独立性、权威性和规范性，着力发现领导干部是否存在违纪违法问题、是否存在违法中央八项规定精神问题、是否存在违反政治纪律问题、是否存在选人用人上的不正之风和腐败问题。2018 年 2 月，十九届中央首轮巡视中对 30 个地方、单位党组织开展巡视；2018 年 10 月，十九届中央第二轮巡视对 26 个地方、单位党组织开展脱贫攻坚专项巡视；2019 年 4 月，十九届中央第三轮巡视对 42 家中管企业和 3 个行业主管部门党组（党委）集中开展常规巡视；2019 年 9 月，十九届中央第四轮巡视对 37 个中央和国家机关单位党组织开展常规巡视；2020 年 5 月，十九届中央第五轮巡视对 35 个中央和国家机关单位党组织开展常规巡视。这极大地从政治体检、政治监督、政治生态净化体现出来中央巡视对于权力腐败制约和监督的作用。另一方面，也不断推动监督制度体系化、常态化建设。依据《中华人民共和国监察法》推动国家监察体制改革，推动国家监察和纪律监督工作向基层延伸，深入推进对村（社区）、基层站所的延伸监察、监督、巡查工作，加大整治群众身边不担当、不作为、慢作为、乱作为等问题，切实维护人民群众合法权益。同时借助专业力量和社会力量广泛参与权力运行评估，加强基层审计监督制度和财务监督，查找村级及基层站所在财务管理、惠农专项资金使用、“脱贫攻坚”“三资三

① 蔡文成．传承与创新：党内巡视制度的历史性资源及创造性转化［J］．理论与改革，2020（3）：35-46.

务”管理中存在的体制机制问题，强化巡视结果运用，强化问责力度，以问责规范化常态化促进基层党风廉政主体责任落实到位、纪律执行到位。

第三，纪法协同强化基层党员干部的行为规范和纪律约束。党的十九大报告强调：“坚持依法治国和以德治国相结合，依法治国和依规治党有机统一。”① 要深刻认识法治以其权威性的强制性手段规范社会成员的行为、德治以其感召力和劝导力提高党员领导干部的思想认识和觉悟的作用，确立纪法协同治理“苍蝇式”腐败的方略。“落实党委的主体责任和纪委的监督责任，强化责任追究，不能让制度成为纸老虎、稻草人。”② 在机制建立方面，要健全监察巡视制度、监督责任追究制度和情况汇报、联席会议、信息反馈等制度，以规范的制度保障监督有据可依、有理可循。在基层监督网络建设方面，加强基层纪检监察机构的规范化建设，发挥党代表、纪委委员和监督员作用。明确村（社区）、基层站所权力清单和运行流程，完善惠民政策落实保障机制，规范工作流程，减少中间环节，实现全程监控。围绕基层征地拆迁安置、集体“三资”使用、公共基础设施建设等领域，编制风险防控手册，健全党员干部部门公约和自律，完善决策议事规则，真正健全“控、督、究”三结合的监督制约机制。

四、监督合力：制约和监督权力运行过程的重要方式

监督多元并举机制（权力约束和权利监督机制）是制约和监督权力运行过程的重要方式。要加强党内监督、人大监督、民主监督、行政监督、司法监督、审计监督、社会监督、舆论监督制度建设等监督力量统筹整合优化。

公权力谋取私人利益导致腐败行为。如果能使权力主体运用公权力谋取的不是私人利益，而是公共利益，体现公共性，代表大众的公共诉求、大众的公共利益，满足大众的利益需要，那么权力腐败产生的利益要素就会发生变化。公权力谋取的不是私人利益而是公共利益，这样腐败产生的基础与要素就没有，权力腐败自然就会消失。如果此种逻辑和设想能够成立，那么就

① 习近平．决胜全面建成小康社会 夺取新时代中国特色社会主义伟大胜利——在中国共产党第十九次全国代表大会上的报告［M］．北京：人民出版社，2017：22.

② 习近平．习近平谈治国理政（第一卷）［M］．北京：外文出版社，2014：395.

是针对权力主体如何避免谋取个人私利，谋取公共利益。这一方面，取决于对权力运行的制约和监督；另一方面也受制于权力主体因素，即加强对权力主体的思想道德素质和廉洁素养培育。当前要把党内监督同国家权力机关监督、政协民主监督、司法监督、群众监督、舆论监督结合起来，逐步形成党内监督与国家专门机关监督、群众监督等其他监督主体密切配合、优势互补的监督合力。

第一，强化党内监督。任何人既是监督的主体又是监督的客体，在监督别人的同时又接受别人的监督。当前有些党员领导干部党性衰竭化，入党动机功利化，理想信念虚无化，模范作用无为化；党的有些干部脱离群众、言行不一、铺张浪费、奢靡享乐，个人主义突出，形式主义严重；党的有些组织机能退化，基层党组织战斗堡垒作用不强、软弱涣散；一些地方和部门选人跑官要官、买官卖官等问题屡禁不止；等等。一些党员领导干部对党内监督的作用和认识不到位，认为监督就是与人过不去，对人不尊重、不信任，思想顾虑多，监督上级怕穿“小鞋”，监督同级怕伤“和气”，监督下级怕丢“选票”，造成忽视监督、不善于监督，甚至是不敢监督。因此，加强对党员特别是其中的公职人员的党内监督、党性自觉显得尤为必要。要重点强化执纪问责工作，对再监督再检查中发现的工作不力、违反纪律问题，严格按照有关问责制度和纪律规定，运用执纪审查理念和方式，从严从快进行查处，提升执纪问责力度，将执纪问责的效果转化为推动责任落实的成果。一是注重抓早抓小，扭住“常态”不放。坚持把严明纪律贯穿于日常教育监督管理中，严在平时、严在经常，使党内生活正常化。二是坚持挺纪在前，推进工作转型。综合运用监督执纪“四种形态”，进行常态规诫，将当头棒喝直戳痛处与集体交锋敦促悔改结合起来，将扎紧笼子不开“后门”与紧盯关键不留“禁区”结合起来，将惩戒震慑与言错纠错结合起来。三是严惩极极少数，发挥震慑作用。以零容忍的态度惩治腐败，对严重违纪的“极极少数”发现一起查处一起。把标本兼治作为基本方针，深化党内监督，不断提高党员干部纪律规矩意识。

第二，坚持立法 、司法、行政监督。立法机关运用立法权对行政活动进行监督；司法机关在组织、人事、财政方面独立于同级行政部门，自主开展工作，对腐败案件进行检控、审判，不受各级行政官员干预；行政监督则可以通过行政监察、纪律处分、道德警告等方式纠正行为偏差。要在现行的体制之下，通过立法保证监督机关有一个良好的执法环境，树立党内监督权威，尤其是对同级党委重大决策的参与权、建议权、批评权，对党的干部任免的提议权、考核权、弹劾权和质询权，对违法违纪案件的立案权、检查权和处分权。要完善党内法规。对权力的约束必须以法制为基础，建立和完善党内法规尤为迫切和必要。这种完善不仅指党内监督这一单项内容，而且还应包括党的领导制度、民主集中制度、干部管理制度、廉洁从政制度等一系列规范，以此形成严密、互补、科学的体系，并使之具有明晰、具体、可操作的特点。要强化党内民主。强化党内民主必须在现行民主集中制的基础上，进一步公开透明党内事务，扩展基层党员的知情权，变自上而下的监督为上下互补的监督。

第三，强化社会监督。2014 年 1 月，习近平总书记在《在第十八届中央纪律检查委员会第三次全体会议上的讲话》中指出："把权力关进制度的笼子里，首先要建好笼子。笼子太松了，或者笼子很好但门没关住，进出自由，那是起不了什么作用的。……一个重要导向就在于建好笼子、强化监督。"这就强调把权力关进制度的笼子，在全面监督上求实效，建构廉政生态。一要强化权力公开运行。阳光是最好的防腐剂，让权力在阳光下运行是反腐败的根本路径，也是防止权力异化的重要手段。"政府开放、公民参与、社会公开是层层递进的关系，政府开放是参与的前提，唯有开放才能实现公民的参与；参与是社会公开的条件，公民的参与才能带来阳光，真正落实社会开放。"① 要健全党内民主制度，支持民主党派和无党派人士利用政协会议、提案建议、调研报告等形式更好地履行参政议政、民主监督的职能。二要让人民监督权力。健全公民及其组织通过检举、控告参与反腐的制度。应保护新闻媒体的采访权和舆论监督权，加强反腐倡廉舆情网络信息收集、研判和处置工作，健全举报网站受理机制及线索运用和反馈制度。三要加快反腐败相关配套基础条件保障，依靠科学技术制约监督权力。推进社会诚信体

---

① 李和中，邓明辉．政府廉政生态的建构与策略选择［J］．中国行政管理，2014（4）：31-34.

系建设，推进住房、汽车、证券、基金、存款、税收、出入境、治安、工商等个人信息纳入信息共享体系之中。

第四，强化国际反腐败合作机制。党的十八大以来，反腐败斗争不仅仅局限于国内，海外追逃追赃成为我国反腐败斗争的“第二战场”。“猎狐”行动斩断腐败分子的后路，让腐败分子无处藏身，这充分体现出了我国反腐败斗争的坚决性和彻底性。当代世界是一个开放的世界，信息技术和交通行业的快速发展，极大地压缩了时空范围，推动了廉政组织反腐败顶层设计中国家反腐败合作的完善和升级。在这样一个日益开放和互联互通的人类命运共同体中，任何国家都不可能独立消除腐败，反腐败必须借助国际合作的力量。根据统计，相对比较廉洁的国家，其合作反腐败的程度就相对较高，如北欧国家在此方面就最为突出。芬兰通过加入《打击涉及欧洲共同体官员或欧洲联盟成员国官员的腐败行为公约》《在国际商业交易中反对行贿外国公职人员公约》《联合国反腐败公约》《反腐败刑法公约》《反腐败民法公约》等一系列国家反腐败公约来提升自己的反腐败能力。在国家反腐败合作中，除了作为主权国家为主体的反腐败参与者，还包括了各类地区、国际组织、非营利性组织，甚至还有一些企业和个人，都参与到了国家反腐败合作机制中来，共同与腐败这一人类社会的毒瘤作斗争。

第四节 健全权力运行制约和监督体系的信息公开机制

阳光是最好的防腐剂，不见阳光的地方最容易滋生腐败，权力的运行需要公开化、透明化。分析信息公开机制和依靠科技力量使行政权力网上公开透明运行，强化权力运行的社会制约实现民主权利与执行权力间的制衡。

一、权力阳光运行：制约和监督权力运行过程的基本保障

第一，依靠科技力量汇集民意，让权力在阳光下运行。马克思恩格斯指

出："无产阶级的运动是绝大多数人的，为绝大多数人谋利益的独立的运动。"① 这一论断深刻揭示了无产阶级政党的本质所在。群众路线是中国共产党的根本工作路线。"一切为了群众，一切依靠群众，从群众中来，到群众中去"是中国共产党群众路线的基本内容。随着互联网、大数据、物联网技术的快速运用，要将制度防腐和科技防腐相融合，将以信息技术、通信技术和网络技术为主要内容的科技手段引入基层党风廉政建设，依靠科技力量汇集民意，着力提高反腐倡廉工作的智能化水平，让权力在阳光下运行，进而减少腐败产生的条件和机会。要牢固树立"人民当家作主"的执政理念，建立健全关乎权力运行的法规制度，让人民看得见、摸得着，有迹可循、有法可依；以技术为手段构建以网络新媒体为平台的社会监督机制，利用现代信息技术把电子监察、风险预警等科技手段融入廉政风险防控、规范权力运行的制度设计和管理流程之中，把权力行使与电子预警、技术监控、行政监察、社会监督融为一体，最大限度地减少腐败问题的发生。

第二，引导发扬群众民主监督，规范权力运行。群众反映自己利益的诉求，往往都是以写信和到相关部门投诉为主，有关部门接到信访举报后进行调查处理，程序繁杂，办理周期长。随着社会的发展，这种传统方式已不能完全满足群众的要求，应积极适应群众工作的新特点新要求，积极探索加强和改进健全权力运行制约和监督机制的新方法新途径，推进行政权力运行程序化、规范化和公开透明化。随着开启全面建成社会主义现代化强国的新征程，不断满足人民日益增长的美好生活需要，特别是各种民生项目和政策落实情况需要我们坚持围绕中心，服务大局，推动"五位一体"建设的高质量发展。实践证明，只有把权力制约和监督工作放在党和国家全局中谋划和推进才能找准与经济社会发展的结合点，强化监督检查职能。在信息公开的内容方面，要推进涉及民生或群众普遍关注的信息公开，如教育、医疗、住房、社保等领域的公共政策的制定和执行情况、公共财政预决算的情况、公共资源的配置情况等。此外，要推进党务公开，提高党组织领导班子建设、干部选拔任用、干部廉洁自律等事项的透明度，保障人民群众的知情权、监

---

① 马克思恩格斯选集（第一卷）[M]．北京：人民出版社，2012：411.

督权。在信息公开的形式方面，要从传统的静态信息发布拓展到群众监督权力运行的程序参与。如突出加强对民生工程政策措施贯彻执行情况的监督检查，确保各项政策措施不折不扣落实到位；突出加强对城乡基层和有关主管部门履行职责情况的监督检查，督促其切实履行职责；突出加强对民生工程资金保障及管理使用情况的监督检查，保证各项惠民资金的发放做到“一卡通”“一线实”，杜绝贪污挪用等违纪违法行为；突出加强对工程进展和效能情况的监督检查，从严执行工程建设项目法人责任制、招标投标制、合同管理制、资金报账制、工程监理制和竣工验收制，确保工程建设质量，维护群众根本利益。拓展和畅通信访监督绿色通道，完善电台、广播、报纸、网络等媒体监督联动机制，构建网上全程办理信访件、在线接访、举报电话、网络举报等信息技术举报受理办理体系。

第三，健全奖惩机制和举报人的个人权益保护机制。不可否认，举报行为具有其复杂性，在现实中，确实有许多举报行为人试图通过提供不实信息来进行打击、诬陷，这一行为是党纪国法所不容的。但也要看到，这种行为毕竟是少数，因此，在对伪证有所鉴别的情况下应当进一步健全举报人的奖励机制。通过这一机制来激发人民群众对贪腐问题的举报热情。同时，还要健全、完善举报人的保护机制，比如，纪检监察机关要对举报人的个人信息、家人信息严格保密，最大限度地解除其害怕事后遭到打击报复而不敢举报或者放弃举报的后顾之忧。最大程度地用制度来鼓励人民群众敢于举报，积极举报。严惩任何国家机关工作人员违法泄露举报者个人信息的行为，让人民群众切实成为法治反腐的坚实力量。

二、运用科技力量参与权力制约监督：权力网上公开透明运行

运用科技力量推进党务信息公开、政务信息公开、司法信息公开，打造权力阳光运行的电子政务工作平台，包括电子政务外网、政务信息交换平台、部门业务系统、数字监察系统、网上政务大厅等，清理行政权力，建立权力运行清单，对网上运行的权力事项实时预警监督、实时监督、辅助监督和视频监督。相对于传统反腐范式，网络反腐有其优势：一是网络反腐主体的“多元化”，扩展了反腐覆盖面，更有利于使网络权力监督覆盖广泛并常

态化。二是网络反腐结构的“扁平化”，提高了反腐效率。扁平化是互联网信息传播的特性，这使得网络反腐与传统官僚科层结构反腐机构不同，能够更加突出网络信息传播在速度、质量、数量上的优势，获得更迅速的影响力和传播效应，提高反腐效率。三是网络反腐监督的“主动化”，超越了传统反腐媒介的时空性和地域性限制，继而获得快速传播，造成公众舆论压力，达到社会监督的效果。四是网络反腐过程的“互动化”，提升了反腐合力性。网络反腐参与主体的多元决定了反腐败各阶段、各层面的参与者，网民之间可以就腐败行为、事实、证据等进行互动讨论，利益相关者可以提供各类证据，政府、司法机关则可以通过各种渠道获知相关信息，可以充分发挥网络对于信息强大的搜索、分析、集合能力产生巨大的合力。可见，网络具有更快速、更透明、更隐蔽等优点，能更好地提高反腐效率，保护举报人的隐私和合法利益，网络反腐正逐渐成为行政监督和司法监督的有力补充，成为传统反腐范式的有益补充。①

但同时，由于网络信息传播的快捷性、匿名性、保密性等特质，网络传媒监督参与主体的“群体极化”易催化出“多数人的暴政”。“在互联网上，信息流瀑每天都是在发生，即使它们涉及的是完全没有根据的谣言，这些信息流瀑在很大程度上影响我们的信念和行为。”② 由于法律意识不强或出于义愤，当想法相似的人聚在一起的时候，会形成具有相同心理特征和强烈非理性特征临时性的“集群”，他们最后得出的结论会比交谈之前的想法更加极端。这种掺杂着混乱情绪的发泄与非理性思想的泛滥的“群体极化”现象会产生更严重的非理性后果，容易导致突破道德甚至法律的界限的出现，网络场域中“多数人暴政”状况的产生，导致在网络反腐的曝光、举报过程中，侵害公民权利，暴露公民个人隐私，伤害公民尊严，公共利益受到普遍自觉维护难度加大，不利于反腐工作的开展。另一方面，网络传媒监督参与形式的“非理性化”容易影响反腐案件的查处进程。如网络反腐中部分网民过于

① 注：详细内容请见笔者前期成果，此文也被 2014 年中纪委内参全文刊载。引自侯勇．E 时代网络反腐范式的实践困境及其治理［J］．求实，2013（3）：45-48.

② ［美］卡斯·R·桑斯坦．谣言［M］．张楠迪扬，译．北京：中信出版社，2010：124.

追求信息公开，而导致将对案件调查发展具有关键意义需要暂时保密的内容加以公开，容易产生泄露案件线索、影响证据收集等问题，使得腐败案件当事人可以及时毁灭证据、串供、造假乃至逃逸，造成案件查处工作的困难。特别是网络技术发展中部分人通过技术与资本的媾和，形成网络谣言、网络推手、删帖公司、网络水军等负面事物，给网络意见的获得和网络舆情的把握带来难度。另外，信息技术制约权力的广度深度不够。网络信息技术对涉及执行权、监督权的程序性规范多，对决策权涉及较少，对高层发挥的监督作用较小。因此，要以严密的监督措施保障廉洁。坚持以规范监督主体与规范权力主体相统一的原则构建网络反腐模式，让权力主体尊重和保护好监督者的监督权，让监督者行使监督权的行为也受到有效保障，在监督者与被监督者之间形成互动良好的关系格局。“严肃查处违反制度的人和事，充分发挥新闻媒体的监督作用，该曝光的要曝光，该通报的要通报，该惩处的要惩处，做到令行禁止、违者必究。”① 要主动利用网络提升政府治理效能。要通过对网络政治参与系统中政治信息的积极反馈、对群体性事件的处理，主动公开应对；要通过增强公务员的服务精神、责任意识和清廉意识，全面提升公务员的能力与素质，提升政府工作能效；要充分利用网络平台对党的基层组织进行管理、教育与服务工作，提升执政党公信力及政府管理绩效。

构建权力监控的反腐制度体系，一是构建统一的权力监控信息平台。构建电子监察、风险点监控，实现电子监察系统和预警监控系统并网运行机制，把权力行使与电子预警、技术监控、行政监察、社会监督融为一体，实现对行政权力运行预警提示、过程防范和事后考核。二是构建发挥惩防工程整体效能的保障机制。构建立体形式的惩防体系，带动惩防工程建设整体推进，开辟群众诉求通道，突出促廉惠民，拓宽社会监督面，实现民主权利与执行权力间的制衡。以科技手段为支撑，以制度建设为保证，推进网络监督平台建设和电子政务建设，完善权力运行监控机制，把电子监察、风险预警等科技手段融入廉政风险防控、规范权力运行的制度设计和管理流程之中。

---

① 习近平．之江新语［M］．杭州：浙江人民出版社，2007：68.

三、实现网络善治：提升主体素质提升政治参与自觉

善治呈现出法治、公开透明、提质增效、廉洁制度和政策运行机制等，推动经济社会发展的良法良治特征。对网络媒体和网络用户以及整个社会来说，网络善治要加以教育、疏导和遏制，最大程度地趋利避害，促进网络政治参与的有序发展。第一，要通过舆论正确引导网络监督的网民主体。随着网民数量规模的不断扩大，网络监督的代表性和网民的政治参与积极性日益增强，一方面要加强行政权力运行的透明度，及时公开法律允许的相关信息；另一方面，要积极回应网民的疑问，解疑释惑，扩大网络的普及化和覆盖面，利用网络的优势建立党和政府与民众的沟通机制，为民众的诉求、信息充分流动提供足够的空间。第二，促进网民公民精神培育，提高网民的媒介素养和理性意识。要转变传统思想政治教育观念，实现对公民社会从传统的以控制为主向引导为主转变，积极适应市场经济发展的新形势，强化网民的主体意识、责任意识和权利意识，增强公民的社会责任感和道德素质。第三，要从自律角度加强网络反腐主体的教化。社会网络反腐的高涨热情需要正确引导，如果失去了道德和法律底线，不仅达不到反腐目的，还会引起许多负面效应。因此，网民要自觉提高道德水平和法律意识，要加强对公民网络道德的宣传、教育，开展相关的普法活动，不断提高网民的道德素质和法律素质，从而提高公民网络参与水平，以从道德和法律两个层面实现更好的自我规范、自我制约。

四、培育公共道德和公共精神：营造网络反腐良好的场域与氛围

社会空间是由人的行动场域所组成的，社会结构为行动者的具体实践提供客观制约性条件的同时，社会结构本身依赖于行动者的整个实践过程。因此，既要充分利用社会支持力量，发挥行政部门和政府组织的管理活动的制度性力量，又要整合社会资源，发展壮大企业、社区、非政府组织等多元社会力量支持。要营造依法有序、健康发展的法治环境。要建立严格的反腐败网络信息审查流程，加强对网站的依法管理，对涉及腐败问题的信息要认真把关、审核，防止虚假、谣言等不良信息在社会上的广泛传播。要积极推进

网民之中形成的非政府协会组织等发展，通过网民协会的自我管理、自我服务和自我教育，优化网络环境，不断提高网民的道德素质，增强遵守网络法律与道德自律的“觉解”。网络技术应用了电子政务，不仅能提高政府办事效率，还能增强公民对政府的信任感。但电子政务并非保障权力运行执政为公的“万灵药”，不能根除所有腐败的机会，甚至还可能创造出新的腐败机会。此外，“单单应用信息和通信技术还不够，它们之上还必须有一整套逻辑缜密的战略，旨在简化流程、提升透明度，并兼顾政府和社会的需求及资源条件”①。要构建信息化平台，预防和制止公职人员违法与违规，提升制度执行力。

总之，网络反腐是一项长期的、复杂的、系统性的社会工程，既需要在公共权力运行的体制内部建立起相应的制度、法治规章等制度化体系，保证相关人、财、物的稳定性和持续性，又要充分发挥宣传教育等手段唤醒网民的责任意识和权利意识，提升网民思想道德素质，从根本上保证网络反腐模式从民间网络现象变成真正的社会民主监督反腐形式。当然，也要同时结合运用多元反腐范式，将权力反腐、制度反腐、体系反腐等联系起来发挥作用，充分发挥网民对公共权力运行的监督和制约作用，使网络反腐真正成为掌握在人民手中的“达摩克斯之剑”②。

第五节　健全权力运行制约和监督体系的责任追究机制

习近平总书记强调，全面从严治党的“两个责任”，即“党委负主体责任，纪委负监督责任”③，“不明确责任，不落实责任，不追究责任，从严治

---

① ［美］苏珊·罗丝-阿克曼，［美］邦妮·J. 帕利夫卡 . 腐败与政府［M］. 郑澜，译 . 北京：中信出版社，2018：149.

② 侯勇 . E时代网络反腐范式的实践困境及其治理［J］. 求实，2013（3）：45-48.

③ 中共中央文献研究室 . 十八大以来重要文献选编（上）［M］. 北京：中央文献出版社，2014：652.

党是做不到的”①。完善和落实全面从严治党责任制度，是管党治党严起来、紧起来、实起来的有力制度保证。

一、健全权力运行制约和监督责任的良制规约机制

从顶层设计和科层层级健全党风廉政责任制规训机制，应包括责任边界、责任主体、责任清单、追究方式、追责执行、追责反馈等要素的科学化厘定，做到“六个明确”：一是明确责任追究的边界，指党委（党组）对党风廉政建设所负的主体责任、纪委（纪检组）所负的监督责任和领导干部所负的领导责任。二是明确责任追究的领导主体，责任追究工作由党委（党组）统一领导，按照干部管理权限分级负责。各级落实党风廉政建设责任制领导小组办公室负责综合协调，督促相关机关或部门根据职责和权限实施责任追究。三是明确责任追究的责任清单，从制度设计层面明确党风廉政主体责任、监督责任、领导责任的追责对象、责任清单、追责形式、豁免情形等。四是明确责任追究的追责形式，即明确不履行党风廉政主体责任、监督责任、领导责任的后果责任、惩罚结果。五是明确责任追究的执行主体。违反党风廉政建设责任制权力清单的行为，根据具体情况，由党风廉政建设责任制领导小组办公室负责协调，需要追究党纪政纪责任的，由纪检监察机关按党纪政纪查处程序办理；需要给予组织处理的，由组织人事部门或纪检监察机关会同组织人事部门查处；涉嫌犯罪的，移送司法机关依法处理。六是明确责任追究情况反馈，围绕党委机关内部、政权机关内部、政府机关内部和外部社会责任追究反馈沟通制度，健全情况汇报制、定期通报制、第三方评价制度等工作机制。

二、健全权力运行制约和监督责任的主体认同机制

执纪问责先要知纪。党风廉政建设责任追究前提是党委书记、纪委书记、领导班子的党性观念、责任意识要强，这样主体责任就容易落实，最忌

① 中共中央纪律检查委员会，中共中央文献研究室．习近平关于严明党的纪律和规矩论述摘编［M］．北京：中央文献出版社，2016：118.

讳的是嘴上喊得好、口号喊得响，但实际上并不重视。因此，要在权力主体的价值认同上下功夫：一是正确认识与处理主体责任、监督责任与领导责任的关系。为了避免在无意识的懵懂中步入“雷区”，有必要对党委（党组）对党风廉政建设所负的主体责任、纪委（纪检组）所负的监督责任和领导干部所负的领导责任进行认知了解，党委主体责任是前提，解决“决心和工作目标”；纪委监督责任是保障，解决“担当精神和有效方法”；领导责任是补充，解决“执行落实与主体依托”，违反党风廉政建设责任制规定，追究党委（党组）主体责任、纪委（纪检组）监督责任。二是强化宣传教化，厘清责任追究的内涵和政策界限。围绕贯彻落实党风廉政责任制度和全面从严治党制度为主要内容，通过日常行政管理修订汇编相关制度。充分发挥平台载体的传播作用，编发廉政传真、廉政短信、廉政专栏、廉政汇编，用好用活廉政文化墙、电子屏、公示栏、网站、QQ 工作群、微信圈等，动态宣传落实党风廉政责任制的权威文件、政策、讲话、案例，增强落实党风廉政建设责任的思想自觉和行动自觉。

三、健全权力运行制约和监督责任的协商共治机制

明确党风廉政主体责任、监督责任、领导责任追责的执行主体。一是执行党风廉政责任追究的上位追究。责任追究的最好办法是自上而下的追究的示范效应，因而要健全责任追究的上级监督机制，依据问题的严重程度，细化为处分、降级、降职、撤职等实质性责任追究，在责任追究形式上，可以采取诫勉提醒、组织处理、党纪政纪处分和依法追究刑事责任等多种形式，发挥上位追究与问责的示范效应。二是健全责任追究组织领导。各级党委（党组）要带头学习，亲自抓好推动和执行工作。责任追究思想觉悟来自上层，既要有一把手对此重视，还要有班子成员，更多日常工作融入班子业务工作，领导班子其他成员要抓好分管范围内的落实工作，形成齐抓共管的领导体制。三是健全责任追究信息沟通协同。根据责任追究行为进行信息沟通协同处理，建立纪检监察机关与组织人事部门以及其他有关部门之间的情况通报制度，或通过定期召开联席会议等方式沟通情况，掌握、分析、筛选案源线索。完善信息网络，拓宽信息渠道。四是健全责任追究协同治理。党委

主体责任、纪委监督责任和领导干部领导责任三者有重叠或者涉及协商时，由党委（党组）统一领导，各级落实党风廉政建设责任制领导小组办公室负责综合协调，督促相关机关或部门根据职责和权限实施责任追究。问责结果的公正性应由纪委相关处室或有关部门扎口管理：需要追究党纪政纪责任的，由纪检监察机关按照党纪政纪案件查处；涉嫌犯罪的，移送司法机关依法处理。

第六节 健全权力运行制约和监督体系的主体自律机制

对如何通过建设廉政文化大力培育和弘扬廉洁价值理念，形成权力主体的廉政自觉廉洁自律机制缺乏研究。而加强党的纪律建设研究，加强权力主体的廉洁教育机制建设，健全党性制约和监督权力，筑牢拒腐防变和抵御腐败的思想道德防线。

一、为民用权：强化权力运行制约和监督主体的人情规制

早在1963年，周恩来总理在中共中央和国务院直属机关负责干部会议上就强调领导人过“五关”的问题，其中第四关就强调要过亲属关①。习近平总书记也借用古训：“莫用三爷，废职亡家”，强调要保持健康的党内同志关系，“倡导清清爽爽的同志关系、规规矩矩的上下级关系”②，坚持既重视人情，也要过好人情关，克服人情文化、圈子文化的负面影响，做到既有人情味又按原则办。杨国枢在分析“受者”在收到别人“人情礼”的时候应该怎样回报这份人情提时，提出了他的建议策略：拒绝收礼、“即刻”以“同等价值”的礼送回等。③“人情腐败”现象与党员干部的作风问题有直接关系。一些地方权力运作监督弱化，导致明规成了摆设，潜规则盛行。“人情腐败”

---

① 注：要同心同德，就要共同过好五个关：思想关、政治关、生活关、亲属关、社会关。引自周恩来选集（下卷）［M］．北京：人民出版社，1984：426.

② 习近平关于全面从严治党论述摘编［M］．北京：中央文献出版社，2016：41.

③ 杨国枢．中国人的心理［M］．北京：中国人民大学出版社，2012：81.

如果得不到及时有效的解决，长期累积就会给群众带来人情观念的错误引导，滋生社会不良风气，严重降低政府在群众心中的公信力。“想要防止‘人情腐败’，就要加大执法力度，更要以建立健全制度为基础。如果一种行为与法律的法则一致就是它的合法性，如果一种行为与伦理的法则一致就是它的道德性。”① 法律是指向外在自由，而道德则指向内在自由。人遵守法律，所获得的是外在行为的自由，人们以道德自觉要求自己，所获则是内在自由。法作为强制性规范，虽以伦理为基础或内含伦理的要求，但并不涉及内心服从的问题。伦理的要求则是遵从自己的理性，遵从自己的道德良心，使自己在道德心性上获得自由。

（一）人情关系的制度他律约束

1. 强化法治规约

人们可能会常常追问：在高压反腐的态势之下，为什么仍然有领导干部不收手不收敛，仍然还有不少干部走上犯罪的道路？其根本原因就在于理想信念动摇，对党纪国法缺乏敬畏之心。在遏制腐败方面，制度与法治建设显得更为重要。“复杂社会里的政治共同体依赖于该社会政治组织和政治程序的力量。而这种力量的强弱则又取决于这些组织的程序获得支持的广度及其制度化的程序。”② 严格依靠法律、法规处理问题，通过程序严密、内容科学、配套完备、有效管用的成文制度、法律强化权力行为的授权性、合法性、程序性，让权力在法律制度的框架内运行。党员干部只有把法律的形式性、程序性和一般性内化为道德自觉，把对法治和法律的敬畏外化为行为方式，才能推动作风建设实现从抽象到具体、从人治到法治、从运动式到常态化的治理模式转型。

2. 德法协同规制

传统中国文化生态强调内圣外王，强调伦理制约。诸如五常中君臣、父子、夫妻、兄弟、朋友等伦理关系层次分明、责任清晰、道德标准固定，能

---

① ［德］康德．法的形而上学原理［M］．沈叔平，译．北京：商务印书馆，1991：14.

② ［美］塞缪尔·P. 亨廷顿．变化社会中的政治秩序［M］．王冠华，等译．上海：上海世纪出版集团，2008：10.

够发挥较好的社会治理功能，德治是约束人民行为、解决社会矛盾成本最低的一个治理手段。而在处于现代化转型之中的现代社会，由于传统的道德伦理关系逐渐被解构或置换，德治伦理作用弱化，需要在德治的基础上辅以强有力的法治保障，因而要运用德治和法治相统一的手段，依法依纪加强对人情关系的规范约束。要对公共权力公开透明，法律制度和监督制度需要双双把关加强干部权力的监督，隔断干部权力寻租的空间，让其权力在“阳光”下运行。

（二）营造“亲清”政商关系

1. 再造“既亲又清”政商关系

“腐化的形式大都涉及政治行为和经济财富之间的交易。政治是通过权力的主要途径，权力是聚敛财富的主要途径。”① 东西方社会中腐败形式都离不开权力与资本的勾结耦合，权力资本化或资本权力化成为权力腐败的重要表征。随着社会市场经济转型，计划经济时代权力与资本的“清而不亲”的关系逐渐向市场经济时代“亲而不清”关系转变，产生了权力寻租和“懒政怠政”的为官不为②现象。针对这种现象，习近平总书记提出再造“既亲又清”新型政商关系。③ “既亲又清”的“亲清论”为杜绝人情腐败，打掉“圈子文化”的生态链，营造“既亲又清”的政商关系提出了要求，对公权力主体行使公共权力时，要正确处理权力、资本与人情的关系，为权力运行提供行动标准和运行边界。一方面，理顺政府与市场的关系，深化“放管

---

① ［美］塞缪尔·P. 亨廷顿．变化社会中的政治秩序［M］．王冠华，等译．上海：上海世纪出版集团，2008：51.

② “我们要的是经济、政治、文化和社会各方面都和谐稳定发展的‘平安’，而不是无所作为的‘平庸’。”引自习近平．之江新语［M］．杭州：浙江人民出版社，2007：53.

③ 注：对领导干部而言，“亲”就是要坦荡真诚同民营企业接触交往，特别是在民营企业遇到困难和问题情况下更要积极作为、靠前服务，帮助解决实际困难，真心实意支持民营经济发展。所谓“清”，就是同民营企业家的关系要清白、纯洁，不能有贪心私心，不能以权谋私，不能搞权钱交易。引自习近平．在全国政协民间工商界别委员联组会上的讲话［N］．人民日报，2016-03-05.

服”改革，用责任清单推动减权、规范用权①，明确责任内容，形成市场有效和政府有为的相统一，从源头上防止寻租机会；另一方面，党员干部要树立“底线意识”，正确对待和处理“公与私”的关系，明确法律的“高压线”不能碰，道德的“警戒线”不能越，树立正确义利观。

2. 明晰人情关系往来的正面清单与负面清单

“中国人一般不会放过以人情的形式与人交往的机会，其差异只是施报的人数的轻重。所以，生死嫁娶、逢年过节、参军过学、学习毕业、拜师学艺、职务升迁、城乡流动、工作调动、乔迁新居、出国留学等等，送上一定的人情，有助于人际关系的建立、维持、稳定和增进，而人逢春节、生日、婚礼、祝寿等场合，送上一份礼则更是中国人社会交往中不可缺少的成分。”② 人情是中国人建立与调节社会交往、参与组织和社会网络的联结方式，具有正功能和负功能。正向功能体现在按照礼俗习惯在一定情境中的互惠施报和人际交往行为，对于促进社会稳定和社会交往具有润滑和调节功能。而负功能主要是指运用人情关系中出现的极端化、世故化和导致权力异化的倾向。对于这种文化传统习俗的特殊性和差异性需要进行具体分析。运用人情关系视角来分析权力腐败行为，就需要从顶层设计和地方规章制度层面明确人情往来哪些是可为哪些是不可为的。一方面，要针对党员干部借各种婚丧嫁娶名义大摆宴席、相互攀比、铺张浪费和借机敛财等问题，明确“婚丧喜庆事宜”内涵，根据地方实际明晰领导干部操办婚丧喜庆事宜的负面清单和正面清单。如2017年中组部等4部门联合发文《关于规范公务员辞去公职后从业行为的意见》规范公务员辞去公职后的从业行为。辞职后不得受聘原管辖范围内企业，申请辞职时要如实报告从业去向，健全公务员辞职从业备案和监督检查制度等，为摧毁官商勾结这条利益链、规范公务员的辞职行为套上“紧箍咒”。另一方面，要加强对人情往来负面清单制度的执行

① 注：“各级领导干部对待权力一定要如履薄冰、如临深渊，做到慎用权、善用权、用好权，既要管好自己，又要防止他人利用自己的权力和职称影响谋取非法利益。……自觉做到用权为公而不私。”引自习近平．之江新语［M］．杭州：浙江人民出版社，2007：260.

② 翟学伟．中国人的脸面观［M］．北京：北京大学出版社，2011：333.

与反馈制度，通过民众和媒体力量进行监督。充分发挥社会主流媒体，包括互联网、电视、广播、报刊等曝光党员干部悖逆法律和道德行为、制约党员干部权力腐化、揭露社会丑恶、贪腐弄权等，使舆论监督成为揭露歪风邪气、净化社会风气的利器。

3. 消解人情关系的亲情困境

情感性关系通常是指家庭、密友、朋侪团体等主要社会团体中的人际关系。诸如家庭、密友、朋侪团体等主要社会团体中的人际关系都是情感性关系之例。中国式家庭中主要的社会交易和资源分配法则是“各尽所能，各取所需”的“需求法则”。从以往研究来看，对大多数中国人而言，其人际困扰的主要原因乃是家庭内的人际冲突。引起这类冲突的情境可称为“亲情困境”。① 正如费孝通先生所说，许多行为，对内看是“公”，对外看是“私”。许多腐败的基层干部被查处后，痛心疾首，后悔当初自己抹不开情面，一步一步走上腐败的道路。“人情社会”中，“人情”固然能够拉近人与人的距离，但是如果把握不好度，就会导致腐败。党员干部必须立德修身润家风，建立感情相通、志气相投的夫妻关系，严慈相济、既养且教的亲子关系，公私分明的亲友关系等。

二、伦理抑权：强化权力运行制约和监督的道德制约

第一，建设立德为范机制。即强调形塑权力主体人格，权力主体要将外在的价值规范内化为自身的价值追求和道德自律。社会转型时期，道德主体的自主意识凸显，而道德自律精神却相对薄弱。道德主体的自主意识主要是指选择行为具有自觉性、不受外在意志支配。道德自律则是在自我价值判断的基础上对一定道德价值的自觉认同，并确立一定的道德规则，形成对自我的约束和命令。由于长期以来外在强制性制约和人的依赖性长期存在，加上社会转型带来的道德失范现象，人的精神自主意识本身并不完全，自律精神深化与培育更是存在不足。社会对人们的道德约束力的弱化。现实生活中，

---

① 黄光国，胡先缙，等．人情与面子：中国人的权力游戏［M］．北京：中国人民大学出版社，2010：7-8.

仍然存在着“人与法”“权与法”“情与法”“钱与法”“色与法”的矛盾和纠结。树立法律的权威和“法律至上”的理念，排除形形色色“以法治国”的干扰，坚持依法治国、依法执政、依法行政共同推进，法治国家、法治政府、法治社会一体建设。同时，激发权力主体的内在道德感，守公德、严私德。道德的约束力主要来自道德主体的内心，而不再是外部。人的自觉与良心起决定性作用。政治信念与忠诚转换成自我的价值认同感。① 另一方面，社会政治领域及其他领域对道德领域的干预弱化，社会约束力下降，社会道德从他律性强制向自律性转化。在道德认知、道德素养以及道德意志得到培养和强化之后，权力主体对于自我的权力约束和监督能力、意愿会得到极大提升，从而实现对权力的制约，防止权力腐败。

第二，以良好党风政风带动社风民风。一是加强党组织建设和强化党的领导。亨廷顿承认：“政治组织能行使有效的权威并促使集团利益——如‘党派机器’‘组织’‘党派’——得以组织起来，超越个人和社会小圈子的利益。”② 人情往来几乎是每个人都要面对的事，这也无可厚非。但是，少数人利用亲属、同学、同事等关系打通上下左右环节，甚至沆瀣一气、共谋共贪，形成盘根错节的关系网，使监督变得困难重重。要在保持传统风俗的基础上，取其精华、去其糟粕。首先，构建完善高效化、常态化、立体化的监督举报机制，要充分发挥群众监督、媒体监督和社会监督的力量，时刻保持高压态势，畅通信息举报渠道，斩断“人情腐败”的黑色链条，为党内风清气正的政治生态建设保驾护航。二是深入纠正“四风”，纯洁政商之间、上下级之间、同学之间、战友之间的关系，端正和纯净家风，形成良好从政社会环境。三是推动民风社风支撑党风政风机制，推动民风的自我治理。一方面，通过政策导向和舆论引领，引导社会尤其是党员干部带头减少铺张浪费，借鉴一些地方的有益经验，出台相应的关于禁止党员、干部大操大办婚丧喜庆事宜借机敛财的法规，根据传统习俗、地方经济等因素，限定公务人员特别是领导干部在人情往来中的礼金数额和宴请规模范围，以党风政风带

---

① 龚群．社会伦理十讲［M］．北京：中国人民大学出版社，2010：5.

② ［美］塞缪尔·P. 亨廷顿．变化社会中的政治秩序［M］．王冠华，等译．上海：上海世纪出版集团，2008：54.

动社风民风；另一方面，通过乡规民约、自治条例加强社风民风治理，推进社会组织、社区协会、行业组织等制定一些社会公序良俗，遏制不良社会风气。

第三，培育良好的家风。家风败坏往往是领导干部走向严重违纪违法的重要原因。家庭是预防和抵制腐败的重要防线和重要阵地。在针对家庭本位的一项调查①中，对“哪一种伦理关系对社会秩序和个人生活最具根本性意义”的提问，三次调查结果显示，在“家庭血缘关系”“个人与社会的关系”“个人与国家民族的关系”三个选项中，血缘关系、个人与社会的关系、个人与国家的关系排序完全相同，分别处于第一、第二、第三的序位，“家庭血缘关系”居于绝对优先地位，这是现代中国的文化共相。家族本位被当作中国传统文化的根基，家庭依然是最坚固的文化堡垒。领导干部要自觉做到个人感情与党纪国法分清，公权力运用与个人和家庭利益分清、职务行为与私人行为分清，“保持高尚道德情操和健康生活情趣，严格要求亲属子女，过好亲情关”②，必须对配偶、子女严格要求、严加管教。既要严于律己，又要从严治家；既要把好廉洁自律的“前门”，又要守好家庭防线的“后门”。把党员干部家风建设与日常党建工作相结合。党组织可把党员干部的学家训、立家规以及践行情况作为民主评议党员的重要内容，逐步建立规范的家风行为奖惩制度，把其作为党员干部评优评先、部门奖惩兑现的重要参考。

三、廉洁教化：健全反腐倡廉教育机制

从人的自然属性而言，人具有性恶的一面，具有趋利避害、自私贪欲的自然本质属性，这种人性的自然欲求并不一定会转变为腐败行为，是否产生腐败，是由后天因素决定的，具有双重性。即对人性进行正面引导和校正，会成为创造人类物质文明和精神文明的动因；反过来，若任性恶属性自然发展下去，就会使私欲得到膨胀，就可能产生腐败行为。“早在现代国家产生

---

① 樊浩．伦理道德现代转型的文化轨迹及其精神图像［J］．哲学研究，2015（1）：106-113.

② 习近平．习近平谈治国理政（第二卷）［M］．北京：外文出版社，2017：356.

以前，关于什么样的公职行为可接受、什么样的行为不可接受，在汉穆拉比法典、摩西律法和儒家原则中都有相似观点。只有最优秀的人才可担任公职，他们应该是那些最有正义感、最明智、最具个性和荣辱感的值得依赖的人们。”① 因而要防止权力腐败行为，必须依据德才兼备的原则，对人本身的性恶属性进行约束、引导和控制，既通过学习教化弘扬性善，抑制性恶，又通过强制力来限制性恶的膨胀。

强化公权力主体的思想理论教育是消除滋生腐败和以权谋私思想根源的治本之策，是提高广大党员干部拒腐防变能力，增强反腐倡廉实效性的坚实基础。即要对权力运行制约和监督主体的公权力掌握者进行德治与法治教育。针对“关键少数”和时代新人——青年大学生群体积极开展廉洁教育。创新反腐倡廉教育的方式，增强反腐倡廉教育的效能，应重点把握三个层面：一是优化反腐倡廉教育体系。面向现代化建设新征程的廉洁教育，要把加强党员党性修养和党性锻炼作为反腐倡廉教育的重要内容，统筹制定反腐倡廉教育的基本框架，主要包括目标原则、内容体系、方法载体、评估反馈、条件保障等，突出反腐倡廉教育的系统性。二是创新反腐倡廉教育方式。坚持以人为本，立足权力主体的需求，契合廉政文化媒介的特质加以传播如廉政警示教育等；通过廉政制度文化的构建加以强化；通过营造廉政文化环境加以熏陶；加大廉政心理教育力度，创新廉政心理教育方式方法，提升价值追求层次，健全个体心理品质，抑制腐败动机的产生，突出反腐倡廉教育的针对性。三是完善反腐倡廉教育机制。通过建立反腐倡廉教育涵化机制、教化机制、内化机制、外化机制及强化机制等，彰显廉政文化的先进性，激发廉政自觉，营造权力规范运行的社会氛围，突出反腐倡廉教育的长效性，筑牢“不想腐”的思想防线。

（一）借鉴国际廉洁教育文化经验

第一，形成廉洁从政的道德约束。美国、新加坡、日本、澳大利亚等国家都非常重视提高公职人员的道德修养，他们建立了完善的教育培训机构和制度，制定出严格的教育计划和培训章程，持续不断地对公职人员进行道德

---

① ［美］杰拉尔德·E. 凯登，［加］O·P. 德威维迪，［美］约瑟夫·捷波朗. 腐败：权利与制约［M］. 王云燕，译. 北京：人民日报出版社，2017：6.

教育。美国政府非常重视以教育的手段提高公职人员的道德修养，为强化道德教化的效果，甚至不惜采用道德立法的形式。美国设立了多层级的道德教育培训机构，为公职人员提供道德咨询。日本政府主要通过人事院及地方政府安排每年的计划，对公职人员道德修养进行定期培训，以教育的手段引导公职人员培养自律意识、树立廉洁奉公的思想。事实上，许多国家从青少年起就为公职人员的廉洁教育打下基础。新加坡政府重视专门人才培养，实行政治精英育人模式，注重选拔有政治特质的青年进行能力及道德培养，使廉政风气平稳延续。芬兰政府同样在基础教育阶段进行廉洁教育，培养青年人养成廉洁自律的习惯，韩国政府在中小学课程中便设有反腐内容。新加坡政府非常重视完善公职人员的道德考核机制，采用日常个人品德的考核和个人行为跟踪考核两种方式。日常个人品德考核方式是政府每年会发给公职人员一个记录本，公职人员必须每天携带并记录自己的日常活动，每周交给主管领导检阅、签字。个人行为跟踪考核是指反贪部门具有对公职人员进行行为跟踪、暗中考察的特权，以此和日常个人品德考核相结合，保障公职人员的道德行为符合相关标准。

第二，形成廉洁从政的社会氛围。新加坡结合自身多民族、宗教信仰情况，实施国家一体化建设，宣扬“不分种族，都要在国旗下效忠”，使民族意识统一于国家意识。新加坡积极运用传统文化资源，尤其是其中关于廉政文化的精华，建立起符合本国民族文化特色和风俗习惯的廉政文化，通过长期的廉政文化教育，逐渐形成了社会廉政风尚。每年新加坡反腐部门都会组织一些活动，对公民进行廉洁教育。北欧国家同样通过长期教育，形成了浓厚的社会廉政氛围，腐败行为被视为不义之举，腐败不仅面临着法律的惩戒，更面临着来自社会舆论的广泛压力。芬兰非常重视基础教育阶段的廉洁教育，确立公民遵纪守法的观念，以形成社会遵纪守法的习惯。营造良好的社会风气，使贪腐不廉成为“人人喊打的过街老鼠”，是世界上一些清廉指数①较高的国家进行廉政文化建设普遍采用的手段。

第三，形成廉洁从政的行为规范。国际上以制度建设保障或促进廉政建设的主要方式是建立权力制衡机制、监督机制以减少增加腐败风险空间。美国建立国会、司法、政党、廉政公署、审计总署、新闻、非政府组织等，对公职人员权力的使用进行全方位的监督。法国设立了议会、行政法院、审计院、监察部门、预防贪污腐败中心等进行权力监督。德国设立了多元性的监督体系，除议会、行政机关、司法机关外，联邦审计院作为独立的机构进行权力监督。在北欧国家的社会事务管理中，政党、专门机构、群众形成监督体系，为廉政建设提供了制度保障。新加坡等许多地区制定了严格的公职人员财产申报制度、财务透明制度以约制其贪腐空间。许多国家不断完善廉政监督制度，对腐败采取零容忍的态度。完善的律法体系使廉政建设有章可循，使有悖于廉政建设的事件、行为的追究有法可依。采用律法的形式保障廉政建设也成为许多国家廉政建设的重要手段。美国主张以法律调节各方关系，法律精神也随时间推移逐渐渗透到人民心中，形成了法制至上的观念，也为其法治型廉政建设提供了文化基础。自20世纪70年代起，美国联邦政府不断进行道德立法，相继制定了《政府道德法》（1978）、《道德改革法》（1989）、《行政部门雇员道德行为准则》（1992），目的是以律法的形式明确对公务人员的道德行为要求。新加坡制定出《防止贪污法》（1937）、《没收贪污所得利益法》（1988）等法律积极营造廉政文化。瑞典先后制定了《行政法》《反行贿受贿法》《审计法》等，明确规定了公职人员的行为准则。芬兰在20世纪20年代制定了《公务员刑法》《审计法》《政府采购法》《工

① 全球清廉指数和腐败控制指数背后的资料来源大多带有主观色彩，受访者的观点可能受到见报丑闻的影响，因而反映的情况失实。结果，一个国家的得分更低，可能是因为其新闻自由度更大，而不一定是因为本国“真实的”腐败水平更高。同时，有人批评全球清廉指数对某些国家的文化持有偏见，而且并没有考虑到这样一个事实：在富裕的市场经济体中被视为腐败的交易，在其他国家却是可以被接受的；同理，在富裕的市场经济体中被视为正常的交易，在其他国家却可以被定性为腐败。参见［美］苏珊·罗丝-阿克曼，［美］邦妮·J. 帕利夫卡．腐败与政府［M］．郑澜，译．北京：中信出版社，2018：19.

程招投标法》，建立了廉政建设的基本法律体系。韩国政府制定了《韩国公职人员道德法》（即《公务员道德法》，1981）、《〈公职人员道德法〉实施令》（1993），详细规定了公职人员须遵守的道德规范。各国在廉政建设中，普遍形成了“道德立法”的共识，这对我国公职人员“道德立法”提供经验借鉴。

（二）培育“廉荣贪耻”的价值观念

培育“廉荣贪耻”的廉政价值观。腐败的基本形式分为以政治权力谋取财富或者以财富谋取政治权力。现代化涉及价值观、态度和期望的根本转变，腐败与迅速发展的社会经济现代化有着密切的关系：现代准则与传统准则的冲突导致社会失范，使个人的行为既不必遵循现代准则，又可不受制于传统准则。一些意志不坚定者就容易被利己主义、拜金主义、享乐主义所俘虏，崇尚“人无横财不富，马无夜草不肥”，“有权不用，过期作废”，“有钱能使鬼推磨”等信条，利用职权，索取回扣，接受贿赂，贪污、挪用公款或滥用职权，营私舞弊，逃避国家监督。因此，要培育“廉荣贪耻”的廉政价值观，遏制资本权力媾和的“恶果”。“各级领导干部要牢固树立马克思主义的世界观、人生观、价值观和正确的权力观、地位观、利益观……增强自律意识，实行自我约束，正确行使权力，自觉做到清正廉洁、勤政为民、克己奉公。”①

建设“廉荣贪耻”的社会氛围。领导干部以身作则，带头遵纪守法，严格执行有关规定，真正做到在法律面前人人平等，以实际行动反腐、倡廉、兴廉，这是反腐败取得实效的重要保证。反之，如果党员干部违法乱纪，那么其后果往往更加严重，因此，反腐败必须把重点放在党员干部身上，这是保证绝大多数党员干部健康成长的一个根本前提，也是反腐败必须加快实施的一项基础性工程，正如毛泽东指出：“掌握思想教育，是团结全党进行伟大政治斗争的中心环节。”② 必须加强完善和健全领导干部选拔任用标准和程序，强化对党员干部的选拔及教育培训，提高领导干部的思想道德素质，教育党员干部树立正确的权力观、地位观、利益观和群众观，增强党员干部廉

---

① 习近平．之江新语［M］．杭州：浙江人民出版社，2007：81.

② 毛泽东选集（第三卷）［M］．北京：人民出版社，1991：1094.

洁自律的能力，筑牢拒腐防变的思想道德防线，从源头上预防腐败。

第一，持续深入地开展廉洁从政教育，使“不想腐”成为党员干部的思维习惯和价值取向。要加强党史、国史、改革开放史、社会主义发展史教育，运用大历史观视角强化官德和政德教育，让领导干部守住清白为官的底线，守住踏实处事的底线，守住秉公用权的底线，守住择善交友的底线；要强化敬畏意识，敬畏党纪国法，敬畏道德，敬畏群众，敬畏权力；要强化宗旨意识，心系群众、密切联系，解放思想、开拓进取，转变职能、优化服务；要强化自律意识，在学习教育中强化自律意识，在树立正确观念中强化自律意识，在自觉接受监督中强化自律意识；强化担当意识，履职尽责，团结高效，勇于负重。

第二，在教育对象上分类分层。廉政教育对象根据权力范围和责任不同，可分为党员领导干部、一般党员干部、普通党员、公职人员、社会公众等多元层次和群体，廉政教育应据此分层分类地开展针对性教育。目前，廉政教育的主要对象是“三重”（重点领域、重点岗位、重点人员），尤其是党政“一把手”。对“三重”人员的廉政教育，应侧重于树立正确权力观、利益观、价值观，提高权力主体拒腐防变能力。对不同类型、不同层次的党员干部进行教育，应注意因地、因时、因岗、因人制宜，因时而进、因事而化、因势而新，根据不同情况、不同层面提出不同要求，选择适当的教育内容和教育方法。

第三，在教育内容上分类分层。廉政教育内容很多，包括理想信念教育、反腐倡廉形势任务教育、职业道德教育、权力观教育以及党纪政纪、党史国史、法律法规教育等，在实施过程中既要考虑普遍适用性，又要注意区分不同对象，体现内容的针对性和有效性。对党员领导干部应突出系统的反腐倡廉理论教育，重点围绕如何用自身的良好形象影响和带动广大党员干部、如何自觉接受组织和群众监督等开展教育，使其在思想上筑起拒腐防变的牢固防线。对一般党员干部和公职人员应侧重加强世界观、人生观、价值观教育，帮助其树立勤政廉政意识，慎重对待自己的岗位，正确行使人民赋予的权力，严格遵守党纪、政纪及国家法律法规，始终保持共产党员先进性。对社会公众则应主要培养其反腐倡廉的意识和能力，引导其树立正确的价值观念和行为取向，遵纪守法，遵守社会公德、职业道德和家庭美德，以廉为荣、以贪为耻，积极参与廉政建设，其重点是把培育廉洁价值理念与社会公德、职业道德、家庭美德、个人品德教育有机结合起来，把廉洁要求寓于市民公约、乡规民约和行业规范之中，并转化为人们的自觉行动。

第四，在教育方式上分类分层。廉政教育以思想灌输、道德规劝、舆论引导等为主要手段，政治性和思想性都很强，需要采取合适的教育方式。对党员领导干部进行廉政教育，应注意加强理论教育、自我教育和正反面典型教育，充分发挥党委理论中心组学习、专题民主生活会、党课、廉政谈话等的作用；对一般党员干部和公职人员进行廉政教育，应注意开展理论教育、主题教育、示范教育和自我教育，开展专题辅导、民主评议党员、廉政培训，通过廉政短信平台、廉政网站、廉政网上课堂等阵地开展经常性教育，努力营造良好的廉政文化环境；对社会公众进行廉政教育，应充分发挥报刊、电视、电影、广播、互联网等现代传媒的宣传教育作用，采取直观生动、为人们喜闻乐见的文艺形式提高廉政教育的感染力，并坚持常抓不懈，以达到潜移默化的效果，形成“崇德尚廉”的社会氛围和“风清气正”的政治生态。

（三）创新学校廉洁教育

大学生是全面建成社会主义现代化强国的建设者和接班人，推动教师“廉洁从教”、学生“廉洁从学”是培养德智体美劳全面发展的社会主义建设者和接班人的应有之义，是推动实现干部清正、政府清廉、政治清明的人才保障。

第一，构建廉洁教育进学校思想政治理论课课程体系，发挥思政课进行学生廉洁教育的主阵地主渠道主战线作用。要充分发挥课堂教学作为廉洁教育的主阵地和主渠道作用，把廉洁教育融入思想政治理论课中，有目的地在各科教学内容和教学过程之中全面渗透廉洁教育思想和理念，构建廉洁教育的有效模式。通过优化教学内容，改进教学方法，提高教学效果，找准廉洁教育的切入点，把廉洁教育有机融入学校整体教学规划之中，充分利用课堂教学主渠道和主阵地作用。坚持运用马克思主义的基本原理为理论指导，结合哲学、政治学、经济学和中国特色社会主义理论的基本原理，将理论教学与实践教学结合起来，让学生从道德标准、人文素养等多角度理解廉洁的重要意义，形成敬廉崇洁的情感、意识和观念。

第二，创新学校廉洁教育教学方式方法，提升廉洁教育实效。以思想灌输、道德规劝、舆论宣传为主要手段，将反腐倡廉教育和廉政警示教育融入校园社会主义精神文明建设和反腐倡廉建设的全过程，着力培育学校权力主体的廉洁价值观念。坚持“走出去”实践教学特色，在进行理论分析的同时，利用大量的反腐案例，将社会最新的研究成果，通过课堂讲述和讨论，将学生的视野带出课堂，引导学生思考、分析社会腐败的现实问题和解决腐败问题的途径和方法，提升对中国特色权力运行制约和监督体系建设的认知、认同。所谓“请进来”，就是把社会上相关问题的研究专家或纪检委的领导请进课堂，请上讲台，现身说法，给学生上课。利用网络视频教学和参观预防职务犯罪教育基地等实践途径对学生进行反腐倡廉的警示教育，强化大学生廉洁教育。

第三，采用专题和渗透相结合的教学模式，促进学生思想政治教育内容与廉洁教育的整合创新。首先，根据大中小学思想政治课与廉洁教育是一般和特殊的关系，采用专题和渗透相结合的模式。渗透型的内容没有固定的课时要求，是根据各门思想政治理论课的课时进行。专题型的内容有固定的课时要求。无论是专题型的内容，还是渗透型的内容，都是通过完整的教学的过程来实践廉洁教育进课堂，实现廉洁教育进课堂、进教材、进头脑。如在大学生入学的第一门思想道德修养与法律基础课的第一章“追求远大理想，坚定崇高信念”中就设计开展理想与信念教育，开展廉洁专题教育。专门讲授腐败定义及基本特征；古今中外廉洁思想；我国现阶段廉政政策法规等内容。比如，我们在讲中国近现代史纲要课的时候，有意识地把腐败对国家民族的深刻影响渗透其中，在讲授国民党军队在解放战争中迅速败亡的历史事实时，引导学生思考为什么在党的十八大报告会用“亡党亡国”来警示腐败的危险。课堂上渗透式的廉洁教育，能起到很好的教学效果，实现“润物细无声”。其次，针对目前学校廉洁教育中存在的若干问题，遵循理论与实践相结合的基本思路，注重实证研究，讲求把学生廉洁教育落在实处的方案设计，把廉洁教育工作转换为具体的教学体系，避免廉洁教育过程中搞形式、走过场的短期行为，克服教育的随意性。用逻辑结构严密、内容科学合理、课时有保障的廉洁教育教学体系，将学校廉洁教育制度化、常态化。

第四，加强廉洁校园文化建设，营造崇德尚廉氛围。加强校园廉洁文化观念层建设，包括规范学校公职人员从政行为，形成廉政心理、廉政信念、廉政伦理、廉政意识等各种思想、理论和价值体系等，发挥学校廉洁文化的“文化化”熏陶作用；二是学校校园廉洁文化制度层建设，包括规范学校公职人员廉洁从政的规章制度、法律、法规、仪俗、乡约等，积极发挥校园廉洁制度的规训作用；三是加强学校廉洁文化物质层建设，具体表现在加强学校廉洁历史文化遗迹遗址、廉洁文化景观景点、廉洁教育机构设施等建设，发挥学校廉洁物质文化的导向作用；四是学校廉洁文化行为层建设，加强学校公职人员的廉洁理念和廉政行为方式的培育，如工作方式、生活习惯、言谈举止等方面的行为外化作用，促使学校领导干部将外在的价值规范内化为自身的价值追求与廉洁自律。

四、主体自觉：健全权力运行制约与监督的主体觉解

“觉解”概念是冯友兰先生提出的一个学术范畴，指的是人觉悟所做的事的积极意义，自觉做他所做的事。从这个角度而言，廉洁从政的主体觉解就是权力主体的内在觉悟和自律自觉，是权力主体的一种美德觉醒和良知澄明的体现，也是从根本上实现不想腐的应然状态。斯密分析和蔼可亲和令人尊敬的美德时指出，“在这两种不同的努力，即旁观者努力体谅当事人的情感和当事人努力把自己的情绪降低到旁观者所能赞同的程度这两个基础上，确立两种不同的美德。在前一种努力的基础上，确立了温柔、有礼、和蔼可亲的美德，确立了公正、谦让和宽容仁慈的美德；而崇高、庄重、令人尊敬的美德，自我克制、自我控制和控制各种激情——它们使我们出乎本性的一切活动服从于自己的尊严、荣誉和我们的行为所需的规矩——的美德，则产

生于后一种努力之中"①。列宁也指出，"政治上有教养的人是不会贪污受贿的"。必须进一步拧紧理想信念这个"总开关"，加强思想道德、党纪国法教育，提升党性修养。

（一）严修"为政"之德做到以身示范

子曰："政者，正也，子帅以正，孰敢不正？"（《论语·颜渊》）正所谓"欲影正者端其表，欲下廉者先之身"。（《盐铁论·疾贪》）清廉是一种境界，自律是一种力量。加强反腐倡廉建设，必须首先从自身做起，经常检查自己的一言一行，把外在的规范转化为内在的修养，时时刻刻用它来检验和评价自己，做到"自重、自省、自警、自励"。在这一过程中，要真诚面对上级领导的批评、身边同事的评价和人民群众的监督，把他们作为判断和审视自己思想态度和工作状态的重要参照标准，以之不断反思和警示自我，积极改造自己的主观世界，这便是"君子不镜于水，而镜于人"（《墨子·非攻》）的道理。由此，秉持为政之德，践行以身示范，才能保持一个共产党人的浩然正气，切实贯彻"立党为公、执政为民"的理念。"越是领导机关，越是领导干部，越要廉洁自律，加强监督，以身作则，当好表率。"②

（二）坚持党性和人民性的统一

早在抗日战争时期，毛泽东就强调"在对外争取独立解放的民族主义、对内实现民主自由的民权主义和增进人民幸福的民生主义"③，强调增进人民幸福，共同为民生幸福目标而奋斗。习近平总书记也强调：党性和人民性从来都是一致的、统一的。党性怎么衡量呢？习近平总书记指出："衡量党性强弱的根本尺子是公私二字。"④ 党性说到底即立场问题。共产党人的党性原则在于无论是想问题、搞科研，还是做决策、办事情，都必须站在党和人民的立场上，而不是把个人利益放在第一位。习近平总书记明确提出："干部合理合法的利益当然要承认，也要保障，但这同私心、私利、私欲不是同一

① ［英］亚当·斯密．道德情操论［M］．蒋自强，朱钟棣，钦北愚，等译．北京：商务印书馆，1997：23-24.

② 习近平．之江新语［M］．杭州：浙江人民出版社，2007：81.

③ 毛泽东选集（第一卷）［M］．北京：人民出版社，1991：259.

④ 中共中央纪律检查委员会，中共中央文献研究室．习近平关于党风廉政建设和反腐败斗争论述摘编［M］．北京：中国方正出版社，2015：79.

个概念，不能混为一谈。”① 推动权力制约和监督体系建设，要重点突出找到根源，坚定共产党②人的理想信念、践行全心全意为人民服务的宗旨、加强自身道德修养，返璞归真、固本培元。在处理人际关系和人情往来时，要讲党性，讲原则，树立正确的是非观、义利观、权力观、事业观，坚持按党纪国法，政策制度办事。必须毫不犹豫地站稳党性立场，坚持原则，恪守规矩，严格按党纪国法办事，坚定不移维护人民利益。

（三）做到敬规畏民

开展身边的警示教育要有戒惧和敬畏之心。纪检部门应当负起监督执法职责，还原“礼尚往来”的本质，去除贪污腐化因素，明确党纪法规在党内的主体地位，构建公开透明的行政结构和执法体系，对腐败分子造成心理压力，对腐败行为产生警示作用，有利于进一步预防腐败。具体来看，一方面可以给腐败官员留下“污点”，迫使领导干部不敢轻易贪腐。既对违纪者起到了真正的教育作用，又对其他公职人员形成了极大的震慑效果。另一方面，不仅要对每一批查处出来的腐败现象进行严惩并及时通报，同时还要对这些腐败现象进行分析，总结特点，找出权力腐败的隐身方式和“变种”，与时俱进地推进反腐败的全覆盖、全过程、全方位，实现风清气正的政治生态。

（四）科学运用激励的双因素

美国行为主义心理学家赫茨伯格提出了激励的双因素理论。他将工作本身的价值与个人成长和发展密切相关的富有成就感、工作成绩得到社会承认、工作具有挑战性和责任感等称为激励因素；将令职工感到满意的属于工作本身或工作内容方面的因素包括政策、物质工作条件、管理监督、人际关

① 中共中央文献研究室．习近平关于全面从严治党论述摘编［M］．北京：中央文献出版社，2016：155.

② 注：作为党的干部，增强党性要做到“三个就是要”：“就是要全心全意为人民服务，就是要诚心诚意为党和人民事业奋斗，就是要讲大公无私、公私分明、先公后私、公而忘私。”党员干部坚持一心为公、事事出于公心，就能做到“四个才能”：才能有正确的是非观、义利观、权力观、事业观，才能把群众装在心里，才能坦荡做人、谨慎用权，才能光明正大、堂堂正正。引自中共中央文献研究室．习近平关于全面从严治党论述摘编［M］．北京：中央文献出版社，2016：155.

系等称为保健因素。当保健因素低于人们可以接受的水平时，员工就会对工作不满意；但当保健因素很好时，人们却觉得这是理所应当的，只能消除不满意，而不会带来个体积极的工作态度。如果激励政策着重于保健因素，常常会形成既不是满意，又不是不满意的中性状态。激励政策着重于那些能够满足个人自我实现需要的激励因素，则会促使员工产生积极态度，从而产生满意和激励的作用。可见，激励因素和保健因素在本质上都关系权力主体的利益范畴，包括物质利益和精神需求、工具理性与价值理性两个维度。赫兹伯格的“双因素理论”为规制权力主体的人情关系，提升对权力主体的保健激励作用提供了重要启示和借鉴。人情腐败治理的制度设计要考虑权力主体的理性思维与人性观照，消解制度设计与权力主体的现实合法利益诉求之间的张力。要调动人的积极性，不仅要注意物质利益和工作条件等外部因素，更重要的是要注意工作的安排、个人成长与能力提升等，注意权力主体成长、发展、晋升机会渠道的畅通。

（五）内省自律达至廉洁自觉

“政治目的是最高的善，它更多地着重于造成公民的某种品质，即善良和美好的行为。”① “人们恰如其分地称为节制的美德存在于对那些肉体欲望的控制之中。”② 不仅仅停留于教育教化，而要对权力主体进行廉洁自觉的启蒙，对利用公权力谋取私利的恶进行反省批判，将外在教育教化与自我思考自我批判结合起来。要运用好自我批评的思想武器。“领导干部要自重、自省、自警、自励，这‘四自’要求，就是对自我批评的要求。……要经常警示自己，不断反省自己，严格要求自己，自觉地把自己置于党组织和群众的监督之下，及时检查自己有什么不足和缺点……必须管好自己，同时管好亲属和身边的工作人员。”③ 通过廉洁文化的教化和熏陶，使公权力主体在行使公共权力过程中明确哪些事不可以为（自律）、哪些事应该为（自觉）的价

① ［古希腊］亚里士多德．尼各马科伦理学［M］．苗力田，译．北京：中国人民大学出版社，2003：16.

② ［英］亚当·斯密．道德情操论［M］．蒋自强，朱钟棣，钦北愚，等译．北京：商务印书馆，1997：30.

③ 习近平．之江新语［M］．杭州：浙江人民出版社，2007：113.

值判断，自觉树立“廉荣贪耻”的行政伦理价值观，以价值理性构筑自觉内省的反腐“防火墙”，从而形成不想腐的前馈控制和廉洁自觉。腐败行为产生的背后动机是追逐个人利益，滥用职权获得私利，表现为贪婪、效用最大化等。人的行为由动机支配，而动机又由需求引起，需求的产生影响人的思维、情绪和意志等。“在所有的场合，良心的影响和权威都是非常大的；只有在请教内心这个法官后，我们才能真正看清与己有关的事情，才能对自己的利益和他人的利益作出合宜的比较。”① 因此，要根据权力主体的需求和特点，选择积极的内容和适当的方法来引导形成更高层次的需求和高尚动机，抑制和纠正不正确、消极的动机，从而推动权力主体通过外控力的培养及具有抑制力和约束力的方法达到良好的内部驱动力。这是一种强大的力量和有力的动机，“它是理性、道义、良心、心中的那个居民、内心的那个人、判断我们行为的伟大的法官和仲裁人。”②“个人绝不应当把自己看得比其他任何人更为重要，以到为了私利而伤害或损害他人。”③ 要自觉消除侥幸心态，牢记法纪红线不可触、廉政底线不可破，就要慎独慎行④。“畏民”是怕群众对服务不满意。如何让群众满意？关键是不断自觉强化宗旨意识教育，积极履职、清廉履职。在为群众服务的过程中，时刻怀着“畏民”心态，怕群众的问题解决不了，怕群众的困难解决不好，怕群众的认可度不高，发扬好“不拿群众一针一线”的优良传统。

---

① ［英］亚当·斯密．道德情操论［M］．蒋自强，朱钟棣，钦北愚，等译．北京：商务印书馆，1997：165.

② ［英］亚当·斯密．道德情操论［M］．蒋自强，朱钟棣，钦北愚，等译．北京：商务印书馆，1997：168.

③ ［英］亚当·斯密．道德情操论［M］．蒋自强，朱钟棣，钦北愚，等译．北京：商务印书馆，1997：169.

④ 习近平指出：“党员干部特别是领导干部手中往往掌握一定的权力，不仅要主动接受组织、制度的监督，而且还要不断加强自律，做到台上台下一个样，人前人后一个样，尤其是在私底下、无人时、细微处，更要如履薄冰、如临深渊，始终不放纵、不越轨、不逾矩。”习近平．之江新语［M］．杭州：浙江人民出版社，2007：272.

结 语

权力腐败作为“政治之癌”，并不只发生在那些非西方文明的“异类”国家，也不是只有工作制度存在漏洞的国家官僚机构与国营部门的官员才会腐败。从社会学的研究视角、结构化和交互式范式研究来看，将腐败与发展滞后、贫困落后、愚昧无知等刊登在评价“异类”国家负面特征的大众媒体上，将腐败视为社会转型或发展中遇到的通病，是第三世界国家政治不稳定并且缺乏社会纪律而产生的一种社会病理学症状。结构化研究方法被常用来分析正式的规则及制度体系，试图通过“指数”将每年各国的腐败状况量化。测量结果被用来推广有关善政、高效、问责制及透明化等。① 从人类学的研究视角来看，腐败是政治公职人员滥用权力来谋取私利的行为。进而在此基础上提出透明化、公开化和善治等政策。这就需要建立良好的制度，对为政者进行强制性的制约，由于这是一种外在的“硬约束”，有其普遍性和相对恒定性，因此不管是“好人”还是“坏人”均能受其制约。人们往往更多地试图通过完善的制度建设来实现社会秩序的稳定。但对社会秩序稳定的主观性基础缺乏足够的重视，结果往往导致制度建设的不断完善与社会失序也在不断增加的秩序困局。

习近平总书记在2013年就强调指出：“独特的文化传统、独特的历史命运、独特的基本国情，注定了我们必然要走适合自己特点的发展道路。”② 但我们从来不排斥任何有利于中国发展进步的其他国家治理经验，而是坚持以

---

① ［美］迪特尔·哈勒，［新西兰］克里斯·肖尔．腐败：人性与文化［M］．诸葛雯，译．南昌：江西人民出版社，2015：2-5.

② 中共中央文献研究室．十八大以来重要文献选编（上）［M］．北京：中央文献出版社，2014：458.

我为主、为我所用，去其糟粕、取其精华。纵观国内外权力运行制约和监督的研究成果，皆是致力于殚精竭虑地设计各种技术手段和制度体系来规制权力的运行，但各种措施往往由于被掌握和行使公共权力的主体以种种手段或方式不断削弱，“上有政策，下有对策”就是真实的写照。反腐败理论对于权力的制约和监督是以“权力”为指向的直接控制，在这个模式下，权力主体是权力运行的“内部人”，而监督主体是权力运行的“外部人”，使得监督主体在与权力主体的博弈中处于劣势，进而导致“控权失灵”。因此，应对“控权失灵”的办法首先就要创新权力制约和监督的理念，建立新的理论范式①加以解决。

从权力腐败发生来看，权力腐败发生涉及“权力主体、权力运行、机会成本、利益计算”等多重因素作用的结果，如惩戒防范力度不够、制度体系建设不完善、制约和监督乏力、权力主体私欲、心理动机、腐败机会成本等复杂因素，还有权力运行的政治生态、社会资本、人情关系和历史文化等环境影响。这些复杂因素导致了一体推进不敢腐不能腐不想腐体制机制实践中的不充分、不协调、不平衡问题，权力腐败发生机理的复杂性决定了腐败治理的系统性和整体性特征。在腐败治理的过程中依靠单纯的制度力量不能完全遏制腐败，依靠单纯的民主力量也不能完全遏制腐败。也就是说，如果仅仅靠一种方式或一个维度来推进工作，将难以达到治本的效果。严格制度标准、严厉惩治警示、严肃问责追责可以形成强烈震撼和警示教育作用，但并不能内化成为主体自

① 注：道德水准仅仅是实现善治的先决条件之一。这些原则包括呼吁个人尽职尽责，勇于牺牲，富有同情心，充满正义，追求至善和讲道义。还有许多其他条件：1. 民主多元化即人人根本自由、人人平等、普遍参与治理过程；2. 治理过程的合法性，保证了管理者依照宪法施政管理的权威和权力；3. 共识和平等，在不同的利益分歧中达成共识，平等对待所有成员；4. 公众参与决策；5. 秉公执法；6. 公共机构对所有利益相关者需求的快速响应；7. 高效的责任制、问责制和在严格执行问责制的前提下、调度国家资源满足社会成员基本需求的治国才能；8. 领导者在人类可持续发展方面具有更广泛、更长远的战略眼光；9. 施政管理过程（包括制度体系和信息资源）的公开透明；10. 彰显如共同利益、民主多元化、公共服务道德、遏制腐败，为世俗工作寻求精神指导，以及执政精英们为服务公众而奉献他们的一生在内的价值观。参见［美］杰拉尔德·E. 凯登，［加］O·P. 德威维迪，［美］约瑟夫·捷波朗. 腐败：权利与制约［M］. 王云燕，译. 北京：人民日报出版社，2017：241-242.

律；权力运行制约和监督体系建设可以扎牢制度的笼子，可以减少腐败机会，但并不能让人自觉向善；廉洁教育能使人向善，但仅仅只能靠主体自律和自觉，并不能用来惩治腐败。可见，教育、制度、惩治功能效果作用力量不同，不能相互替代，但又密不可分、相辅相成。只有一体推进和系统治理，才能实现治标与治本相统一，才能增强系统性、整体性、主动性，走出一条中国特色反腐倡廉道路。本书提出的是从以权力为中心走向“人”“权”并重，也就是“正人治权”的权力制约和监督模式。这种模式一方面通过制约和监督权力运行，通过“治权”挤压腐败空间；另一方面通过“正人”，提升权力主体的廉洁素养和党性修养，实现廉洁自律。解决“控权失灵”需要创新“控权”理论，破除对权力的直接控制模式，本书提出“正人治权”模式试图解决这一问题。这种控权模式既要“治权”，规范权力的运行和行使，更关键性的变革是把“正人”放在控权的核心。其必要性在于：首先，能够有效地防止利益冲突向腐败蜕变，从源头上科学有效地防治腐败。因为以权力主体为指向，使其“私利”处于监控之下，不当得益无处藏身，或者说腐败收益被挤出，以权谋私也就失去了生存的土壤。其次，通过建构让人民监督权力的平台机制，发挥社会舆论和群众监督功能，让广大人民群众对权力的运行洞察秋毫，权力主体的一言一行躲不过人民群众的“雪亮眼睛”。同时，通过提升权力主体的能力水平、党性修养、理想信念和廉洁素养，提升廉洁从政的自觉，实现“正人治权”，腐败终将无处遁迹。本书冀期通过“正人治权”的理论创新，健全中国特色的权力运行制约和监督体系，实现“管权管事管人”，正本清源地科学有效地治理腐败。

中国特色的权力制约和监督体系建设需要深化标本兼治，健全“正人治权”的治理模式，既强化从政治建设层面对“权力的规制”，将惩治与预防相结合、德治与法治相结合，又考虑从经济条件、心理和教育条件等方面实现对使用公共权力的权力主体的节制，实现外部他律和内源防控的自律相结合，将权力腐败治理的“标本”兼治工作纳入依法依纪的法治框架之下，强化不敢腐的威慑，扎牢不能腐的笼子，增强不敢腐的自觉。这是推进全面从严治党的实践要求、现实需要，也是实现干部清正、政府清廉、政治清明的良好政治生态的重要保证。

不容忽视的是，当前反腐败形势依然严峻①，遏制腐败滋生蔓延的任务依然艰巨，“问题清单”“为官不为”“望风盼停”等现象依然存在。新时代权力制约和监督要依托中国特色社会主义现代化建设总布局、总任务，从整体性、系统性、协同性和科学性方面着手，“把权力关进制度的笼子里”：一方面，从腐败行为的防范性治理维度着手，建构权力腐败制约和监督惩防体系，加强制度化规约力量，发挥法治治权作用；另一方面，从腐败行为内抑性治理维度着手，通过廉洁教育发挥领导干部伦理道德自觉作用，一体推进形成“不敢腐不能腐不想腐”。

目标：廉洁自觉。廉洁自觉状态是指在依法依纪高压反腐、从严治党推进使整个政治生态发生根本性变化，形成“不敢腐”的高压态势，扎紧“不能腐”的制度笼子，在制度保障之下形成“不想腐”的政治生态。这符合权力运行过程中对腐败行为遏制的主体心理作用机理层次要求：第一层次是害怕受到党纪国法惩处而不敢腐；第二层次是受到完善的党纪国法约束、健全的权力运行制约和监督体系约束而不能腐；第三层次是权力主体自身理想信念和品德修养提升而不想腐。领导干部要主动适应从严治党的新常态，将廉洁自律内化为一种自觉，构建“不想腐”的思想防线和自律机制。要通过反腐高压态势形成惩戒机制遏制腐败增量，发挥对权力主体的廉洁警示教育作用，形成“不敢腐”；通过廉政制度文化建设扎紧“不能腐”的制度笼子，发挥对权力运行的制度规约作用；通过廉政精神文化建设，形成“廉荣贪耻”廉洁价值观和道德基础，发挥对权力主体的道德教化和社会心理的舆论引领作用，使掌握公权力的权力主体形成廉洁从政和遵纪守法的观念，自觉将掌握的公权力运行得合乎道德规范和法治要求，进而为社会大众谋取公共利益，而不是利用公权力为个人谋取私利。在这种廉政自觉新常态下，由于外在他律机制的作用和权力主体的自律机制作用，权力主体形成廉洁从政的自觉，权力腐败行为逐渐得到遏制，“干部清正、政府清廉、政治清明”的廉洁政治生态逐渐形成。

---

① 当前反腐败斗争形势依然严峻复杂，特别是政治问题和经济问题交织、区域性腐败和领域性腐败交织、用人腐败和用权腐败交织、“围猎”和甘于被“围猎”交织等问题依然突出，全面从严治党依然任重道远。参见赵乐际：在中国共产党第十九届中央纪律检查委员会第二次全体会议上的工作报告，2018 年 1 月 11 日。

方针：标本兼治系统推进不敢腐不能腐不想腐体制机制。从抓些“老虎”和“苍蝇”的治标策略向通过标本兼治转变，加强对权力运行的制约和监督，把权力关进制度的笼子里，形成不敢腐的惩戒机制、不能腐的防范机制、不易腐的保障机制，从根本上改变不良的政治生态，逐步塑造出让领导干部从不敢贪到不能贪、最终不想贪的从政环境。第一，把握一体推进不敢腐不能腐不想腐的运作机理。一段时间以来，存在着一些将不敢腐不能腐不想腐机制简单化为反腐败体制机制的三个过程或三个阶段的现象，这不仅在理论上是错误的，而且在实践操作中也是有害的。一体推进不敢腐不能腐不想腐，不是说这三者有先后之分，而是这是一个有机整体。从权力腐败涉及的“权力主体、公权力、利益”三个范畴来看，不敢腐不能腐不想腐耦合机制建设的状况影响权力腐败发生结果，具体表现为四种形态：一是廉政自觉状态，即当不敢腐不能腐不想腐作用机制形成并发挥作用时，权力主体达到知晓公私、是非、对错的觉解，在良好的他律和自律机制作用下行使公共权力，公权力运行合乎道德与法治，形成风清气正的良好氛围。二是廉政他律状态，即当“不敢腐不能腐”作用机制形成时，权力主体能够合乎道德与法治行使公权力，但当“不敢腐不能腐”作用机制作用减弱或出现漏洞时，就容易出现因权力主体的多元性、主体性而发生腐败行为。三是廉政自为状态，即当“不敢腐不能腐”作用机制缺位而只有“不想腐”作用机制发挥作用时，由于缺乏硬约束和制度保障，公权力运行表现为权力主体以己为中心的廉洁自觉或者非自律状态下权力腐败的自利发生。四是廉政自发状态，即“不敢腐不能腐不想腐”作用机制都缺位时，由于权力运行缺乏外在他律机制和内部自律机制，权力主体运行谋取私利行为自然发生。因此，要正确理解不敢腐不能腐不想腐的运作机理，将其作来一个整体来一体推进，在严厉惩治形成震慑的同时，扎牢制度笼子规范权力运行，加强党性教育提高思想觉悟，坚持纪法协同、德法并重、标本兼治，一体推进不敢腐不能腐不想腐。

第二，建设一体推进不敢腐不能腐不想腐的反腐败体系。西方权力制约和监督是以西方理论和西方语境为本位，强调权力制约的必要性，在具体的制度设计上强调分权制衡的有限责任政府、公民权利实现和法治保障，对我国权力腐败和制约监督有重要借鉴作用。但在分析建构中国特色的权力制约和监督机制时，还需考虑权力腐败发生的文化生活和社会生态背景，关注权力运行具体场域中存在权力主体、权力运行、社会文化、政治生态等因素。系统推进不敢腐不能腐不想腐，就要在健全党和国家监督体系中围绕“权力主体与权力运行”为核心，坚持和完善党和国家监督体系，强化对权力运行的制约和监督，将权力关进制度的笼子，让权力在阳光下公开运行。一方面，围绕“权力”这个核心，健全党和国家监督制度，推动主体责任、监督责任与党风廉政建设一体考虑，完善权力配置和运行制约机制，形成决策科学、执行坚决、监督有力的权力运行机制；强化自上而下的组织监督和改进自下而上的民主监督，发挥同级监督作用，把党风监督同国家机关监督、民主监督、司法监督、群众监督、舆论监督有机贯通；坚持纪法协同，既深化党内法规建设，又注重党内法规与国家法律的衔接，将依法治国、依规治党、以德治国相统一，阻断权力资本化通道，把制度优势转化为治理效能。另一方面，围绕“权力主体”这个核心，提升主体理想信念、法治观念和廉洁教育自律水平，完善利益激励和容错机制建设，铲除腐败滋生的文化生态和制度漏洞，建立标本兼治、纪法协同的腐败治理体制机制，实现党性和人民性的统一、外部他律和内部自律的统一。

第三，优化一体推进不敢腐不能腐不想腐运行机制。不敢腐侧重于惩治、纪律、法治和威慑，为“不能”“不想”创造条件；不能腐侧重于制度、制约、监督和约束，让胆敢腐败者在严格监督中无机可乘，有利于巩固“不敢”“不想”的成果；不想腐侧重教育、文化和自律，着眼于解决腐败动机问题，让人从思想源头上消除贪腐之念，实现“不敢”“不能”的升华。不敢腐、不能腐、不想腐是一个有机整体，要强化全局观念、整体视野，运用系统思维整合思想、法律、制度、规矩、教育、文化等因素，加强依规治党建设，把惩恶与扬善、惩治与防范、治标与治本、治权与育德结合起来。第一，始终保持反腐败的高压态势，强化权力公开运行、发挥组织的监督作用，挤出腐败收益，形成“伸手必被捉”的震慑效应。通过警示教育使权力主体知晓腐败产生的严重后果，从而警钟长鸣、趋利避害，对其起到“警示”作用，建构“不敢腐”的非正式约束机制。第二，通过健全反腐败法律法规，扎牢制度的笼子防控廉政风险，规范约束公权力主体从政行为。“优化权力生成系统制度，科学配置权力制衡机制，减少权力作用范围，激活社会自我控制机制体系；约束权力运行制度，健全权力运行的自控制系统，对由国家保留的权力，进行以增加透明度、减少裁量权、提升整合度为中心的改革；监督权力运行的制度，重在优化权力运行的外控制系统。"① 健全对权力配置、权力运行、权力监督、权力主体行为规范领域体制机制建设，加强党内监督、民主监督、法律监督、舆论监督体系建设，实现党内监督和国家监督、党的纪律检查和国家监察的有机统一，提升依规治党执行力和依法治国的法治化水平，更加科学有效地遏止腐败。第三，通过高压反腐形成震慑效应，通过扎牢制度笼子，形成推进权力运行公开化、规范化，形成不想腐的外部他律；坚持不懈用习近平新时代中国特色社会主义思想武装头脑，提升境界加强党性与人民性教育，建立不忘初心、牢记使命的制度，健全公权力主体利益保障机制，加强反腐倡廉教育的廉政文化建设，注重家庭家教家风，正确处理公私、义利、是非、情法、亲清、俭奢、苦乐、得失的关系，消除腐败动机，使权力主体树立"崇尚廉洁、鄙弃贪腐"廉政伦理和廉洁自觉。

路径：权力运行制约和监督机制。在党内监督系统、行政监督系统和社会监督系统的政治生态中，健全由权力科学配置、程序有效控制、信息充分公开、责任严格追究、监督多元并举的权力制约和监督体制机制。第一，健全权力制约和监督的权力配置机制，在依宪治国治权的框架下，依法进行执政党内部的立法、司法、行政权的权力配置关系；通过加强行政监督系统中决策权、执行权和监督权的分权与制衡，深化权力清单、负面清单、责任清单制度改革；健全执政党与人大、政府、两院、民主党派之间的权力配置。第二，健全权力制约和监督的程序控制机制，重点强化权力腐败的法治制约和规范用权，推进权力制约和监督的依法治国，依法治党、依法治官、依法治民实现；第三，健全权力制约和监督的信息公开机制，分析信息公开机制和依靠科技力量使行政权力网上公开透明运行，特别是权力运行决策执行过程透明、官员财产等基本信息依法公开，强化权力运行的社会制约实现民主权利与执行权力间的制衡，让权力在阳光下运行。第四，健全权力制约和监督的制度阻断机制，继续推进依法依纪高压反腐整合党内监督、民主监督、法律监督、舆论监督多元监督力量，严格追究惩处形成不敢腐不能腐；第

① 魏昌东．腐败治理体系法治化发展的一般原理［J］．南京大学学报，2020（3）：92-104.

五，健全权力制约和监督的主体自律机制，强调为民用权和强化权力运行制约的党性制约，实现权力腐败的道德制约的伦理抑权作用。

保障：推进廉政治理体系与治理能力现代化。“四个全面”战略布局对新时期反腐倡廉建设提出了新的要求，全面深化改革与国家治理现代化也要求作为治理主体而存在的政党领导、国家法治与社会监督的功能都应该得到充分发挥。因而要逐步建立和完善政党、国家、社会三元反腐败体系建设，建构立体形式的惩治和预防腐败体系建设①。第一，宏观层面上，健全权力反腐、权利制约权力法治制度体系建设，健全民主集中制的各项具体制度、完善反腐倡廉相关法律和规范国家工作人员从政行为的制度，制定落实党内监督条例的各项配套措施，建立和完善巡视制度，完善对违纪违法行为的惩处制度建设；坚持用制度管权管事管人，让人民监督权力，让权力在阳光下运行。第二，中观层面上，以科学分权为核心，健全纵横向、上下向权力运行的权力制约监督；以内部控权为补充，健全权力运行的责任制约监督；以规范用权为保障，健全权力运行的法治制约监督；以公开行权为补充，健全权力运行的社会制约监督；以党性治权为根本，健全权力伦理制约监督。第三，微观层面上，要改革纪检体制，加强对同级党委特别是常委会成员的监督，发挥民众、非政府组织、网络新媒体力量等多元社会主体性作用，把自下而上的权力监督和自上而下的社会监督结合起来，强化权力主体形成“廉荣贪耻”廉洁价值观和道德基础，实现廉政自觉。

习近平总书记强调，“只有以反腐败永远在路上的坚韧与执着，深化标本兼治，保证干部清正、政府清廉、政治清明，才能跳出历史周期律，确保党和国家长治久安。”② 健全中国特色的权力制约和监督体系，既要坚持思想建党、理论强党、制度治党的紧密结合，又要抓住权力制约监督这个关键，编密扎紧制度的笼子，还要从公权力主体维度强化廉洁教育和道德教育，营造干部清正、政府清廉、政治清明的政治生态。

---

① 侯勇．廉政新常态的阐释与展望［J］．河南社会科学，2015（6）：7-9.

② 习近平．决胜全面建成小康社会 夺取新时代中国特色社会主义伟大胜利——在中国共产党第十九次全国代表大会上的报告［M］．北京：人民出版社，2017：67.

参考文献

一、著作

［1］马克思恩格斯选集（第1—4卷）［M］．北京：人民出版社，2012.

［2］毛泽东选集（第1—4卷）［M］．北京：人民出版社，1991.

［3］邓小平文选（第1卷）［M］．北京：人民出版社，1994.

［4］邓小平文选（第2卷）［M］．北京：人民出版社，1994.

［5］邓小平文选（第3卷）［M］．北京：人民出版社，1993.

［6］江泽民文选（第1—3卷）［M］．北京：人民出版社，2006.

［7］胡锦涛文选（第1—3卷）［M］．北京：人民出版社，2009.

［8］习近平．习近平谈治国理政（第一卷）［M］．北京：外文出版社，2014.

［9］习近平．习近平谈治国理政（第二卷）［M］．北京：外文出版社，2017.

［10］习近平．习近平谈治国理政（第三卷）［M］．北京：外文出版社，2020.

［11］习近平的七年知青岁月［M］．北京：中共中央党校出版社，2017.

［12］习近平．干在实处 走在前列——推进浙江新发展的思考与实践［M］．北京：中共中央党校出版社，2006.

［13］习近平．摆脱贫困［M］．福州：福建人民出版社，2014.

［14］习近平．知之深 爱之切［M］．河北：河北人民出版社，2009.

[15] 习近平. 之江新语 [M]. 杭州: 浙江人民出版社, 2007.

[16] 十八大以来重要文献选编（上、中、下）[M]. 北京: 中央文献出版社, 2014.

[17] 十九大以来重要文献选编（上） [M]. 北京: 中央文献出版社, 2019.

[18] 习近平. 决胜全面建成小康社会 夺取新时代中国特色社会主义伟大胜利——在中国共产党第十九次全国代表大会上的报告 [M]. 北京: 人民出版社, 2017.

[19] 中共中央宣传部. 习近平新时代中国特色社会主义思想学习纲要 [M]. 北京: 人民出版社, 2019.

[20] 中共中央宣传部. 习近平总书记系列重要讲话读本 [M]. 北京: 人民出版社, 2016.

[21] 中共中央纪律检查委员会, 中共中央文献研究室. 习近平关于严明党的纪律和规矩论述摘编 [M]. 北京: 中央文献出版社, 2016.

[22] 中共中央文献研究室, 中央党的群众路线教育实践活动领导小组. 习近平关于党的群众路线教育实践活动论述摘编 [M]. 北京: 中央文献出版社, 2014.

[23] 中共中央纪律检查委员会, 中共中央文献研究室. 习近平关于党风廉政建设和反腐败斗争论述摘编 [M]. 北京: 中央文献出版社, 2015.

[24] 中共中央文献研究室. 习近平关于全面从严治党论述摘编 [M]. 北京: 中央文献出版社, 2016.

[25] 倪星. 惩治和预防腐败体系的评价机制研究 [M]. 中山: 中山大学出版社, 2012.

[26] 阎德民. 中国特色权力制约与监督机制研究 [M]. 北京: 人民出版社, 2011.

[27] 王世谊. 权力腐败与权力制约问题研究 [M]. 北京: 中国社会科学出版社, 2011.

[28] 王真, 等. 中国共产党抵御执政风险研究 [M]. 北京: 人民出版社, 2011.

[29] 庄德水．防止利益冲突与廉政建设研究［M］．北京：西苑出版社，2010.

[30] 金太军．政治文明建设与权力监督机制研究［M］．北京：人民出版社，2010.

[31] 孙季萍，冯勇．中国传统官僚政治中的权力制约机制［M］．北京：北京大学出版社，2010.

[32] 邵景均．新中国反腐简史［M］．北京：中共党史出版社，2009.

[33] 任建明，杜治洲．腐败与反腐败：理论、模型和方法［M］．北京：清华大学出版社，2009.

[34] 张穹，张智辉．权力制约与反腐倡廉［M］．北京：中国方正出版社，2009.

[35] 吴振均．权力监督与制衡［M］．北京：中国人民大学出版社，2008.

[36] 俞可平．中国治理变迁30年［M］．北京：社会科学文献出版社，2008.

[37] 李慎明．执政党的经验教训［M］．北京：社会科学文献出版社，2008.

[38] 周淑真．政党与政党制度比较研究［M］．北京：人民出版社，2007.

[39] 斯阳．反腐倡廉新思考——制度·科技·文化［M］．北京：法律出版社，2014.

[40] 夏伟东．中国共产党思想道德建设史略［M］．济南：山东人民出版社，2006.

[41] 李培林．另一只看不见的手：社会结构转型［M］．北京：社会科学文献出版社，2005.

[42] 叶皓．西方国家权力制约论［M］．北京：中国社会科学出版社，2004.

[43] 何增科．反腐新路：转型期中国腐败问题研究［M］．北京：中央编译出版社，2002.

[44] 夏锦文. 廉政与治理 [M]. 南京：江苏人民出版社. 2018.

[45] 刘纪舟. 落马贪官的腐败心理——腐败心理学研究 [M]. 北京：中央党校出版社，2013.

[46] 高委，程云. 反腐新格局：十八大以来党风廉政建设和反腐败斗争新成就 [M]. 北京：中国方正出版社，2015.

[47] 邓频声. 中国特色反腐倡廉道路研究 [M]. 北京：时事出版社，2011.

[48] 徐玉生，徐药. 中国反腐败与执政党建设研究 [M]. 北京：中国社会科学出版社，2017.

[49] 李永忠. 论制度反腐 [M]. 北京：中央编译出版社，2016.

[50] 杨国枢. 中国人的心理 [M]. 北京：中国人民大学出版社，2012.

[51] 翟学伟. 人情、面子与权力的再生产 [M]. 北京：北京大学出版社，2013.

[52] 翟学伟. 关系与中国社会 [M]. 北京：中国社会科学出版社，2012.

[53] 黄光国，胡先缙，等. 人情与面子：中国人的权力游戏 [M]. 北京：中国人民大学出版社，2010.

[54] 陈国权，等. 权力制约监督论 [M]. 杭州：浙江大学出版社，2013.

[55] 陈国权，毛益民，等. 权力法治与廉政治理 [M]. 北京：中国社会科学出版社，2019.

[56] [古希腊] 亚里士多德. 尼各马科伦理学 [M]. 苗力田，译. 北京：中国人民大学出版社，2003.

[57] [新西兰] 杰瑞米·波普. 制约腐败——建构国家廉政体系 [M]. 清华大学公共管理学院廉政研究室，译. 北京：中国方正出版社，2002.

[58] [美] 汉娜·阿伦特. 反抗"平庸之恶" [M]. 陈联营，译. 上海：上海人民出版社，2014.

[59] [美] 塞缪尔·P. 亨廷顿. 变化社会中的政治秩序 [M]. 王冠

华，等译．上海：上海世纪出版集团，2008.

[60]［美］苏珊·罗丝-阿克曼，［美］邦妮·J. 帕利夫卡．腐败与政府［M］．郑澜，译．北京：中信出版社，2018.

[61]［美］特里·L·库珀．行政伦理学：实现行政责任的途径［M］．张秀琴，译．北京：中国人民大学出版社，2001.

[62]［美］杰拉尔德·E. 凯登，［加］O·P. 德威维迪，［美］约瑟夫·捷波朗．腐败：权利与制约［M］．王云燕，译．北京：人民日报出版社，2017.

二、期刊

[1] 李玉贵，李婧．习近平论反腐败斗争［J］．科学社会主义，2018(2)：97-101.

[2] 过勇．十八大之后的腐败形势：三个维度的评价［J］．政治学研究，2017（3）：2-11.

[3] 何增科．中国政治监督40年来的变迁、成绩与问题［J］．中国人民大学学报，2018（4）：32-42.

[4] 刘俊杰，徐玉生．习近平反腐败思想初探［J］．理论探索，2014(4)：11-14.

[5] 唐忠宝，徐玉生．论新时代廉政组织与廉政文化协同反腐及其机理［J］．河南社会科学，2018（3）：35-40.

[6] 陈建．习近平反腐思想的逻辑体系论纲［J］．河南社会科学，2016(1)：38-42.

[7] 孙立军．论习近平廉政文化建设思想［J］．马克思主义研究，2017(5)：34-40.

[8] 蒋来用．习近平反腐倡廉思想的新时代特色［J］．理论探索，2017(6)：5-9.

[9] 王平一．习近平对传统廉政文化的创造性转化和创新性发展［J］．河南社会科学，2018（12）：12-16.

[10] 倪星，张军．我国公众反腐败行动的现状及其影响因素研究——

基于2015年度全国廉情调查数据的实证分析［J］．兰州大学学报（社会科学版），2017（3）：41-51.

［11］倪星．利益关联、行动选择与公众的腐败容忍度——基于G省的实证分析［J］．武汉大学学报（哲学社会科学版）．2017（4）：118-127.

［12］任建明，陈晔．夺取反腐败斗争压倒性胜利的新战略［J］．理论视野，2018（3）：59-68.

［13］韩庆祥，王海滨．中国总问题："结构转型"与"力量转移"［J］．哲学动态，2013（2）：5-8.

［14］樊浩．伦理道德现代转型的文化轨迹及其精神图像［J］．哲学研究，2015（1）：106-113.

［15］范允奇，徐玉生，等．公务员薪酬、腐败与经济增长——基于SVAR模型的实证研究［J］．人文杂志，2014（10）：40-46.

［16］钟纪轩．加强政治监督坚决维护党中央权威和集中统一领导［J］．求是，2019（11）：35-41.

［17］林尚立．以政党为中心：中国反腐败体系的建构及其基本框架［J］．中共中央党校学报，2009（4）：21-27.

［18］何增科．建构现代国家廉政制度体系：中国的反腐败与权力监督［J］．广州大学学报（社会科学版），2011（1）：5-15.

［19］叶战备．论完善对权力的舆论监督［J］．中国行政管理，2005（3）：66-68.

［20］倪星，陈兆仓．绩效驱动的治理：反腐败运动的组织学分析［J］．武汉大学学报（哲学社会科学版），2012（6）：77-84.

［21］童星，曹海林．转型社会腐败根源的社会学分析［J］．湖南师范大学社会科学学报，2002（4）：61-65.

［22］陈朋．廉政创新的类型、特征及驱动力——基于多案例的实证分析［J］．内蒙古社会科学，2020（2）：17-25.

［23］李辉．腐败的两幅面孔：基于7000个司法裁判文书数据的描述分析［J］．理论与改革，2017（5）：39-41.

［24］李辉，孟天广．腐败经历与腐败感知：基于调查实验与直接提问

的双重检验［J］．社会，2017（6）：194-214.

［25］公婷，吴木銮．关于以薪养廉有效性的探讨：基于中国的经验［J］．经济社会体制比较，2012（5）：117-129.

［26］梅锦，徐玉生．薪金收入在职务犯罪成本中的构成比例与高薪养廉措施的应然定位分析［J］．领导科学，2015（11）：4-7.

［27］蔡文成．传承与创新：党内巡视制度的历史性资源及创造性转化［J］．理论与改革，2020（3）：35-46.

［28］冯莉．美国学者对腐败与文化关系的研究及对中国反腐的启示［J］．当代世界与社会主义，2017（5）：192-197.

［29］王学俭，郭绍均．严明党的政治纪律和政治规矩的方略探讨［J］．中州学刊，2016（3）．

［30］徐家林，徐业坤．新时代中国共产党对中国特色权力监督道路的新探索［J］．河海大学学报（哲学社会科学版），2020（1）：8-13.

［31］胡税根，翁列恩．构建政府权力规制的公共治理模式［J］．中国社会科学，2017（11）：99-117.

后 记

权力制约和监督问题是一个既具有世界共性的问题，又是一个具有不同国情与文化背景下的特殊个性的问题。中国特色的权力运行制约和监督体系建设就是一个具有中国特色、中国气派、中国风格的廉政建设之体系。这其中涉及权力运行制约和监督体系建设之“道”，又涉及权力运行制约和监督体系建设之“学”，还涉及权力运行制约和监督体系建设之“术”。本书的一个重要特征就是运用马克思主义理论指导，特别是运用习近平新时代中国特色社会主义思想这一当代中国马克思主义、21 世纪马克思主义思想指导，在翻阅《知之深 爱之切》《摆脱贫困》《之江新语》《干在实处 走在前列——推进浙江新发展的思考与实践》《习近平谈治国理政》（第一、二、三卷）、《习近平关于党风廉政建设和反腐败斗争论述摘编》等原著、重要讲话、文件、辅导读本等材料基础之上，整理习近平总书记关于反腐败系列重要论述，结合党的权力运行制约和监督历史演进、现实境遇、体系创新、运行机理等问题进行专题研究与阐释。

腐败治理的实质是“正人治权”的问题，解决权力高度集中而又缺乏制约的体制机制弊端，解决利益固化的藩篱，探索治权的制度模式，实现从人治走向法治、统治走向共治、权治走向能治、他治走向自治，推动由政府主导走向国家治理体系和治理能力现代化。党的十八届三中全会决定指出，坚持用制度管权管事管人，让人民监督权力，让权力在阳光下运行，是把权力关进制度笼子的根本之策，这是对反腐败治本的基本定位，为“不敢腐”的状态向“不能腐、不想腐”的标本兼治廉政新常态指明了工作方向和具体目标。习近平总书记多次强调要“强化不敢腐的震慑，扎牢不能腐的笼子，增强不想腐的自觉"，"构建一体推进不敢腐、不能腐、不想腐体制机制"。这是从坚定不移推进反腐败斗争的高度明确巩固和发展反腐败斗争压倒性胜利的整体性实践机制。当中华民族正处在世界百年未有之大变局、中华民族伟大复兴的战略全局，我们需要的是立足于实际又胸怀长远目标的实干，而不需要不甘寂寞、好高骛远的空想；我们需要的是一步一个脚印的实干精神，而不需要新官上任只烧三把火希图侥幸成功的投机心理；我们需要的是锲而不舍的韧劲，而不需要"三天打鱼，两天晒网"的散漫。① 我们有足够的理由相信，在中国共产党的领导下，在当代中国化马克思主义理论的科学指导下，在勤劳勇敢的中国人民拼搏奋斗下，国家的前程必将是一片光明，中华民族的明天也会更加灿烂辉煌。

本书是我主持的2015年的国家社科基金项目结项成果。从立项到结项持续了五年，书稿前前后后也写了五年。这期间党风廉政建设发生翻天覆地的变化，面临前所未有的大变局，权力制约和监督理论与实践也相应有了很多新的变化。五年时间中，断断续续却又不断地在调查研究基础上进行分析总结梳理，发表了一些研究成果。其中的中期成果《健全基层干部"为官不为"治理机制的建议》被2018年国家哲社办《成果要报》第33期采用。本书的出版感谢江苏省"青蓝工程"优秀骨干教师、江苏省领航·扬帆计划、江苏省"紫金文化人才培养工程"社科优青人选、拉萨市哲社重点项目"拉萨全面从严治党与党内监督机制创新研究"（18ALSDJ001）、中央高校科研计划重大项目培育（JUSRP1902ZD）的成果。

本书的写作有过一段时间的"空档停滞期"，其中的主要原因是在中共中央宣传部借调工作前后近两年时间，参与中宣部理论局习近平新时代中国特色社会主义思想的研究、宣传、教育等工作，在加强对习近平新时代中国特色社会主义思想认知认同的同时，也并没有忘记承担的这个项目。但精力上无法聚焦这个主题，都是利用碎片化的时间零星火花推进。每每是在忙完上级交办的工作任务后，只能利用晚上十点多回到住地休息的时间打开自己的个人电脑开始写作书稿，因而影响项目研究进度，但同时可以从中国特色

① 习近平．摆脱贫困［M］．福建人民出版社，1992：58-59.

社会主义进入新时代的维度进行思考，加深了对本项目研究和本书写作的理解。非常感谢中宣部借调工作时梁言顺、夏伟东、王心富、邵文辉、何成、宋凌云、田园、王昆、侯军、李泓磊、王勇、史志杰、石文磊等同志的关心与帮助；感谢江苏省委宣传部副部长赵金松、广西壮族自治区委宣传部副部长赵勇富等同志的关心，感谢江苏省委宣传部许益军主任、尤健处长、刘必好处长等的关心；感谢新华日报社双传学、李扬等领导的关心；感谢理论局借调时一起工作的孙贺、王子君、房树人、李宏伟、高仁、刘璇、钟金铃、刘小丰、马文武、卢江等兄弟友人的关心照顾；感谢有机会参与无锡市委巡察办叶照组长、市委研究室程筱栋处长组织的无锡市基层社区治理体系创新的调研，深入无锡基层社区走访体验，加快了本项目的研究进度，一些所见所闻所思所悟也间接地体现在书稿之中。

本项目的完成，需要感谢江南大学党委书记朱庆葆教授、戴月波副书记、纪委刘森书记和丁文勤副书记、党委组织部张影陆部长、宣传部倪松涛部长、校办张光生主任、党办朱飞主任等领导对我的关心，感谢学院刘焕明院长、李凤梅书记、徐玉生副院长、潘加军副院长、张云霞教授、陈绪新教授、陈永杰教授、刘大禹教授、陈志宏教授等前辈和刘俊杰、唐忠宝、蔡瑶、任俊、张祖辽、许轶冰等同事的关心支持，感谢史宏波、杨增崇、代玉启、郑敬斌、叶方兴等好友在同行路上的关心帮助；感谢我的研究生孙然、张腾飞、张任、贺钟霖、钱锦、孙君、景丝丝、赵宇洁阅读校对书稿与引文。感谢家人的关心与支持！

在本书选题和出版过程中，光明日报社编辑团队付出了辛勤劳动，体现出高超的专业水准和职业水平！本书写作过程中参考了学界诸多专家学者的优秀成果。在此对他们表示衷心感谢。

由于权力腐败与权力制约问题是一个复杂且常议常新的理论与实践话题，作者水平有限，研究中还存在系统性不够、语言表达不严谨、对策思考不成熟等问题，敬请同行专家与读者批评指正。

作　者
2020 年 11 月于无锡